성경신학 관점에서 본 교리 강해:
웨스트민스터 소요리문답

성 종 현 지음

도서
출판 솔로몬

*Dogmatic Lecture Form the Viewpoint
of Biblical Theology:*

The Westminster Shorter Catechism
by CHONG -HYON SEONG

1996
Solomon Press
Seoul, Korea

차 례

머리말

제1부 · 신앙(1~38문)

1. 인생의 제일되는 목적(1문) ·· 11
2. 성경(2~3문) ·· 14
3. 하나님은 어떤 분이시뇨(4~11문) ···································· 19
   A. 하나님의 본질(4~6문) ·· 19
   B. 하나님의 사역(7~11문) ··· 30
4. 인간(12~20문) ··· 62
   A. 죄와 벌(12~19문) ·· 62
   B. 은혜(20문) ·· 80
5. 그리스도(21~28문) ··· 85
   A. 그리스도의 인격(21~22문) ······································ 85
   B. 그리스도의 직무(23~26문) ······································ 93
   C. 그리스도의 낮아지심(27문) ····································· 110
   D. 그리스도의 높아지심(28문) ····································· 115
6. 성령(29~36문) ··· 119

  A. 소명(29~32문) ·· 119
  B. 칭의(33문) ·· 123
  C. 양자(34문) ·· 125
  D. 성화(35~36문) ·· 128
7. 종말(37~38문) ·· 137

제2부・의무(39~107문)

1. 율법(39~42문) ·· 145
2. 십계명(43~81문) ·· 150
3. 죄(82~84문) ·· 206
4. 그리스도에 대한 신앙(85~87문) ······································ 210
5. 은혜의 수단(88~107문) ·· 214
  A. 말씀(88~90문) ··· 214
  B. 성례(91~97문) ··· 222
  C. 기도(98~99문) ··· 230
  D. 주기도문(100~107문) ··· 235

머리말

　성경신학이 무엇일까요? 이에 대한 답변은 신학자에 따라 다양합니다. 분명한 것은 성경신학은 성경을 체계화시킨 학문이어야 한다는 것입니다. 성경을 체계적으로 공부하면 성령의 역사에 의하여 마음이 뜨거워지며(눅 24:32) 삶의 모습이 갈수록 변화되어 집니다(딤후 3:16). 우리 주위에 성경을 체계적으로 공부할 자료들이 더러 있습니다. 그 중에 웨스트민스터 소요리문답은 그 어떤 것보다도 성경을 체계적으로 공부할 수 있는 교리 안내서입니다. 그러나 한국교회는 이 같은 웨스트민스터 소요리문답의 중요성은 널리 인정하고 있으면서도 교회에서의 이에 대한 교육이 부진하였습니다. 여러 가지 이유가 있 겠으나 무엇보다도 교리를 공부한다는 것이 무언가 부담스럽고 때로는 지겹기도 하기 때문이리라 판단됩니다.

　그러므로 신학교에서 성경신학을 가르치면서 웨스트민스터 소요리문답을 성경신학적 관점에서 접근을 시도해 보았습니다. 실제로 일년 수 개월 동안 본인이 교회에서 이 책을 가지고 성경공부를 인도한 결과는 참으로 성도들에게 유익하였다는 것입니다. 본인은 이 책이 한국교회 성장에 한 부분을 담당하리라 기대합니다. 왜냐하면 한국교회의 건전한 성장은 바른 교리에 바탕을 둔 성령의 뜨거운 역사로 일어나야 하기 때문입니다.

　부족한 저서이지만 이같은 결실을 맺기까지 여러 분들의 가르치심과 돌보심이 있었습니다. 무엇보다도 저가 태어나고 자라면서 중생의 체험을 거쳐 신앙의 골격을 이루게 해 준 103년의 역사를 지닌 모

(母)교회인 초량교회에 감사를 드립니다. 하나님의 말씀을 통해서 저에게 바른 신앙과 신학과 위대한 꿈을 심겨주셨던 영적 아버지가 되시는 최동진 목사님과 중등부 시절에 말씀에 대한 깊은 감화력을 끼쳐 주신 장경두 목사님과 그리고 저를 어릴 때부터 지도해 주셨던 여러 선생님들에게 동일한 감사를 드립니다. 아울러 웨스트민스터 소요리문답을 지도해 주신 최순직 목사님과 웨스트민스터 신도게요를 가르쳐 주셨던 R. C. 스프롤 교수님께도 감사를 드립니다. 부족한 저서이지만 귀한 추천을 허락해 주신 김준삼 목사님, 김의환 목사님, 한명수 목사님께 깊은 감사를 올립니다. 또한 교정에 도움을 준 정성부 목사님에게도 감사를 드립니다. 그리고 이 책이 출판되도록 힘써 주신 솔로몬 출판사에게도 감사를 드립니다. 끝으로 사랑하는 가족들에게 감사를 드리고 싶습니다. 새벽마다 위해서 기도하시는 어머님 되시는 정명선 권사님과 장인.장모님이신 김영상 목사님 내외분과 사랑하는 형제들과 그리고 아내에게 감사를 드립니다.

아무쪼록 이 책이 하나님의 말씀을 사랑하는 많은 목회자들과 신학도들과 그리고 성도들의 손에 들려짐으로 한국교회의 올바른 성장에 기여할 수 있기를 간절히 바랍니다.

병자(丙子)년 새해 첫날에
우면산 기슭에서 소목 성종현

1. 서론 (序論)

1) 문제 제기: 교회 직분자 임직식이나 학생신앙운동 등에서 웨스트민스터 신도게요 및 대소 요리문답을 믿고 따르느냐는 질문에 이구동성으로 예라고 답하지만 실제로 교회는 이같은 교육에 대단히 미흡한 실정이다.
2) 소요리문답의 배경
   (1) 중세시대 - 종교 암흑기
   (2) 많은 논쟁 주된 것이 오직 성경(Sola Scriptura)으로 돌아가는 것
   (3) 스코틀랜드. 영국. 아일랜드(1643-46)
3) 신조 종류
   (1) 웨스트민스터 신앙고백(33장)
   (2) 대요리 문답(196문) - 신앙의 지식이 어느 정도 통달한 자를 가르치는 안내서
   (3) 소요리 문답(107문) - 능력이 연약한 자들을 가르치는 안내서
4) 웨스트민스터 신조의 주요 특징
   (1) 가장 뛰어난 신조이다(예: 벨직. 하이델베르그. 도르트).
   (2) 하나님의 절대 주권을(하나님 중심 사상) 강조한다
5) 공부하는 자세
   (1) 재림의 날이 임박한 즈음에 혼탁해져 가는 영계에서 바른 신앙을 유지하자.
   (2) 하나님의 말씀과 진리를 공부하고자 하는 뜨거운 열심을 가지자.
   (3) 지나친 배타주의를 지양하자.
   (4) 교리적으로 형식에 빠지는 것이 아니라 신앙의 뜨거운 심령으로 임하자.

2. 장로교란? 개혁주의란? 칼빈주의란?

하나님의 절대 주권(롬 11:36)과 성경 무오설(딤후 3:16)을 강조함(롬 11:36) 이는 만물이 주에게서 나오고 주로 말미암고 주에게로 돌아감이라 영광이 그에게세세에 있으리로다 아멘(딤후 3:16) 모든 성경은 하나님의 감동으로 된 것으로 교훈과 책망과 바르게 함과 의로 교육하기에 유익하니
1) 하나님의 절대 주권이란 하나님의 의지(=계획.뜻)와 그 적용과 성취의 자유이다.
2) 하나님의 절대주권과 주권영역
    (1) 일반적 영역 - 창조와 통치
    (2) 특수한 영역주권 - 구원과 통치
3) 하나님 절대주권교리의 가치와 중요성
    (1) 하나님의 속성을 더욱 존숭케 한다.
    (2) 참된 구원 종교의 확고한 기초가 된다.
    (3) 이신득의, 타율주의 구원을 가르킨다.
    (4) 인생의 본질(전적부패)과 겸손을 가리킨다.
    (5) 신자로 하여금 절대 안심케 한다.
    (6) 신자로 하여금 위로와 소망을 준다.
    (7) 신자로 하여금 감사함으로 순종케 한다.
    (8) 선이 악을 이긴다는 최후를 보장한다.
    (9) 사람의 제일 되는 목적을 위해 살도록 한다.

제1부 신앙(1~38문)

1. 인생의 제일 되는 목적(1문)

제1문: 사람의 제일 되는 목적은 무엇입니까?
　답: 사람의 제일 되는 목적은 하나님을 영화롭게 하는 것과,[1]
　　　그를 영원토록 즐거워하는 것입니다.[2]

1. 하나님을 영화롭게 하는 것은?
　1) 정의:
　　(1) 잘못된 이해 - 하나님께 영광을 드림으로 하나님을 더욱 영화롭게 만든다
　　(2) 바른 이해(시 19:1) - 하나님의 영광을 반사하는 것이다
　　　　　　　　　　　　　하나님이 창조하신 아름다운 세계는 하나의 거울과 같다. 하늘과 땅의 주 된 목적은 하나님의 영광을 선포하는 데 있다.
　　(시 19:1) 하늘이 하나님의 영광을 선포하고 궁창이 그 손으로

---

1. 그런즉 너희가 먹든지 마시든지 무엇을 하든지 다 하나님의 영광을 위하여 하라(고전 10:31).
2. 하늘에서는 주 외에는 누가 내게 있으리요 땅에서는 주밖에 나의 사모할 자 없나이다 내 육체와 마음은 쇠잔하나 하나님은 내 마음의 반석이시요 영원한 분깃이시라(시 73:25~26).

하신 일을 나타내는도다
2) 그러면 왜 제1문에서 이와 같은 내용을 묻고 있는가? 인간은 본래 하나님의 형상으로 창조되었고, 자기 중심 보다는 하나님 중심으로 살도록 되어 있었다. 그러나 타락한 인생들은 자기 중심으로 살게 되었다.
3) 어떤 영역에서 하나님을 영화롭게 해야 할까?
삶의 모든 영역에서(Coram Deo: Before God)
4) 인생이 모든 영역에서 하나님께 영광을 돌려야 할 이유는 무엇인가?
　(1) 시 100:3; 103:1; 잠 16:4 - 하나님께서 우리 인생을 창조하시고 이와 같은 고귀한 목적을 주시되 다른 동물과는 달리 이러한 목적을 이룰 영혼을 주셨기 때문에
　　(시 100:3) 여호와가 우리 하나님이신 줄 너희는 알지어다 그는 우리를 지으신 자시요 우리는 그의 것이니 그의 백성이요 그의 기르시는 양이로다
　(2) 시 66:8,9 - 인간을 보존하시고 필요를 공급해 주시므로
　　(시 66:8) 만민들아 우리 하나님을 송축하며 그 송축소리로 들리게 할찌어다
　　(시 66:9) 그는 우리 영혼을 살려 두시고 우리의 실족함을 허락지 아니하시는 주시로다
　(3) 고전 6:19,20 - 인간을 구속하시고 독생자의 피값으로 우리를 사셨으므로
　　(고전 6:19) 너희 몸은 너희가 하나님께로부터 받은바 너희 가운데 계신 성령의 전인 줄을 알지 못하느냐 너희는 너희의 것이 아니라
　　(고전 6:20) 값으로 산 것이 되었으니 그런즉 너희 몸으로 하나님께 영광을 돌리라
5) 과연 나는 하나님을 영화롭게 하는 삶 즉 무엇을 먹든지 마시든

지 무엇을 하든지 하나님께 영광을 돌리고 있는가? 과연 나는 주어진 직분을 통해서 하나님을 영화롭게 하고 있는가?
6) 어떤 생활을 통하여 하나님께 영광을 돌릴 수 있을까?
   (1) 벧전 1:15; 요 17:17 - 경건 생활(영성관리)
   (2) 행 17:11; 살전 5:1 - 매일 성경.기도
   (3) 출 20:8~11 - 주일성수
   (4) 말 3:7~10 - 온전한 십일조
   (5) 살전 5:18 - 범사에 감사
   (6) 행 5:42 - 열심히 전도
   (7) 행 20:35; 딤전 6:17,18 - 주는 생활(이타주의, 기독교 사회동포주의)

2. 하나님을 즐거워한다는 것은?
  1) 정의:
     (1) 잘못된 이해 - 사람이 하나님을 즐겁도록 만든다는 생각
     (2) 바른 이해 - 하나님이 즐거움의 근원이 되고 사람은 하나님으로 말미암아 즐거워한다는 것
  2) 하늘과 땅을 포함한 피조물들과 인간의 주된 차이는 무엇일까?
     (1) 하늘과 땅의 주된 목적은 하나님의 영광을 선포하며 그것을 보여 주는데 있다.
     (2) 인간은 하나님을 영화롭게 하고 나아가서는 그로 말미암아 즐거워한다.
  3) 그런데 여러분은 과연 무엇을 즐거워하는가?
  4) 그러한 즐거움이 얼마나 오래 계속되는가?
  5) 진정한 즐거움은 어디서 얻을 수 있는가?
     다윗의 "행복의 비결"을 살펴 보자.
     a. 다윗은 무엇을 찾기에 힘썼는가?(시 42:1)
        (시 42:1) 하나님이여 사슴이 시냇물을 찾기에 갈급함 같이

내 영혼이 주를 찾기에 갈급하니이다
b. 그는 무엇을 발견하였는가?(시 42:11)
(시 42:11) 내 영혼아 네가 어찌하여 낙망하며 어찌하여 내 속에서 불안하여 하는고 너는 하나님을 바라라 나는 내 얼굴을 도우시는 내 하나님을 오히려 찬송하리로다
사람이 기쁨만을 추구할 때, 그것은 그에게서 사라진다. 사람이 하나님을 간절히 찾을 때, 그는 기쁨도 함께 받게 된다.

3. 제1 문의 핵심
1) 제1 문은 칼빈주의 중심사상을 나타내는 것으로
하나님 중심 - 모든 삶의 영역에서 자기 중심이 아니라 하나님 중심으로 살아야만 하나님께 영광을 돌리며 영원한 즐거움을 얻을 수 있음을 가르친다.

2. 성경 (2~3문)

제2문: 하나님께서 우리에게 어떤 규칙을 주셔서 자기를 영화롭게 하고 즐거워하도록 지시하였습니까?
답: 신구약 성경에 기록된 하나님의 말씀은[3] 우리가 그를 영화롭게 하고 즐거워하는 것을 가르쳐주는 유일한 규칙입니다.[4]

제3문: 성경이 가장 중요하게 가르치는 것이 무엇입니까?
답: 성경이 가장 중요하게 가르치는 것은 사람이 하나님에 대하여 어떻게 믿을 것과[5] 하나님께서 사람에게 요구하시는 의무에 관한 것입니다.[6]

1. 하나님이 자신을 나타내는 방법은?
   1) 자연계시 - 자연을 통해서 하나님을 알게 한다.
      시 19:1 - 하늘이 하나님의 영광을 선포하고 궁창이 그 손으로 하신 일을 나타내는도다
      롬 1:20 - 창세로부터 그의 보이지 아니하는 것들 곧 그의 영원하신 능력과 신성이 그 만드신 만물에 분명히 보여 알게 되나니 그러므로 저희가 핑계치 못할찌니라
   2) 특별계시 - 성령을 통하여 말씀을 깨달음으로써 하나님을 알게 된다.
      고전 2:9~10 - 기록된 바 하나님이 자기를 사랑하는 자들을 위하여 예비하신 모든 것은 눈으로 보지 못하고 귀로도 듣지 못하고 사람의 마음으로도 생각지 못하였다 함과 같으니라 오직 하나님이 성령으로 이것을 우리에게보이셨으니 성령은 모든 것 곧 하나님의 깊은 것이라도 통달하시느니라

---

3. 모든 성경은 하나님의 감동으로 된 것으로 교훈과 책망과 바르게 함과 의로 교육하기에 유익하니(딤후 3:16).
4. 내가 이 책의 예언의 말씀을 듣는 각인에게 증거하노니 만일 누구든지 이것들 외에 더하면 하나님이 이 책에 기록된 재앙들을 그에게 더하실 터이요 만일 누구든지 이 책의 예언의 말씀에서 제하여 버리면 하나님이 이 책에 기록된 생명나무와 및 거룩한 성에 참여함을 제하여 버리시리라(계 22:18~19)
5. 예수께서 제자들 앞에서 이 책에 기록되지 아니한 다른 표적도 많이 행하셨으나 오직 이것을 기록함은 너희로 예수께서 히니님의 아들 그리스도이심을 믿게 하려 함이요 또 너희로 믿고 그 이름을 힘입어 생명을 얻게 하려 함이니라(요 20:30~31).
6. 사람아 주께서 선한 것이 무엇임을 네게 보이셨나니 여호와께서 네게 구하시는 것이 오직 공의를 행하며 인자를 사랑하며 겸손히 네 하나님과 함께 행하는 것이 아니냐(미 6:8).

2. 특별계시인 "신구약 성경에 기록된 하나님의 말씀"이라는 문맥의 정확한 뜻은?
   1) 자유주의(Liberalism.현대주의) - 성경의 어떤 부분은 하나님의 말씀이고 어떤 부분은 인간의 말인데, 그 기준을 인간 스스로가 결정할 수 있다는 것이다.
   2) 신정통주의(Neo-Orthodoxy.신현대주의) - 성경 전체는 유오(有誤)한 인간의 말(the fallible word of man)인데 하나님이 임재하시면 그것은 하나님의 말씀이 되고 그렇지 못하면 인간의 말로서 존재한다. 일명 칼발트주의(Barthianism)라고 부른다.
   3) 개혁주의(Reformed View) - 소요리문답에서 가르친 올바른 의미를 나타내는 견해로 모든 성경이 하나님의 감동으로 기록된 하나님의 말씀이다.

   여기서 우리는 성경의 중요한 3대 특성을 이해하여야 한다.
      (1) 성경의 무오성(無誤性:Infallible) - 원본성경에는 오류가 없다.
      (2) 성경의 명료성(明瞭性:Clear) - 평범한 사람들까지도 이해할 수 있도록 기록됨
      (3) 성경의 충족성(充足性:Sufficient) - 구원을 위해 충분한 말씀이다(계 22:18~20)
      (비교: 로마가톨릭[교황의 권위.전통], 몰몬교[몰몬경], 자유주의[현대과학])

3. 성경이 하나님의 말씀인 이유는?
   1) 성경의 영감성 때문에(딤후 3:16; 벧후 1:21) - 모든 성경은 하나님의 영감으로 기록되었다
      딤후 3:16 - 모든 성경은 하나님의 감동으로 된 것으로 교훈과

책망과 바르게 함과 의로 교육하기에 유익하니
벧후 1:21 - 예언은 언제든지 사람의 뜻으로 낸 것이 아니요 오직 성령의 감동하심을 입은 사람들이 하나님께 받아 말한 것임이니라

<u>영감설의 세 가지 견해들</u>:
a. 기계적 영감설(Mechanical Inspiration) - 하나님께서 불러 주시는 것을 그대로 받아 썼다.
b. 동력적 영감설(Dynamical Inspiration) - 저자의 일반영감을 인정하고 성령의 역사를 부정함
c. 유기적 영감설(Organic Inspiration - 유기적이라는 말은 하나님께서 저자를 기계적으로 사용치 않으시고, 저자들의 성품과 기질, 은사와 재능, 교육과 교양, 용어, 어법, 문체 등 이 모든 것들을 그대로 사용하시면서도 오류가 없도록 하셨다.
이것이 개혁주의의 입장이며, 이를 달리 완전 영감설(Plenary Inspiration) 혹은 축자 영감설이라고도 부른다.

2) 성경의 예언 성취성 때문에 - 예수의 탄생, 생애, 수난, 부활, 그리고 승천, 재림에 관한 모든 성취되었으며 또 성취되어 가고 있다.

<u>구약의 예언</u>	<u>신약의 성취</u>
*누구의 자손인가?(사 11:1)	눅 1:31~33
*데이니실 장소(미 5:2)	눅 2:1~6
*동정녀에게서 나심(사 7:14)	마 1:18~25
*그리스도의 길을 예비함(사 40:3)	마 3:1~3
*고난과 속죄의 죽음(사 53:4~6)	벧전 2:24~25
*예루살렘의 입성(슥 9:9)	마 21:1~5

* 십자가 상에서 무엇을 먹고 마시게 　　마 27:34,48
  　될 것인가?(시 69:21)　　　　　　　(쓸개 탄 포도주)
  * 그의 뼈가 상하지 않음(시 34:20)　　요 19:33,36
  * 그의 옷을 제비 뽑음(시 22:18)　　　마 27:35
  * 그의 육체가 썩지 않고 영혼이　　　눅 24:1~47
  　무덤에 머물지 않음(시 16:9,10)　　행 2:31~32;고전15:4~8

  3) 성경의 통일성 때문에 - 40여 명의 기자에 의해서 1,600년 간에 기록된 성경이 한 사람이 쓴 것 같은 통일성을 이루고 있다.
    (1) 성경 = 구 약(39권) + 신 약(27권) 총(66권)
    (2) 66권의 중심 인물 - 예수 그리스도 스크로지(W. Graham Scroggie) - "(구약)에는 그리스도가 예언되었고, (복음서)에는 그가 나타났으며, (사도행전)에는 그가 전파되었고, (서신들)에서는 그가 사람들 속에 계셨고, (요한계시록)에서는 그가 사람들을 지배하신다."
    (3) 저자 - 1,600여 년 동안 걸쳐서 세 가지 언어(히브리어, 아람어, 헬라어)로 각양각색의 사람들이(왕, 선지자, 전도자, 농부, 어부, 학자, 의사, 세리) 기록함.
    (4) 각 시대에 걸쳐서 각종 문화적 배경에서 살던 40여 명의 사람에 의해서 1,600여 년에 걸쳐서 기록된 성경이 통일성을 이룬다는 것은 배후에서 역사하는 분이 계심을 입증한다. 그 분이 바로 하나님이시다.

4. 성경의 중심된 교훈은 무엇인가?
  1) 하나님을 어떻게 믿을 것인가(How to believe)?(제1~38문)
    - 신앙 강조
  2) 어떻게 살 것인가(How to live)?(제39~107문)
    - 올바른 실천을 중요하게 취급

3. 하나님은 어떤 분이시뇨?(4~11문)

A. 하나님의 본질 (4~6문)

제4문: 하나님은 어떤 분이십니까?
  답: 하나님은 영이신데,[7] 그의 존재하심과 [8] 지혜와[9] 권능과 거룩하심과[10] 공의와[11] 선하심과 진실하심이 **무한**하시고[12] **영원**하시며 불변하신 분입니다.[13]

1. 인간은 종교적인 존재로서 예로부터 어떤 신에게 경배를 드려 왔다. 한국의 샤머니즘은 이에 대한 대표적인 경우이다. 세상에는 많은 신들이(gods) 있다. 이에 대해서 우리가 믿는 하나님(God)은 어떤 분이신가? 이에 대해서 우리는 하나님의 속성을 공부하기로 한다.

---

7. 하나님은 영이시니 예배하는 자가 신령과 진정으로 예배할지니라(요 4:24).
8. 하나님이 모세에게 이르시되 나는 스스로 있는 자니라 또 이르시되 너는 이스라엘 자손에게 이같이 이르기를 스스로 있는 자가 나를 너희에게 보내셨다 하라(출 3:14).
9. 우리 주는 광대하시며 능력이 많으시며 그 지혜가 무궁하시도다(시 147:5).
10. 네 생물이 각각 여섯 날개가 있고 그 안과 주위에 눈이 가득하더라 그들이 밤낮 쉬지 않고 이르기를 거룩하다 거룩하다 거룩하다 주 하나님 곧 전능하신 이여 전에도 계셨고 이제도 계시고 장차 오실 자라 하고(계 4:8).
11. 여호와께서 그의 앞으로 지나시며 반포하시되 여호와로라 여호와로라 자비롭고 은혜롭고 노하기를 더디하고 인자와 진실이 많은 하나님이로라 인자를 천대까지 베풀며 악과 과실과 죄를 용서하나 형벌 받을 자는 결단코 면죄하지 않고 아비의 악을 자여손 삼사대까지 보응하리라(출 34:6~7).
12. 산이 생기기 전,땅과 세계도 주께서 조성하시기 전 곧 영원부터 영원까지 주는 하나님이시니이다(시 90:2).
13. 나 여호와는 변역지 아니하나니 그러므로 야곱의 자손들아 너희가 소멸되지 아니하느니라(말 3:6).

2. 하나님의 비공유적인(非共有的) 속성(Incommunicable Attributes)

인간에게는 없는 것으로 오직 하나님만이 소유하고 계시는 속성으로 다음과 같다.

1) **영(Spirit)이시다**
   (1) 요 4:24 - "하나님은 영이시니 예배하는 자가 신령과 진정으로 예배할지니라"
   (2) 영은 형체가 없으며 냄새도 없고 물질이 아니다.
   (3) 그러나 어떤 말로도 영의 엄밀한 정의나 묘사를 정확하게 제시하기는 어렵다. 그러면서도 우리가 하나님을 볼 수 있는 간접적인 방법이 있다. 하나님이 만드신 만물에서 그의 "반영"(His Reflection)을 볼 때만 하나님을 볼 수 있다. 실체와 비실체(모습)는 엄격하게 말하면 다르지만, 거울 속의 모습이 반영이므로 양자는 똑같다고 할 수 있다. 마찬가지로 하나님과 인간은 완전히 다르지만, 타락 전에 인간은 하나님의 형상대로 지음을 받아 하나님과 공유할 수 있는 어떤 속성을 가지게 되었다. 이 속성들은 하나님이 자기를 닮도록 하려고 주셨기 때문에 공유적 속성이라 부른다.
   (4) 성경은 영이신 하나님이 신체를 가지신 것으로 표현하고 있다. 예를 들면 하나님께서 얼굴(출 33:20), 눈(대하 16:9), 귀(느 1:6), 입(마 4:4), 코(출 15:8), 등(출 33:21~33), 어깨(신 33:12), 발(출 24:10), 팔(시 44:3), 손(출 7:4,5), 손가락(시 8:3), 목소리(계 1:10)를 가짐
   (5) 그 이유는? 하나님을 달리 표현할 길이 없어 인간의 말로 표현한 것에 불과하다 이를 가리켜 신인동형론적 표현이라고 하는데,
       ① 구약에 영물들인 천사들이 인간의 모양으로 나타남.
       ② 구약에 나타난 그리스도 - 창 18:1~5,16~25 등(칼빈은

이를 가리켜 "신인(神人)으로서 장차 나타나심에 대한 서막"이라 칭함) 우리 주님은 하나님이시지만 동시에 참된 인성을 가지셨으므로 지금도 손, 발 등을 가지고 계신다.

2) **무한(Infinite)하시다**
   (1) 한계나 제한이 없다는 뜻이다.
   (2) 시간적으로 무한하신 하나님 - 영원하시다.
   (3) 공간적으로 무한하신 하나님 - 무소부재(無所不在)하시다(참고: 자연신론자들의 주장 - 하나님이 우주를 창조하신 후 창조의 법칙에 따라 우주가 운행되도록 내버려 두시고 초연한 위치에서 팔짱을 끼시고 방관하는 하나님이시다).

3) **영원(Eternal)하시다.**
   (1) 하나님은 영원하신 분으로서 영원 전부터 계셔서 영원까지 역사하신다(시 90:2;102:12).

4) **불변(Unchangeable)하시다**
   (1) 변하는 세상 - 시간이 지나 가면서 인간의 사상과 행동과 외모 등
   (2) 하나님은 그의 존재와 정하신 뜻이 변하지 않으신다(말 3:6).

3. 하나님의 공유적(共有的) 속성(Communicable Attributes)
   하나님의 공유적인 속성은 하나님의 형상으로 지음을 받은 인생에게 있었으나 명확한 차이가 있다.
   1) 지혜*(Wisdom)*
      (1) 지혜란? 지식은 연구를 통하여 얻어지나 지혜는 마음의 통찰력이다.
      (2) 하나님의 지혜는 하나님의 지식의 특수한 면이다.

(3) 하나님은 지혜의 원형(Orignal pattern)이 되시고, 하나님을 경외하는 것이 지혜의 근본이다(잠 1:7).
(4) 하나님은 그 지혜로 천지를 창조하시고(잠 3:19;시 19:1), 인생을 구속하셨다(롬 11:33~36).

2) 권능*(Power)*
(1) 하나님의 능력을 말하는데 이는 전능하시며(창 17:1;18:1;렘 32:27;막 10:27), 전지 하시며(욥 36:4,5), 편재하시며(행 17:24), 예지하시는(렘 1:5) 분이시다는 뜻이다.
(2) 창조와 섭리와 구속에서 그의 권능이 나타났다.

3) 거룩*(Holiness)*
(1) "거룩하다"는 히브리어로 카다쉬(Kadash)라고 하는데, 이 말의 뜻은 절단하다, 분리하다 라는 의미이다.
(2) 하나님이 거룩하시다는 뜻은 피조물과는 근본적으로 달리 죄와 상관 없는 윤리적인 속성을 의미한다(시 22:3;사 41:14,16).
(3) 이러한 하나님을 본받아 성도는 거룩해지기를 힘써야 한다(벧전 1:15,16).

4) 공의*(Justice)*
(1) 하나님이 공의롭다는 뜻은? 하나님께서 엄격하게 법을 지키시는 분이시다(신 32:4;욥 37:23;시 99:4).
(2) 이러한 하나님의 공의는 죄인에 대한 엄격한 징벌(잠 24:12;창 19:21;겔 9:10)과 의로운 자에 대한 보상(히 11:6)으로 나타난다.

5) 선하심*(Goodness)*
(1) 하나님의 선은 사랑(요 3:16;롬 5:8)과 은혜(엡 1:6,7)와 긍휼(출 34:6~7)로 우리에게 나타난다.

6) 진실(Truth)
   (1) 하나님은 거짓말하지 아니하시고 진실하시다(민 23:19).
   (2) 진실하신 하나님은 한 번 맺은 약속은 반드시 이루시는 분이시다.
   (3) 故 박윤선 목사님 - 마지막 유언 曰 "진실하라. 진실하라. 진실하라".

제5문: 하나님 한 분 이외에 또 다른 하나님이 있습니까?
   답: 오직 살아 계시고 참되신 하나님은 한 분 뿐이십니다.[14]

제6문: 하나님의 신격에는 몇 위가 계십니까?
   답: 하나님의 신격에는 삼위가 계시는데 성부와 성자와 성령을 말하며[15] 이 삼위는 한 하나님으로서 본체가 하나이시며 권능과 영광이 동등하십니다.[16]

1. 삼위일체란?
   1) 오직 한 분 하나님만이 계신다(신 6:4; 왕상 8:60; 고전 8:6; 딤전 2:5).
      (신 6:4) 이스라엘아 들으라 우리 하나님 여호와는 오직 하나인 여호와시니
   2) 아버지도 하나님이시고, 아들도 하나님이시고(시 45:6; 사 9:6~7; 요 1:1; 20:28), 성령님도 하나님이시다(행 5:3~4;

---

14. 그러므로 우상의 제물 먹는 일에 대하여는 우리가 우상은 세상에 아무 것도 아니며 또한 하나님은 한 분 밖에 없는 줄 아노라(고전 8:4).
15. 그러므로 너희는 가서 모든 족속으로 제자를 삼아 아버지와 아들과 성령의 이름으로 세례를 주고(마 28:19).
16. 주 예수 그리스도의 은혜와 하나님의 사랑과 성령의 교통하심이 너희 무리와 함께 있을지어다(고후 13:13).

고전 2:10; 요 6:63; 마 12:31).
(사 9:6) 이는 한 아기가 우리에게 났고 한 아들을 우리에게 주신 바 되었는데 그 어깨에는 정사를 메었고 그 이름은 기묘자라, 모사라, 전능하신 하나님이라, 영존하시는 아버지라, 평강의 왕이라 할 것임이라

3) 삼위는 한 하나님이시나 각각 구별되고(마 3:16~17, 28:19, 고후 13:13), 본체는 하나요 그 권능과 영광이 동등하다(빌 2:6).
(고후 13:13) 주 예수 그리스도의 은혜와 하나님의 사랑과 성령의 교통하심이 너희 무리와 함께 있을지어다
(빌 2:6) 그는 근본 하나님의 본체시나 하나님과 동등됨을 취할 것으로 여기지 아니하시고
이 교리는 특별계시로 알게 된 것이고 인간의 이성(머리)으로써 발견할 수 없는 진리이다.
불완전한 비유 - ① 태양 비유: 태양 자체 - 빛 - 열
② 물(H_2O)비유: 고체 - 액체 - 기체

2. 삼위일체 교리에 대한 역사적 배경
  1) 초대 교부들 - 삼위일체에 대한 명백한 개념을 가지고 있지 않았다.
  2) 터툴리안(Tertullian) - 하나님의 삼위의 통일성을 처음 주장했다.
  3) 아리우스(Arius)와 아다나시우스(Athanasius)의 논쟁
    (1) 아리우스 - 성자는 가장 먼저 창조된 피조물로서 세상을 창조했다.
    (2) 아다나시우스 - 삼위일체 교리를 확립하는데 지대한 공헌자이다.

4) 니케아 회의(The Council of Nicea)
      (1) 콘스탄티누스(Constantine) 황제가 교회 분쟁을 해결하기 위해 주후 325년에 소집함.
      (2) 삼위일체 교리를 채택함 "우리는 전능하신 아버지요, 유형물과 무형물의 창조주이신 한 하나님(One God)을 믿으며, 결코 피조되시지 않았으며, 발생되신, 아버지와 동질이신 (Homoousios: One Essence) 한 분 주 예수 그리스도를 믿는다."

3. 삼위일체 교리가 정당한 이유가 어디에 있는가?
   1) 구약적 배경
      (1) 창 1:26 - 우리가 "우리"의 형상대로 사람을 만들고(우리는 삼위의 하나님)
      (창 1:26) 하나님이 가라사대 우리의 형상을 따라 우리의 모양대로 우리가 사람을 만들고 그로 바다의 고기와 공중의 새와 육축과 온 땅과 땅에 기는 모든 것을 다스리게 하자 하시고
      (2) 창 11:7 - 바벨탑을 쌓은 것을 보시고 "우리"가 내려 가서
      (창 11:7) 자, 우리가 내려가서 거기서 그들의 언어를 혼잡케 하여 그들로 서로 알아듣지 못하게 하자 하시고
      (3) 사 6:8 - 내가 누구를 보내며 누가 우리를 위하여 갈꼬
      (사 6:8) 내가 또 주의 목소리를 들은즉 이르시되 내가 누구를 보내며 누가 우리를 위하여 갈꼬 그 때에 내가 가로되 내가 여기 있나이다 나를 보내소서
   2) 신약적 배경
      (1) 눅 3:21~22 - 예수께서 세례를 받으실 때
      (눅 3:21) 백성이 다 세례를 받을쌔 예수도 세례를 받으시고 기도하실 때에 하늘이 열리며

(눅 3:22) 성령이 형체로 비둘기 같이 그의 위에 강림하시더니 하늘로서 소리가 나기를 너는 내 사랑하는 아들이라 내가 너를 기뻐하노라 하시니라
(2) 마 28:19 - 예수님의 최후 명령에서 아버지와 아들과 성령의 이름으로
(마 28:19) 그러므로 너희는 가서 모든 족속으로 제자를 삼아 아버지와 아들과 성령의 이름으로 세례를 주고
(3) 고후 13:13 - 사도적 축복에서
(고후 13:13) 주 예수 그리스도의 은혜와 하나님의 사랑과 성령의 교통하심이 너희 무리와 함께 있을지어다
3) 삼위일체 하나님은 성격(성품)상으로 동일하심
 (1) 인간을 사랑하심
 (요 3:16) 하나님이 세상을 이처럼 사랑하사 독생자를 주셨으니 이는 저를 믿는 자마다 멸망치 않고 영생을 얻게 하려 하심이니라
 (요 13:1) 유월절 전에 예수께서 자기가 세상을 떠나 아버지께로 돌아가실 때가 이른줄 아시고 세상에 있는 자기 사람들을 사랑하시되 끝까지 사랑하시니라
 (롬 8:26) 이와 같이 성령도 우리 연약함을 도우시나니 우리가 마땅히 빌바를 알지 못하나 오직 성령이 말할 수 없는 탄식으로 우리를 위하여 친히 간구하시느니라
 (롬 8:27) 마음을 감찰하시는 이가 성령의 생각을 아시나니 이는 성령이 하나님의 뜻대로 성도를 위하여 간구하심이니라
 (롬 8:28) 우리가 알거니와 하나님을 사랑하는 자 곧 그 뜻대로 부르심을 입은 자들에게는 모든 것이 합력하여 선을 이루느니라
 (2) 거룩하고 의로우심

(사 6:3) 서로 창화하여 가로되 거룩하다 거룩하다 거룩하다 만
         군의 여호와여 그 영광이 온 땅에 충만하도다
(사 57:15) 지존무상하며 영원히 거하며 거룩하다 이름하는 자가
         이같이 말씀하시되 내가 높고 거룩한 곳에 거하며 또
         한 통회하고 마음이 겸손한 자의 영을 소성케 하려
         함이라
(계 15:4) 주여 누가 주의 이름을 두려워하지 아니하며 영화롭게
         하지 아니하오리이까 오직 주만 거룩하시니이다 주의
         의로우신 일이 나타났으매 만국이 와서 주께 경배하리
         이다 하더라

(3) 지혜로우심
(롬 11:33) 깊도다 하나님의 지혜와 지식의 부요함이여 그의 판
         단은 측량치 못할 것이며 그의 길은 찾지 못할 것이
         로다
(시 19:1) 하늘이 하나님의 영광을 선포하고 궁창이 그 손으로
         하신 일을 나타내는도다
(엡 1:11) 모든 일을 그 마음의 원대로 역사하시는 자의 뜻을 따
         라 우리가 예정을 입어 그 안에서 기업이 되었으니
(고전 2:13) 우리가 이것을 말하거니와 사람의 지혜의 가르친 말
         로 아니하고 오직 성령의 가르치신 것으로 하니 신
         령한 일은 신령한 것으로 분별하느니라

(4) 신실하심
(민 23:19) 하나님은 인생이 아니시니 식언치 않으시고 인자가
         아니시니 후회가 없으시도다 어찌 그 말씀하신 바를
         행치 않으시며 하신 말씀을 실행치 않으시랴
(고전 1:9) 너희를 불러 그의 아들 예수 그리스도 우리 주로 더
         불어 교제케 하시는 하나님은 미쁘시도다

(히 10:23) 또 약속하신 이는 미쁘시니 우리가 믿는 도리의 소망을 움직이지 말고 굳게 잡아

4) 능력상으로 동일하심
 (1) 창조
 (창1:1) 태초에 하나님이 천지를 창조하시니라
 (창1:2) 땅이 혼돈하고 공허하며 흑암이 깊음 위에 있고 하나님의 신은 수면에 운행하시니라
 (창1:3) 하나님이 가라사대 빛이 있으라 하시매 빛이 있었고
 (요1:1) 태초에 말씀이 계시니라 이 말씀이 하나님과 함께 계셨으니 이 말씀은 곧 하나님이시니라
 (요1:2) 그가 태초에 하나님과 함께 계셨고
 (요1:3) 만물이 그로 말미암아 지은바 되었으니 지은 것이 하나도 그가 없이는 된 것이 없느니라

 (2) 부활
 (요 11:43) 이 말씀을 하시고 큰 소리로 나사로야 나오라 부르시니
 (롬 1:4) 성결의 영으로는 죽은 가운데서 부활하여 능력으로 하나님의 아들로 인정되셨으니 곧 우리 주 예수 그리스도시니라

5) 시간적으로 영원함
 (1) 태초의 하나님(창 1:1~2)
 (2) 말씀이신 하나님(요 1:1~3)
 (3) 예수 그리스도(히 13:8, 요 8:58, 마 28:20)
 (히 13:8) 예수 그리스도는 어제나 오늘이나 영원토록 동일하시니라

(요 8:58) 예수께서 가라사대 진실로 진실로 너희에게 이르노니 아브라함이 나기 전부터 내가 있느니라 하시니
(마 28:20) 내가 너희에게 분부한 모든 것을 가르쳐 지키게 하라 볼찌어다 내가 세상 끝날까지 너희와 항상 함께 있으리라 하시니라

4. 삼위 하나님의 사역
   1) 성부 - 창조와 구속 사역을 예정하고 설계하심 (설계자)
   2) 성자 - 하나님의 모든 역사는 그리스도를 통해 이루어짐 (중보역: 건축자)
   3) 성령 - 하나님과 그리스도의 사역을 완성케 함(보존자)

5. 삼위일체 교리에 대한 잘못된 대표적인 견해
   1) 양식론 (Modalism) - 마치 배우가 희극에서 한 번은 이 역을 맡고 다음은 옷을 갈아 입고 다른 역을 맡아 출연하듯이 하나님은 일인 (one person)이시나 때를 따라 다른 역을 맡는다. 즉 하나님이 아버지 역을 맡을 때는 아들과 성령은 계시지 않는다 (삼위의 하나님은 동시에 나타나므로 틀린 견해이다).
   2) 군주론(Monarchianism) - 삼위 중에 아버지 하나님이 아들이나 성령 보다 더 지존하시다(그리스도는 신적 성질에 있어서 아버지와 동등하시므로 틀린 견해이다).

6. 삼위일체 교리에 대한 우리의 자세
   1) 성경적 진리를 체계화 시켜준 분들에 대한 감사해야 한다.
   2) 혼탁한 영계에서 진리를 더욱 연구하며 전수할 책임을 통감한다.
   3) 학원선교라는 측면에서 내일의 목회자와 선교사와 신학자가 될 신학생들과 신학교를 지원해야 한다.

B. 하나님의 사역(7~11문)

제7문: 하나님의 예정이란 무엇입니까?
　답: 하나님의 예정은 그 뜻대로 하신 영원한 경륜인데 이로 말미암아 자기의 영광을 위하여 무릇 되어 가는 일을 작정하신 것입니다.[17]

1. 하나님의 예정이란 무엇인가?

우리가 어떤 일을 하고자 할 때 일정한 계획을 수립하여 그것을 바탕으로 실천하는 것이 중요하다. 예를 들면 건축가가 설계도를 가지고 건축을 하는 것이나, 사업가가 사업계획을 가지고 회사를 운영하는 것을 볼 수 있다. 하나님의 예정이란 하나님의 영원한 계획을 말한다. 우리가 보는 이 세상에 우연이나 우발적으로 일어나는 사건은 하나도 없다. 모든 일에는 원인이 있기 마련이다. 모든 일의 궁극적인 원인은 바로 하나님의 계획 속에서 나오는 것이다.

　롬 11:36 - 이는 만물이 주에게서 나오고 주로 말미암고 주에게로 돌아감이라 영광이 그에게 세세에 있으리로다 아멘

　사 46:10~11 - 내가 말하였은즉 정녕 이룰 것이요 경영하였은즉 정녕 행하리라

2. 하나님의 예정의 특성은 어떠한가?
　1) 영원하다.
　　인간의 계획은 순간적이고 얼마든지 변경이 가능한 것임에 비해서 하나님의 계획은 인간의 계획과는 달리 영원 전부터 구체적으로 계획된 것으로 그 계획은 영원하고 불변하시다

---

17. 곧 창세 전에 그리스도 안에서 우리를 택하사 우리로 사랑 안에서 그 앞에 거룩하고 흠이 없게 하시려고… 모든 일을 그 마음의 원대로 역사하시는 자의 뜻을 따라 우리가 예정을 입어 그 안에서 기업이 되었으니 (엡 1:4,11).

(시 33:11; 롬 11:33~34). "하나님의 예정은 그 뜻대로 하신 영원한 경륜이다"

2) 절대적이다.
하나의 집을 건축하는 이의 모습을 보자. 인간이 집을 지을 계획을 세우고 설계를 하더라도 정확한 못의 숫자까지 계산하지 못한다. 그러나 하나님의 계획은 모든 것이 완전하게 결정된다. 예를 들면 다음과 같다.

잠 16:33 - 사람이 제비는 뽑으나 일을 작정하기는 여호와께 있느니라

왕상 22:34 - 한 사람이 우연히 활을 당기어 이스라엘 왕의 갑옷 솔기를 쏜지라 왕이 그 병거 모는 자에게 이르되 내가 부상하였으니 네 손을 돌이켜 나로 군중에서 나가게 하라 하였으나

창 50:20 - 당신들은 나를 해하려 하였으나 하나님은 그것을 선으로 바꾸사 오늘과 같이 만민의 생명을 구원하게 하시려 하셨나니

행 2:23 - 그가 하나님의 정하신 뜻과 미리 아신 대로 내어준 바 되었거늘 너희가 법 없는 자들의 손을 빌어 못 박아 죽였으나

행 13:48 - 이방인들이 듣고 기뻐하여 하나님의 말씀을 찬송하며 영생을 주시기로 작정된 자는 다 믿더라

다시 말해서 어떤 것도 하나님의 계획 밖에 있는 것은 없다. 하나님의 계획은 절대적이며 완전하며 모든 것을 포함한다.

3. 하나님의 예정의 목적은 무엇인가?
예정의 목적은 하나님께서 영광을 거두기 위함인데, 이는 하나님께서 더 영화로와지기 위해서 영광을 보충하시는 것이 아니라 자

신의 선한 기쁨과 존귀와 찬양을 받기 위함이다(엡 1:3~14)

4. 잘못된 추론
   1) 하나님이 죄의 조성자(Author)이시다 - 인간의 타락은 인간의 자유의지(free will)를 잘못 사용했으므로 죄의 책임은 전적으로 인간에게 있다.
   2) 인간은 바둑판에 놓인 바둑알처럼 취급을 당한다 - 하나님은 인간을 기계처럼 사용하시지 않고 우리에게 인격을 주셔서 성령의 감동을 좇아 그의 뜻을 성취하게 하신다. 이에 대해서 좀더 자세한 내용은 섭리(제11문)에서 다루기로 한다.

5. 예정함을 입은 성도의 삶의 자세는 어떠해야 할까? - "세 가지 할 것 밖에 없다"
   1) 나 같은 죄인이 선택 받았다는 사실 앞에 감사할 것밖에 없다. 비택자는 아무런 불평을 할 수가 없다(롬 9장 - 질그릇 비유)
   2) 충성할 것밖에 없다.
   (계 2:10) 네가 장차 받을 고난을 두려워 말라 볼찌어다 마귀가 장차 너희 가운데서 몇 사람을 옥에 던져 시험을 받게 하리니 너희가 십일 동안 환난을 받으리라 네가 죽도록 충성하라 그리하면 내가 생명의 면류관을 네게 주리라
   3) 아무리 충성을 해도 "나는 무익한 종이라고 고백할 것밖에 없다"
   (눅17:10) 이와 같이 너희도 명령 받은 것을 다 행한 후에 이르기를 우리는 무익한 종이라 우리의 하여야 할 일을 한 것 뿐이라 할지니라

제8문: 하나님께서 그 예정을 어떻게 이루십니까?
  답: 하나님께서 그 예정을 이루시는 것은 창조와 섭리하시는 일을 통하여 하십니다.

제9문: 하나님이 창조하신 일이 무엇입니까?
  답: 하나님이 창조하신 일은 엿새 동안에 아무 것도 없는 중에서[18] 그 권능의 말씀으로[19] 만물을 지으신 것인데 모든 것은 매우 선하였습니다.[20]

1. 창조와 섭리의 차이점은 무엇인가?(제8문)
   창조 - 계획을 세워(예정) 집을 짓는 것과 같다
   섭리 - 완성된 집을 가꾸는 것과 같다

2. 창조에 대한 이해
   우리는 하나님이 천지를 창조하시는 역사를 보지 않았다. 그러나 그 사실을 확실히 믿는다. 그 근거는 어디에 있을까?
   1) 논리적인 면에서 - 우리가 친히 보는 것보다 더 확실히 아는 방법이 있다. 어떤 사실에 대한 우리의 믿음은 목도하였다는 것에 근거를 두면 대단히 위험하다. 가장 중요한 사실과 진리들은 우리의 경험 밖에 있는 것들이 많이 있다. 예를 들면, 우리가 어머니의 태 속에 있을 때의 일을 알지 못한다. 또 우리 눈은 공이 굴러 가는 것은 볼 수 있지만 지구가 굴러 가는 것은 볼 수 없다. 그렇다고 해서 우리의 어머니를 부정할 수 있으며, 지구

---

18. 태초에 하나님이 천지를 창조하시니라(창 1:1).
19. 믿음으로 모든 세계가 하나님의 말씀으로 지어진 줄 우리가 아나니 보이는 것은 나타난 것으로 말미암아 된 것이 아니니라(히 11:3).
20. 하나님이 그 지으신 모든 것을 보시니 보시기에 심히 좋았더라 저녁이 되며 아침이 되니 이는 여섯째 날이니라(창 1:31).

의 자전운동을 부인할 수 있겠는가?
2) 신앙적인 면에서 - 특별히 중요한 일에 대해서는 사람보다 높으시고 크신 이의 증거가 필요하다. 그 증거가 곧 하나님의 말씀인 성경이다.
창 1:1 - 태초에 하나님이 천지를 창조하시니라.
히 11:3 - 믿음으로 모든 세계가 하나님의 말씀으로 지어진 줄을 우리가 아나니 보이는 것은 나타난 것으로 말미암아 된 것이 아니니라

믿음은 우리로 하여금 모든 세계가 하나님의 말씀에 의하여 지어진 것을 깨닫게 해 준다는 말씀이다. 다시 말하면, 우리는 어떤 이론 체계 때문에 창조를 믿는 것이 아니라 하나님의 말씀이 믿어져서 창조를 믿는 것이다. 이 믿음은 믿는 자의 마음 속에 단 맛과 기쁨과 평안을 준다.

3. 창조의 순서는 어떠하였는가?

제1일: 빛 - (빛)과 (어두움)이 나뉘어짐으로 낮과 밤이 구성되었다. 제 4일의 태양과 달과 별들의 창조와 모순이 안된다. 왜냐하면 태양과 별들은 그 빛 자체가 아니고 빛의 휴대자이기 때문이다.

제2일: 궁창 - (구름)과 (바다)가 나누임으로 (궁창)이 성립되었다. 궁창 아래의 물과 궁창 위의 물로 나누었다. 궁창 위의 물이란 온실 내부처럼 응집된 수증기의 따뜻함과 습기의 촉촉함을 지닌 원시의 대기권 상태를 가리킨다고 볼 수 있다.

제3일: 바다와 육지를 나누시고 초목의 식물계를 성립시키셨다.

제4일: 일월성신 - 빛의 휴대자로 여러 가지 목적을 위해 창조되었다. 주야를 나누고, 기후의 상태, 계절, 일자, 연한 등 정한다.

제5일: 공중과 수중에 거할 각종 새들과 물고기들을 창조하셨다. 각각의 종류에 따라 창조되었다. 여기서 우리는 진화론을 배격한다. 진화론의 정의는 다음과 같다. 일체의 식물과 인간을 포함한 동물들의 생명은 무기물질에서 시작하여 단순한 하나의 미생물의 과정을 거쳐 완전한 자연 과정에 의해서 발전되었다고 한다. 이는 자연 속에 내주하고 있는 자연 세력의 결과라는 것이다. 그러나 이와 같은 진화론은 아직도 입증되지 않은 단순한 가정에 지나지 않으며, 많은 과학자들이 지적하는 것과 같이 실패한 이론이다. 진화론을 주장하는 자들은 짐승이 어떻게 이성적이고 도덕적이고 종교적인 존재로 변하느냐를 설명하지 못한다.

제6일: 땅에 사는 동물들을 지으셨다. 이는 땅에서 자연적으로 발전되어 나온 것이 아니라 하나님의 창조적 명령에 의하여 분명히 땅에서 창조되었다. 특별히 이 날에는 하나님의 형상대로 사람을 만드셨다. 이에 대해서는 다음 과목인 "인간창조"에서 자세히 다루기로 한다.

제7일: 안식하셨다. 마치 예술가가 자기 작품을 완성하고 나서, 깊은 성취감을 느끼는 것과 같다.

4. 창조의 방법은 어떠하였는가?(제9문)
1) 무(無)에서 유(有)를 창조하셨다(EX NIHILO: From Nothing).
하나님의 창조 사역과 인간의 건축 활동이나 창작품 등과는 현저한 차이기 있다. 인간은 반드시 미리 준비된 기존 물질을 사용한다. 예를 들면, 건축을 할 때는 목재나 벽돌이나 시멘트 그리고 연장 등을 사용한다. 미켈란젤로, 베토벤, 세익스피어, 톨스토이, 김소월 등과 같은 예술가들이 창작품인 시나 소설이나 미술 등을 만들 때도 이미 존재되어 있는 것에서 나오는 것이다. 우장춘 박사가 씨 없는 수박을 만든 것도 그가 처음으로 수박을 창조한 것이 아니라 이미 존재한 여러 씨앗을 교배하여 새로운 품종을 개량한 것에 불과하다. 그러나 하나님은 이 세상을 창조할 때 기존 물질을 전혀 사용치 않으셨다.

히 11:3 - 믿음으로 모든 세계가 하나님의 말씀으로 되어졌다(See 요리문답 9문).

시 33:9 - 저가 말씀하시매 이루었으며 명하시매 견고히 섰도다.

2) 엿새 동안에 창조하셨다.

인간의 건축이나 제작 혹은 창작품은 시간을 요하는 공정(a time consuming process)이다. 인간의 모든 활동에는 시간을 요한다. 그런데 이 시간이란 창조 전에는 존재하지 않았다. 하나님이 천지를 창조할 때 시간이 존재치 않았다. 여기서 현대과학이론은(진화론) 엿새 동안에 천지가 만들어졌다는 것을 부정하고 있다. 그러나 우리는 예수님의 기적 중에 기독교는 변화의 종교임을 가르치기 위한 포도주 사건을 명심해야 한다. 갈릴리 가나 혼인집에서 예수님의 신적 권능에 의해서 물이 포도주로 변하였다. 그 포도주는 보통 주조법으로 통상 100년이 걸리는 것이다.

벧후 3:8 - 하루가 천년 같고 천년이 하루 같다.

하나님은 시간을 초월하시는 분이시다. 시간에 대한 하나님의 감각은 인간과 완전히 다르시다. 쪽박 같은 머리로 하나님의 세계를 다 이해하겠다는 것은 숟가락을 들고 태평양 바닷물을 다 퍼내겠다고 덤비는 것보다 훨씬 더 어리석은 일이다. 시간의 제약 아래 있는 인간이 하나님을 의심하면서 자기 생각으로 판단하는 것은 어불성설이다. 그렇다면 하나님이 엿새 동안에 천지를 창조하셨다는 것을 왜 믿지 못하겠는가? 여기서 우리는 창세기 1장에 나오는 "날(욤)"에 대한 이해가 필요하다.

A. 연대설(Day - Age Theory) - "욤"은 한 시대를 가리킨다는 학

설(요세푸스, 이레니우스, 오리겐, 어거스틴, Dr. Edward J. Young 등)
주장: (1) "욤"이라는 말은 가끔 무한정의 기간을 표시한다
시 50:15 - 환난 날에 나를 부르라 내가 너를 건지리니 네가 나를 영화롭게 하리로다
(2) 창 1:5,8,13의 '저녁이 되며 아침이 되니'라는 말이 하나의 상징적인 표현으로서, 한 시대의 끝과 다른 시대의 시작을 의미한다.
(3) 태양은 넷째 날까지 창조되지 않았다. 그러므로 그 전날들의 길이는 지구와 태양과의 관계에 의하여 결정될 수 없는 것이다.
(4) 제 7일은 현재의 시간으로 계속하고 있다.
난제: (1) 창 1장의 주석이라고도 할 수 있는 출 20:8~11의 안식일 계명에 위배한다.
(2) '저녁이 되며 아침이 되니' 표현법을 상징적으로 보는 것은 부자연스럽다.
(3) 만일 이 날들이 지질학상의 장기간이었다면, 수천 년간의 지루한 밤이 있어야만 하였을 것이다. 그렇다면 3일 동안의 그 긴 밤사이에 모든 식물들은 어떻게 되었을까?

B. 일자설(Day-Day Theory) - "욤"은 문자 그대로 24시간을 의미한다(칼빈, 루터, 뻘콥 등)
근거: (1) 성경 해석상 특별한 경우가 아닌 한 원어의 일차적인 뜻을 따라야 한다.
(2) 현실적인 제 7일을 안식일로 하나님께서 정하셨다면 다른 6일도 당연히 같은 24시간을 지닌 하루이어야 한다.
(3) 창조 사역에 있어서 마지막 3일은 분명히 오늘날과 같은 태양으로 말미암은 것이기 때문에 24시간을 의미한다. 그

렇다면 논리적으로 최초의 3일도 같아야 되지 않겠는가? 일월성신을 짓는데 24 시간이 걸렸다면, 빛을 짓는데 한 연대가 꼭 필요하겠는가?

C. 혼합설 - "욤"이라는 말이 나타내는 기간이 서로 다르다고 보는 학설이다.

3) 선하게 창조하셨다.
　창 1:4,10,12,18,21,25 - '하나님 보시기에 좋았더라' (It was good)
　창 1:31 - '하나님이 그 지으신 모든 것을 보시니 심히 좋았더라' (it was very good)
　(1) 질서 있게 창조되었다.
　　① 우주의 조화를 보라.
　　② 나뭇잎과 꽃이 그리고 동식물이 서로 조화를 이루고 있다.
　　③ 지구 자체도 그렇다. 1시간에 몇 마일씩 돌아가는지 아느냐? 1 시간에 1000 마일씩 돌아 24 시간에 한 번 자전한다. 만약 10 배 늦게 돈다면 240 시간이 걸린다. 그러면 낮과 밤이 각각 5일씩 된다. 만약 10 배 빠르게 돌면 하루가 2.4 시간(2 시간 24분) 그러면 낮과 밤이 각각 1.2시간이 된다.
　(2) 악은 그 기원을 만물의 본질적 성질에 둔 것이 아니고, 만물을 오용한 존재들의 도덕적 부패에 있음을 의미한다(시 104:15; 막7:14,15; 딤전 4:4). 예를 들면, 포도주를 생각해 보자. 포도주는 창조된 것으로 선한 것이다.
　　시 104:15 - 사람의 마음을 기쁘게 하는 포도주와 사람의 얼굴을 윤택케 하는 기름과 사람의 마음을 힘있게 하는 양식을 주셨도다.

그러나 성경은 술취함을 죄로 여긴다.
엡 5:18 - 술 취하지 말라 이는 방탕한 것이니
그렇다고 성경은 이 죄 때문에 포도주가 비난받아야 된다고 말하지 않는다. 오히려 그 죄는 전적으로 인간의 본성으로 말미암는다.
막 7:14,15 - 사람을 더럽게 하는 것은 죄인의 입으로 들어가는 것이 아니라 그 마음에서 나오는 것이다.
딤전 4:4 - 하나님이 지으신 모든 것이 선하매 감사함으로 받으면 버릴 것이 없나니
예를 들면, 마약으로 쓰이는 아편, 모르핀, 코카인 등은 병원에서 마취약으로 쓰이지만 습관적으로 복용하면 인생을 망치는 마약이 된다.

5. 하나님의 창조에서 가르쳐 주는 진리는 무엇인가?
   1) 세계는 스스로 존재하거나 영원한 것이 아니다.
   2) 세계는 참되신 하나님에게 그 존재의 기원을 두고 있다.
   3) 하나님이 만물을 무에서부터 창조하셨다.
   4) 하나님이 보시기에 "심히 좋을" 때까지 과정을 통해서 우주를 창조하셨다.
   5) 하나님이 이 모든 것을 자기 자신의 영광을 위해서 창조하셨다.

6. 우리는 창조 신앙을 가져야 한다.
   1) 하나님의 주권 사상을 가져야 한다(시24:1~2;95:3~5).
      하나님이 세계를 창조하셨기 때문에 세상은 그에게 속해 있고 그는 그 안에서 일어나는 모든 것을 결정하신다
      시 24:1,2 - 땅과 거기 충만한 것과 세계와 그 중에 거하는 자가 다 여호와의 것이로다. 여호와께서 그 터를 바다 위에 세우심이여 강들 위에 건설하셨도다.

> 시 95:3~5 - 대저 여호와는 크신 하나님이시요 모든 신 위에 크신 왕이시로다 땅의 깊은 곳이 그 위에 있으며 산들의 높은 것도 그의 것이로다 바다가 그의 것이라 그가 만드셨고 육지도 그의 손이 지으셨도다.

그러므로 성도의 신뢰와 소망의 근거는 창조주 하나님의 주권적 의지와 능력에 두어야 한다. 그러기에 성도는 어떤 역경 속에서도 담대할 수 있다. 예루살렘 초대교회의 사도들의 모습을 보라.

> 행 4:24 - 저희가 듣고 일심으로 하나님께 소리를 높여 가로되 대주재여 천지와 바다와 그 가운데 만유를 지은 이시요

초대교회 성도들은 어떤 일을 당해도 한 마디의 말씀으로 만물을 지으신 창조주 하나님의 절대 주권에 자신을 맡길 때 역사를 변화시키는 주인공들이 되었다. 내 인생의 앞날을 결정할 수 있는 능력이 창조주 하나님에게 있음을 잊어서는 안된다. 그러므로

2) 하나님만이 유일한 경배 대상이 되어야 한다(롬 1:25).
  타락한 인생들은 조물주보다 피조물을 더 숭배한다. 세계 역사가 이를 증명한다(느부갓네살, 로마 황제 숭배, 일본 천왕 숭배, 그리고 범신론주의자들 등)

> 롬 1:25 - 이는 저희가 하나님의 진리를 거짓으로 바꾸어 피조물을 조물주보다 더 경배하고 섬김이라 주는 곧 영원히 찬송할 이시로다.

창조주 하나님은 우리의 영원한 경배의 대상이시다.

3) 물질을 지혜롭게 사용해야 한다.

하나님의 영광과 뜻대로 선하게 사용되어질 때 물질은 '번영과 행복의 도구'이지만, 그 반대로 쓸 때는 '파멸과 심판의 도구'가 될 수 있음을 기억해야 한다. 최근에 북한에 핵사찰을 U.N.원자력기구(IAEA)가 주장하는 이유가 바로 여기에 있다. 북한이 원자력을 문명의 이기로 사용하지 못하고 전쟁의 도구로 사용할 것을 세계는 우려하고 있기 때문이다.

4) 빛 속에서 창조의 사역이 시작되었던 것 같이 성도의 신앙의 출발은 빛 되신 그리스도 안에서만 가능하다(요1:4,5). 빛 되신 그리스도 안에서 살아갈 때 공허하며 혼돈된 삶은 질서를 찾게 된다. 예수 그리스도를 세상의 빛으로 보내신 창조주 하나님은 오늘도 창조적 능력으로 역사한다. 그 어떤 인생도 예수 그리스도의 빛을 영접하기만 하면 창조의 하나님은 죄인된 인생을 변화시켜 하나님의 영광을 드러내게 하는 새로운 피조물이 되게 하신다.

고후 5:16 - 그런즉 누구든지 그리스도 안에 있으면 새로운 피조물이라 이전 것은 지나갔으니 보라 새 것이 되었도다.

인생들이 새로와지기 위해서 모든 노력을 했으나 다 실패로 끝나고 말았다. 인간의 힘으로는 불가능하나 주님은 말씀하신다.

"사람으로는 할 수 없으되 하나님은 다 하실 수 있느니라"(마 19:26).

인생을 새롭게 하시는 창조주 하나님의 능력이 우리 각자에게 역사함으로써 전도의 열매를 크게 맺는 성도들이 되기를 간절히 바란다.

제10문: 하나님께서 사람을 어떻게 창조하셨습니까?
　답: 하나님께서 사람을 남자와 여자로 창조하시되 자기 형상대로[21] 지식과 의와 거룩함이[22] 있게 지으셔서 피조물을 다스리게 하셨습니다.[23]

1. 하나님의 인간 창조

　하나님은 그의 예정하신 뜻을 이루시기 위해서 만물을 창조하셨다. (1일:빛, 2일:궁창, 3일:바다.식물, 4일:해.달.별들, 5일:새.물고기, 6일:짐승.사람)그 중에 사람을 창조하심으로 더욱 영광을 받으셨다. 하나님의 창조 사역 중에서 가장 핵심적인 사건은 인간 창조이다. 모든 만물이 인간의 주도 아래 서로 조화하여 그들의 목적과 의미를 이루도록 지음을 받았다. 예를 들면 인간이 없는 창조는 선장이 없는 큰 배나 혹은 지휘관이 없는 큰 부대와 같다. 그 이유가 무엇일까? 유독 인간만이 하나님의 형상으로 지음을 받았기 때문이다(창 1:26).

　1) 하나님의 형상(Image of God)대로 창조(창 1:26)
하나님의 형상은 무엇인가? 영이신 하나님께 어떤 물체적인 모습이 있는 것이 아니다. 아담이 하나님의 형상대로 지음을 입었다는 것은 아담의 인격 안에 지식과 거룩과 의라는 천부의 능력이 있었다는 것이다. 성경을 보자.

---

21. 하나님이 자기 형상 곧 하나님의 형상대로 사람을 창조하시되 남자와 여자를 창조하시고 (창 1:27).
22. 새 사람을 입었으니 이는 자기를 창조하신 자의 형상을 좇아 지식에까지 새롭게 하심을 받는 자니라(골 3:10). 하나님을 따라 의와 진리의 거룩함으로 지으심을 받은 새 사람을 입으라 (엡 4:24).
23. 하나님이 그들에게 복을 주시며 그들에게 이르시되 생육하고 번성하여 땅에 충만하라, 땅을 정복하라, 바다의 고기와 공중의 새와 땅에 움직이는 모든 생물을 다스리라 하시니라 (창 1:28).

골 3:10 - 새 사람을 입었으니 이는 자기를 창조하신 자의 형상을 좇아 지식에까지 새롭게 하심을 받은 자니라
엡 4:24 - 하나님을 따라 의와 진리의 거룩함으로 지으심을 받은 새 사람을 입으라

(1) 하나님은 지식에 있어서 자기의 형상을 따라 인간을 지으셨다.

이것은 무죄시에 이 세상에서 그를 향한 하나님의 계시를 이해할 수 있다는 뜻이다. 에덴 동산에서 아담은 모든 육축과 새들의 이름을 지었다(창 2:20). 아담은 만물의 본성을 깨닫고 사물들의 참된 묘사를 한 것이다. 그의 갈빗대로 지음을 받은 여자에 대해서는 하와라 불렀다(창 3:20). 그 의미는 산 자의 어머라는 것이다. 이런 의미에서 아담은 무죄할 때 가장 명절한 선지자였다. 선지자란 하나님의 신리를 깨달을 수 있는 자이며, 또한 다른 사람의 유익을 위해서 깨달은 것을 말하는 자이다. 아담은 선지자로서 진리를 배워 알 수 있는 신체적 감각과 정신적 능력을 부여 받았다는 것이다.

여기서 말하는 지식은 하나님을 아는 지식을 말한다. 아담의 지식이 상대성 원리를 발견한 아인쉬타인보다 과학적 지식 수준이 높다는 것이 아니라 여호와를 경외하는 것이 지식의 근본이듯이 하나님을 알고 그의 뜻을 깨달아 아는 지식을 말한다.

(2) 하나님은 거룩에 있어서 자기의 형상을 따라 인간을 지으셨다.

구약에서 거룩이란 구별되다 성별 되다는 뜻이다. "내가 거룩하니 너희도 거룩하라"는 말씀대로 아담은 모든 일에 여호

와를 위해서 성별 되었다는 뜻이다. 아담은 참된 거룩으로 하나님을 예배하는 감성과 욕구를 소유한 제사장이었다. 이런 의미에서 아담은 진정한 제사장이었다. 그는 무죄시에 전적으로 거룩한 속성을 따라 헌신하였다.

(3) 하나님은 의에 있어서 자기 형상을 따라 인간을 지으셨다.
하나님의 의를 따라 지었다는 것은 하나님의 목적과 뜻을 행하며 순종하는 것을 말한다. 아담을 향한 하나님의 뜻은 이 세상을 다스리며 통치하는 것이었다. 이런 의미에서 아담은 왕과 같은 통치자였다. 아담은 이와 같은 하나님의 뜻을 이루기 위한 신체적이고 정신적인 권세와 능력을 소유했었다. 이것이 바로 하나님의 의를 따라 지음을 받았다는 것이다. 그러므로 아담은 선지자로서 여호와를 알고, 제사장으로서 여호와만을 섬기고, 왕으로서 세상을 다스리며 가꾸었다.

2) 아담 창조
창 2:7 - 여호와 하나님이 흙으로 사람을 지으시고 생기를 그 코에 불어 넣으시니 생령이 된지라
① 인간은 흙(혹은 땅)과 서로 떨어질 수 없는 관계이다.
히브리어로 사람을 아담이라고 하며, 땅을 아다마라고 하는 것은 이런 점에서 연결이 있다.
고전 15:47 - 첫 사람은 땅에서 났으니 흙에 속한 자이거니와 둘째 사람은 하늘에서 나셨느니라
시 90:3 - (모세의 기도) 주께서 사람을 티끌로 돌아가게 하시고 말씀하시기를 너희 인생들은 돌아가라
초등학교 운동장에서 어두워지기까지 놀고 있던 아이들을 향해서 선생님이 "얘들아, 이제 집으로 돌아

가라" 하듯이 인생의 근본은 흙이므로 타락한 인간은 결국 흙으로 돌아가야 한다는 것이다.
② 흙 속에 신적 생명인 생기가 들어감으로써 비로소 인간이 되었다.
하나님은 흙으로 사람의 모양을 만드셨다. 그러나 아직 영혼도 없고 생명도 없고 활동도 없었다. 단지 흙덩어리일 뿐이었다. 이 때 하나님의 특별한 방법이 개입하셨다. 하나님의 호흡을 아담의 코에 불어 넣어 주셨다하나님의 생명을 받은 아담은 꿈틀거렸다. 호흡을 시작하였다. 최초의 사람이 된 것이다. 생령이 되었다는 것은 생명 있는 자(a living being) 영혼을 존재하는 자로 만들어졌다는 것이다.

이같은 사실에서 우리는 중요한 몇 가지 진리를 발견할 수 있다.
(1) 인간의 가치는 고귀하다.
인간은 하나님의 창조 중에 최고 걸작품이다. 하나님의 형상을 좇아 지음을 받았다. 사람들 중에 성도는 잃어버린 하나님의 형상을 회복하였으니 얼마나 귀한 존재인지 모른다(시 16:3). 그러므로 우리는 누구에게나 그가 가난하든지 병들었든지 비천하든지 저들에게 전도해야 할 이유가 여기에 있다. 저들을 창조의 뜻대로 존귀한 자가 되게 하는 것이다. 이런 의미에서 전도는 비참한 인생을 존귀한 자로 만드는 영적운동이라고 할 수 있다.

(2) 인간은 하나님께 의존할 수밖에 없는 한계성이 있다.
사람은 창조주가 아니라 지음을 받은 그것도 흙으로 지음을 받은 피조물이다.
(3) 인간에 대한 하나님의 주권이 여실히 나타난다.

욥 34:14,15(엘리후 曰) - 그가 만일 자기만 생각하시고 그 신과 기운을 거두실진대 모든 혈기 있는 자가 일체로 망하고 사람도 진토로 돌아가리라

(4) 하나님의 진화론적 창조를 배격한다.
저들은 주장하기를 인간의 신체는 하등 생물의 형체에서 진화되었으며 영혼만이 하나님으로부터 지음을 받았다고 한다. 그러나 성경은 분명히 어떻게 가르치는가? 인간의 육체가 하등 생명체에서 진화된 것이 아니라 흙으로 빚어져 하나님의 생기를 받아 생령이 되었다고 했다.

(5) 인간이 죽으면 흙으로 돌아간다.
이런 점에서 인간은 허무하고 허망하다. 따라서 인간의 육체를 자랑하는 것은 어리석은 일이다. 그러므로 사도 바울은 자신의 육체를 신뢰하거나 자랑하지 않고 오직 우리 주 예수 그리스도의 십자가만을 자랑한다고 갈라디아에 흩어져 있던 교회들에게 편지로 간증하였다(갈 6:14). 썩어질 육체를 위해서 자기의 정열을 모두 쏟는 것은 어리석은 일이다.

(6) 그렇다고 우리는 육체를 경시해도 좋은가? 아니다. 성경은 육체의 부활이 있음을 가르친다. 영육이 마지막에 심판대 앞에 서게 된다. 성도는 영육이 영생의 축복을 누리나 악인은 영육이 영벌을 받게 된다. 그러므로 성도는 육체도 잘 간수하도록 힘써야 한다. 우리의 몸은 성령이 거하시는 전임을 기억해야 한다(고전 6:19).

3) 하와 창조
   (1) 하와를 창조하신 이유는 무엇인가?

창 2:18 - 사람이 독처하는 것이 좋지 못하니 내가 그를 위하여 돕는 배필을 지으리라

이에 앞서 하나님은 아담으로 하여금 짐승과 새들의 이름을 짓도록 하셨다. 이 때 아담은 무엇을 느꼈을까? 루터는 말하기를 "동물들에게는 배필이 있는데 나에게는 없다는 것"을 느끼게 하셨다는 것이다. 고독해 보이는 아담의 모습을 연상할 수 있다. 그러므로 하나님은 고독해 보이는 아담을 보시고 사람이 독처하는 것이 좋지 못하다고 하셨다. 아담으로 하여금 돕는 배필의 필요성을 깊이 느끼도록 하셨다. 그러기에 아담은 하와를 더욱 사랑할 수 있게 되었다.

(2) 하와를 창조한 방법은 어떠했는가?
창 2:21,22 - 아담을 깊이 잠들게 하신 후 갈빗대로 여자를 만드심

그 여자를 아담에게로 이끌고 오셨다. 최초의 결혼식이 에덴 동산에서 하나님께서 친히 주례하셨다.

(3) 하와 창조의 진정한 주는 의미는 무엇인가?
① 그 배필을 아담과 한 몸이 되도록 하셨다(창 2:24).
창 2:24 - 이러므로 남자가 부모를 떠나 그 아내와 연합하여 둘이 한 몸을 이룰지로다.
② 아담과 하와는 직분은 다르나 인권은 동등하다.
③ 그 배필은 아담의 보호를 받으며 사랑을 받아야 할 자이다. 갈빗대는 인체에 심장부에 있어 극히 보호를 받아야 한다.
④ 일부일처주의로 살아야 한다(창 2:24; 말 2:15).
창 2:24 - 이러므로 남자가 부모를 떠나 그 아내와 연합하여

둘이 한 몸을 이룰지로다.
말 2:15 - 여호와는 영이 유여하시지라도 오직 하나를 짓지
아니하셨느냐 어찌하여 하나만 지으셨느냐 이는
경건한 자손을 얻고자 하심이니라 그러므로 네 심
령을 삼가 지켜 어려서 취한 아내에게 궤사를 행
치 말지니라.

기독교는 일부다처제를 삼가야 한다.
아울러 성경이 허용치 않는 이혼도 삼가야 한다.

(4) 하와 창조가 주는 구속사적인 예표는 무엇인가?
아담의 몸에서 희생을 지불케 함으로 그 아내가 생겼듯이, 장차 그리스도께서 그 옆구리에서 물과 피를 쏟으시고 죽으셨다가 다시 살아나심으로 그리스도의 신부인 교회가 성립될 것을 예표한다.
창 2:23 - "이는 내 뼈 중의 뼈요 살 중의 살이다"
엡 5:25~29 - "교회는 그리스도의 몸이다"
하와가 아담의 몸인 것과 같이 교회는 그리스도의 몸임을 깨달을 때 하와의 창조에 담긴 놀라운 진리 앞에 감탄하게 된다.

2. 하나님이 주신 사명

화란의 신학자 아브라함 카이퍼는 말하기를 창조의 극치품인 인간에게는 두 가지의 사명이 있다고 했다. 그 첫째는, 오늘 본문 창 1:28에 근거한 문화적 사명(Cultural Mandate)과, 둘째는 마 28:19~20에 근거한 복음적 사명(Evangelical Mandate)이 있다고 했다. 하나님의 형상대로 지음을 받아 만물의 영장인 된 인생 특별히 우리 성도들에게는 문화적 사명과 복음적 사명이 있음을 기억해야 한

다. 이제 우리는 문화적 사명에 대해서 살펴 보기로 하자.

1) 만물을 다스리는 사명
  (1) 아담과 하와에게는 에덴 동산을 가꾸며 다스리는 사명이 주어졌다. 그래서 각종 짐승들의 이름을 짓기도 했다.
  (2) 그런데 인간이 타락함으로써 이 사명을 상실하게 되었다.
     인간은 타락하여 죽음의 고통을 맛보아야 하고, 남자는 땀 흘리는 노동을 해야만 하고, 여자는 해산의 수고를 감당해야만 했다. 자연계는 저주를 받아 가시와 엉겅퀴를 내었다. 피조물이 함께 탄식하게 되었다(롬 8:22). 그래서 만물도 회복될 날을 학수 고대하고 있다. 인간은 만물을 다스리는 입장에서 타락하여 만물의 노예가 되었다. 우리 주위를 보라. 얼마나 많은 사람들이 돈의 노예가 되고 있지 않은가?
  (3) 그러나 우리 주님은 십자가 안에서 이 사명을 회복시켜 주셨다. 그러므로 성도에게는 이같은 사명이 있음을 깨달아야 한다.

2) 만물을 다스리는 방법
  (1) 창 1:28 - 하나님이 그들에게 복을 주시며 그들에게 이르시되 생육하고 번성하여 땅에 충만하라 땅을 정복하라 바다의 고기와 공중의 새와 땅에 움직이는 모든 생물을 다스리라
     하나님은 이 명령을 통하여 인간들에게 자연계를 다스리도록 하셨다.
    ① 생육하고 번성하라 - 자녀 생산의 축복
    ② 땅에 충만하라 - 인간의 삶의 영역
    ③ 땅을 정복하라 - 하나님의 형상대로 지음을 받은 인간만이 누리는 축복이다

(2) 만물을 다스리라는 말씀의 구체적인 방법은 무엇을 뜻하는가?
　① 우리는 하나님이 주신 지혜를 활용하여 땅을 정복해야 한다. 지하자원을 개발하여 공업을 발전시켜야 한다. 지상의 여러 가지 자원을 개발하여 보다 나은 생활로 발전시켜야 한다. 바다의 해양자원을 개발하고, 천문과 기상을 연구하여 생활의 풍요를 가져오게 해야 한다. 미개한 지역에 간 선교사가 그 곳에서 현대 장비를 동원하여 우물을 파는 것도 이에 해당한다.
　② 또한 예술이나 사상 등 정신 문화 분야도 개발하여 이 분야를 통하여 하나님께 영광을 돌려야 한다. 하나님은 칼빈과 루터의 뜨거운 헌신을 통하여 영광을 받으실 뿐만 아니라 링컨의 믿음이 있는 정치나, 헨델의 할렐루야 같은 음악이나, 하늘을 향해 한 점의 부끄러움도 없기를 원하는 윤동주의 시를 통해서도 영광을 받으신다는 것을 알아야 한다.
　③ 우리에게는 주어진 재능이 각각 다르다. 그러나 각자가 주어진 여건과 환경 속에서 주어진 재능을 계발하면서 하나님께 영광을 돌리는 것이 곧 문화적인 사명을 완수하는 일이다. 우리가 하는 일이 단순히 돈을 벌기 위한 직업이 아니라 궁극적으로는 하나님의 영광을 드러내는 사명을 가진 일이 되어야 한다. 재봉사는 하루 종일 재봉틀을 돌리는 일을 통해서 더욱 견고하고 좋은 옷을 만들고자 하는 사명이 있어야 한다. 하루 종일 생선을 다듬으면서 더 싱싱하고 맛있는 생선을 주민들에게 공급하고자 하는 사명이 있어야 한다. 우리는 예배를 통해서 영광을 돌릴 뿐만 아니라 나아가서는 농부의 손길이나, 상인의 계산이나, 어부의 그물이나, 광부의 삽을 통해서

도 영광을 돌려야 한다.
④ 이를 위해서 각자에게 맡겨진 현 위치에서 최선을 다하는 삶을 살아갈 때 이 땅을 다스리고 정복 하는 문화적 사명을 감당케 되는 것이다. 최고가 아니라 최선을 다하는 모습이 있어야 한다.

3. 하나님의 형상으로 지음을 받았다는 사실과 관련해서 더 잘 이해되는 진리
   1) 전적부패(Total Depravity)와의 관계 - 이 교리는 인간이 하나님의 형상으로 지어졌다는 의미를 먼저 깨달을 때만 이해된다. 아담은 첫 범죄에서 타락하였고 그 후 모든 부분에서 타락하였다.
   2) 그리스도의 구원 사역과의 관계 - 이같은 교리에서 비추어 볼 때 그리스도의 구원 사역을 잘 이해할 수 있나. 구약시대의 선지자와 제사장 그리고 왕들을 통하여 하나님은 세상에 보낼 그리스도에 대한 약속을 전개시키고 있다. 예수는 그의 백성들을 구원하시기 위해서 완전하신 선지자요 제사장이요 그리고 왕이셨다.
   3) 회개와의 관계 - 이 진리를 잘 이해하면 그리스도를 향한 죄인의 참된 회개는 왜 지.정.의를 포함해야 하는지를 알 수 있다.
   4) 교회의 참 표지와의 관계 - 이 진리를 통하여 교회가 지향해야 할 모습을 발견할 수 있다. 어떤 교회가 참된 교회인가? 참 교회는 건물 자체가 아니라 참 지식과 거룩과 의로 회개한 유기체이다. 이런 의미에서 참 교회가 되기 위해서는 하나님 말씀의 신실한 전파와 성례와 권징의 신실한 집행이 있어야 한다. 이 세 가지 표지가 시행되는 거기서 우리는 선지자, 제사장, 왕으로서 그리스도 사역의 영광스러운 성취를 볼 수 있다.

제11문: 하나님의 섭리하시는 일이 무엇입니까?
    답: 하나님의 섭리하시는 일은 지극히 거룩함과[24] 지혜와[25] 권능으로써 모든 창조물과 그 모든 행동을[26] 보존하시며 통치하시는 일입니다.[27]

1. 섭리의 정의

하나님께서 창조하신 모든 것들이 그 창조된 목적을 성취하도록 하나님께서 모든 피조물을 돌보시고 보존하시며 통치하시는 것이다. 한 마디로 섭리는 하나님의 행동이다.
예: 창조 - 건축물
    섭리 - 완성된 건축물을 가꾸어 나가는 것

2. 섭리의 요소

1) 만물의 보존(Preservation)
하나님은 만드신 만물을 친히 계속해서 붙드시는 활동을 말한다.
예: 폐허가 된 집들 - 왜 폐허가 되었을까? 잘 보존하지 않았기 때문이다.
    마찬가지로 하나님의 만물을 보존하는 섭리를 행치 않으시면 이 우주는 마치 폐허된 집과 같이 될 것이다. 그러나 창조 이래로 지금까지 하나님의 보존하시는 섭리를 통하여 만물이 조화를 이루며 아름

---

24. 여호와께서는 그 모든 행위에 의로우시며 그 모든 행사에 은혜로우시도다 (시 145:17).
25. 이도 만군의 여호와께로서 난 것이라 그의 모략은 기묘하며 지혜는 광대하니라 (사 28:29).
26. 참새 두 마리가 한 앗사리온에 팔리는 것이 아니냐 그러나 너희 아버지께서 허락지 아니하시면 그 하나라도 땅에 떨어지지 아니하리라(마 10:29).
27. 그의 능력의 말씀으로 만물을 붙드시도다(히 1:3). 그의 정권으로 만유를 통치하시도다(시 103:19).

다음을 간직하고 있다.

느 9:6 - 오직 주는 여호와시라 하늘과 하늘들의 하늘과 일월성신과 땅과 땅위의 만물과 바다와 그 가운데 모든 것을 지으시고 다 보존하시오니 모든 천군이 주께 경배하나이다

행 17:28 - 우리가 그를 힘입어 살며 기동하며 있느니라 너희 시인 중에도 어떤 사람들의 말과 같이 우리가 그의 소생이라 하니

하나님의 보존하시는 보존의 손길이 우주 전체와 사람의 생명을 붙들고 계시다. 바로 우리의 생명을 누가 보존하고 계시는가? 생명을 지으신 하나님이시다.

참고: 자연신론의 주장 - 하나님의 창조는 인정하나 섭리는 부정한다. 창조함을 받은 만물은 하나님의 간섭 없이 오직 자연법칙에 의해서만 진행되고 있다. 하나님은 역사 세계에서 팔짱을 끼고 계시다는 것이다.

여기서 우리는 특별히 성도들을 보호하시고 악에서 보존하시는 하나님의 섭리를 보아야 한다.

시 145:20 - 여호와께서 자기를 사랑하는 자는 다 보호하시고 악인은 다 멸하시리로다

예: 조지 워싱톤 대통령 曰 "총알이 네 번이나 나의 코트를 관통하였고 내 말은 총탄에 두 번이나 쓰러졌지만 그러나 참새가 땅에 떨어지는 것도 계획하시는 하나님께서는 당신의 섭리적인 목적을 성취하도록 나를 보존시켜 주셨다"

2) 만물을 통치(Government)

하나님은 창조 목적을 온전히 이루기 위해서 만물을 계속적으로

다스리는 하나님의 활동을 말한다. 하나님은 우주의 왕이며(시 145:1,13) 그의 선하신 뜻에 의하여 만물을 다스리신다(시 145:9). 세미한 것까지도 다스리시므로 하나님 편에서는 우연이라는 것이 없다.

시 103:19 - 여호와께서 그 보좌를 하늘에 세우시고 그 정권으로 만유를 통치하시도다

잠 16:33 - 사람이 제비를 뽑으나 일을 작정하기는 여호와께 있느니라

마 10:29~31 - 참새 두마리가 한 앗사리온에 팔리는 것이 아니냐 그러나 너희 아버지께서 허락지 아니하시면 그 하나라도 땅에 떨어지지 아니하리라 너희에게는 머리털까지 다 세신 바 되었나니 두려워하지 말라 너희는 많은 참새 보다 귀하니라

예: 미국 독립정부를 세우는 날 - 미국 독립전쟁이 끝났을 때 국민의 대표자들이 새로 해방된 나라의 정부 조직을 구성하려고 모였다. 몇 주일 동안 토론을 했으나 전혀 진전이 없었다. 그러자 당시 87세였던 펜실베니아 주 대표 벤자민 프랭클린이 일어나 안타까운 심정에서 동료들에게 연설했다. 그는 어두운 전쟁 기간 동안 그들이 기도실에서 자주 만났던 것을 상기시켰다. 덕분에 그들은 거듭해서 어려움으로부터 구출 받았다. 프랭클린은 계속해서 "한 마리의 참새라도 하늘에 계신 아버지의 허락 없이는 땅에 떨어지지 않는다면, 건국될 가치가 있는 어떠한 제국도 그 분 없이는 세워질 수 없다고 확신한다"라고 말했다.

우리는 주님의 몸된 교회를 하나님의 통치하시는 섭리의 측면에서 이해해야 한다. 아무리 어렵고 힘들어도 하나님의 섭리의 측면에서 위로와 용기를 얻어야 한다. 아울러 우리의 삶 전체에서 이와 같은 하나님의 섭리를 이해해야 한다.

창 50:20 - 하나님은 요셉의 형들의 악한 마음과 행동을 도리어 선으로 바꾸어 많은 생명들을 구하도록 하셨다. 요셉은 개인적

차원에서가 아니라 하나님의 섭리 속에서 자신의 삶을 보았다.
(창 50:20) 당신들은 나를 해하려 하였으나 하나님은 그것을 선으로 바꾸사 오늘과 같이 만민의 생명을 구원하게 하시려 하셨나니

3) 피조물과의 협력(Concurrence or Cooperation)
하나님은 피조물과 협력하여 그들로 하여금 정확하게 움직이도록 활동하신다. 이 말의 뜻은 하나님께서 자연의 힘이나 인간의 의지를 인정하시면서 그것을 통하여 하나님 자신의 정하신 목적을 이루도록 섭리하신다는 것이다.

시 104:20 - 주께서 흑암을 지어 밤이 되게 하시니 삼림의 모든 짐승이 기어 나오나이다

빌 2:13 - 너희 안에서 행하시는 이는 하나님이시니 자기의 기쁘신 뜻을 위하여 너희로 소원을 두고 행하게 하시나니

하나님은 우리의 구원의 문제를 위시하여 삶의 세미한 일에 대해서까지 억지로 하게 하심이 아니라 우리의 마음을 감동시켜 우리로 하여금 행하게 하시는데 결국은 하나님의 뜻을 이루도록 역사하신다는 것이다. 예를 들어 보자.

(1) 모세의 어머니 - 모세의 어머니는 아기의 생명을 구하기 위해서 계획을 세웠다.

그녀는 작은 바구니를 만들고 역청을 발라 물이 새지 않도록 하였다. 그러고는 그 바구니 안에 아기를 넣고 나일강 둑을 따라 펼쳐져 있는 갈대 숲에 숨겨 놓았다. 그녀는 아기가 살기를 간절히 바랐으나, 하니님은 그의 계획을 사용하시어 더 큰 목적에 쓰셨다. 아들을 살리고자 하는 의지를 지녔던 그 어머니는 히브리 민족을 구하시려는 하나님의 계획에 하나의 도구가 되었다.

(2) 구원 문제 - 사도 바울의 경우를 살펴 보자. 그는 기독교인들을 핍박하기 위해서 다메섹으로 가다가 회심하였다. 하나님의 불가항력적 은총에 굴복당하였다. 부활하신 주님을 보았던 바울은 자기의 전인격을 통해 주님을 영접하였다.

(3) 결혼 문제 - 갑돌이와 갑순이가 결혼을 했다. 서로 마지 못해서 결혼을 하도록 만드시는 하나님이 아니시다. 서로 사랑할만한 마음을 주신다. 그러면 저들은 서로 자신들이 사랑하다가 결혼을 하게 된다. 하나님은 갑돌이와 갑순이의 인격체를 들어서 저들을 향한 하나님의 뜻을 이루신다.

(4) 요나의 사역 - 하나님의 뜻은 니느웨가 회개하여 멸망 받지 않도록 하기 위함이다. 이는 구약시대에도 이방인들에 대한 구원이 있었음과 아울러 이 사건은 장차 신약시대에서 활짝 열릴 이방인들의 구원을 예표하고 있다. 그런데 이와 같은 사건을 이루는데 요나를 사용하신다. 처음에 요나는 하나님의 명령을 어기나 그러나 하나님은 바다에서 대풍을 보내어 결국은 요나로 하여금 사명감을 가지고 니느웨로 향하도록 만드신다. 결단코 하나님은 그의 역사를 요나로 하여금 억지로 하게 하시지 않았다. 자원하여 하도록 하시되 하나님의 뜻을 온전히 이루신다는 것이다. 이와 같은 것들이 하나님의 섭리의 방편으로 피조물과 협력하는 것이라 부른다.

하나님께서는 창조의 목적을 이루기 위해 자연의 힘과 인간의 의지를 활용하신다.

3. 섭리의 특징
   1) 거룩하심으로 섭리하신다.
      하나님은 거룩하신 분이시다. 거룩은 하나님의 본질이다.
      복습: 하나님의 속성(제 4문)
      (1) 비공유적 속성 - 영.무한.영원.불변.
      (2) 공유적 속 - 지혜.권능.거룩.공의.선하심.진실
      벧전 1:15~16 - 하나님은 "내가 거룩하니 너희도 거룩하라"고 요구하신다.
      (벧전1:15) 오직 너희를 부르신 거룩한 자처럼 너희도 모든 행실에 거룩한 자가 되라
      (벧전1:16) 기록하였으되 내가 거룩하니 너희도 거룩할지어다 하셨느니라 하나님의 섭리에는 죄를 멀리하시는 하나님의 거룩하심이 담겨 있다는 것이다.

   2) 지혜로 섭리하신다.
      하나님은 그의 지혜로 천지 만물을 아신다.
      시 147:4 - 별의 수효를 세신다.
      (시 147:4) 저가 별의 수효를 계수하시고 저희를 다 이름대로 부르시는도다
      잠 15:3 - 악인과 선인을 감찰하신다.
      (잠 15:3) 여호와의 눈은 어디서든지 악인과 선인을 감찰하시느니라
      사 46:9~10 - 장래 모든 일을 아신다.
      (사 46:10) 내가 종말을 처음부터 고하며 아직 이루지 아니한 일을 옛적부터 보이고 이르기를 나의 모략이 설 것이니 내가 나의 모든 기뻐하는 것을 이루리라 하였노라

      이같은 지혜로 섭리하신다. 그래서 우리는 때때로 이와 같은 하나님의 지혜를 이해하지 못하곤 한다. 어떤 때는 하나님의 섭리가 그의

약속과는 어긋나게 전개되는 것처럼 보인다. 그러나 시계를 보라. 시계의 톱니바퀴는 서로 반대 방향으로 돌아간다. 그렇지만 그 모든 톱니바퀴는 시계를 만든 사람의 의도대로 돌아가고 있다. 이같이 하나님의 지혜는 궁극적으로 하나님의 뜻을 이루게 한다. 이에 대해 길선주 목사님은 말하기를 "하나님의 섭리는 미련한 듯하나 신자를 구원하시며, 약한 듯하나 강한 자를 심판하신다"고 했다.

3) 권능으로써 섭리하신다.
하나님께서는 못하심이 없는 권능으로써 영원히 다스리시며, 그 불꽃같은 눈으로 세계를 감찰하신다
   시 66:7 - 하나님께서는 열방을 그의 권능으로 다스리신다.
   (시 66:7) 저가 그 능으로 영원히 치리하시며 눈으로 열방을 감찰
      하시나니 거역하는 자는 자고하지 말지어다(셀라)

사랑하는 여러분들이여, 하나님의 섭리는 우리의 일평생 한 순간도 멈추지 않는다. 마치 우리가 태어나 살기 시작한 날부터 무덤을 향해 나아갈 동안 심장이 그 고동을 멈추는 일이 전혀 없는 것과 같다. 심장은 밤낮을 가리지 않고 일한다. 우리가 피곤해도 휴식을 취해도 심장은 일한다. 모든 피조물과 그들의 모든 행위를 거룩과 지혜와 권능으로 보존하시며 협력하시며 통치하시는 하나님의 섭리 역사는 안식일이 없다. 어떤 밤도 하나님의 섭리를 정지시키지 못한다. 하나님은 섭리하시는 수고로부터 쉬는 법이 없다. 그리하여 놀라운 조화를 창출한다.

4. 섭리의 방법
  1) 자연법칙 - 하나님께서는 일반적인 면에서는 자신이 세우신 자연법칙을 통해서 자연계의 여러 과정을 주장하시고 통치하신다. 예를 들면:

　　　　(1) 봄.여름.가을.겨울 - 추수하여 식물을 주신다
　　　　(2) 결혼 - 자녀를 생산케 하시며 문화적인 사명을
　　　　　　　이 땅에서 계승케 하신다
　2) 특별한 방법(= 비상섭리) - 일반적인 자연법칙이 아니라 특별한
　　　　　　　　　　　　방법 즉 이적을 통해서 섭리하시는
　　　　　　　　　　　　데 이를 일명 비상섭리라고도 부른
　　　　　　　　　　　　다. 예를 들면:
　　　　(1) 동정녀 탄생 - 인류 구원을 위해서는 죄가 없는 하나님이셔
　　　　　　　야만 한다.
　　　　(2) 가나 혼인잔치집 - 예수 그리스도는 전능하신 하나님이심을
　　　　　　　보여준다.

5. 섭리의 궁극적 목적
　1) 사 43:7; 엡 1:12 - 인간으로 하나님께 영광을 돌리도록
　　(사 43:7) 무릇 내 이름으로 일컫는 자 곧 내가 내 영광을 위하
　　　　　　　여 창조한 자를 오게 하라 그들을 내가 지었고 만들
　　　　　　　었느니라
　　(엡1:12) 이는 그리스도 안에서 전부터 바라던 우리로 그의 영광
　　　　　　　의 찬송이 되게 하려 하심이라
　2) 창 1:26~28 - 하나님의 형상대로 지음 받은 인간이 최고의 행
　　복을 누리도록

6. 섭리에 대한 성도의 태도
　1) 하나님의 섭리를 인정해야 한다. 우연이란 존재치 않는다.
　　대상 29:12 - 모든 자를 크게 하심과 강하게 하심이 주의 손에
　　　　　　　있나이다
　　(대상 29:12) 부와 귀가 주께로 말미암고 또 주는 만유의 주재가
　　　　　　　되사 손에 권세와 능력이 있사오니 모든 자를 크

게 하심과 강하게 하심이 주의 손에 있나이다
잠 3:6 - 하나님을 인정하고 따르는 신앙
(잠 3:6) 너는 범사에 그를 인정하라 그리하면 네 길을 지도하시리라
적용: 내 인생과 가정과 교회를 향한 하나님의 섭리를 인정하며 확신을 가지자.

2) 하나님의 섭리에 감사하며 찬양하자.
하나님의 섭리에 의해서 자연계의 질서와 조화가 있다.
하나님의 섭리에 의해서 인간의 생명이 유지되며 복을 얻게 된다.
시 145:10 - 피조물까지도 주님을 찬양하고 있다.
(시 145:10) 여호와여 주의 지으신 모든 것이 주께 감사하며 주의 성도가 주를 송축하리이다

예: 재미있는 얘기 '더 훌륭한 섭리' - 변덕이 심한 어떤 교우가 험한 길을 말을 타고 가다가 말이 뛰어 마차가 박살났으나 안전하였다. 그래서 하나님의 섭리에 감사한다고 자신의 신앙을 과시하였다. 그 간증을 듣던 목사는 말하기를 그보다 천배 더 훌륭한 섭리 경험이 자신에게 있다고 했다. 바위투성이의 그 길을 수백 번 다녔으나 한 번도 말이 뛰거나 마차가 넘어지지 않았다는 것이었다. 수도 없이 우리에게 발생할지도 모르는 그런 사고들이 일어나지 않고 있는 사실에 대해서는 하나님께 감사하는 사람은 드물다. 매일매일의 평범한 삶 속에서 하나님의 섭리에 대한 감사와 찬양이 있어야 한다.

3) 질병.고통.환난.억울한 일이 닥쳐도 그 속에 담긴 하나님의 섭리를 이해하도록 힘쓰며 인내한다.
예를 들면:
(1) 욥 - 재산과 자녀와 건강을 상실했으나 어리석게 하나님을

원망하지 않았다. 여기에 하나님의 무슨 뜻이 있겠지 하고 생각했다.
(2) 요셉 - 억울한 옥살이를 할 때 하나님과 사람을 원망하지 않았다. 술 맡은 관원장이 요셉을 잊은 것은 하나님의 섭리로서 요셉에게 이집트 총리가 되는데 도리어 결정적 지름길을 제공했다.
(3) 사드락.메삭.아벳느고 - 풀무불에서도
(4) 다니엘 - 사자굴에서도 하나님의 섭리가 있을 것을 믿고 인내했다.

그리하여 저들은 변치 않는 믿음의 사람들이 되었다. 저들은 한결같이 롬 8:28 말씀 대로 살았던 신앙의 인물들이다.

1791년 11월 4일 조지 워싱톤이 이끄는 군대가 세인트 클레어에서 대패했다. 그러나 그의 얼굴에는 여전히 평온하였다.

"우리의 패배가 장군의 마음을 어지럽게 하지 않습니까?" 부하의 질문에 워싱톤은 조용히 답했다.

"이겨도 하나님의 손안에 있고 져도 하나님의 품속에 있소" 워싱톤의 초상화를 그린 화가는 수없이 많은데 모든 그림의 공통점은 강한 성격과 평화로운 마음을 동시에 나타낸 것이다. 그는 신앙을 통하여 불꽃 같은 의지와 호수 같은 마음을 닮을 수가 있었다.

하나님의 섭리를 믿는 자는 환경의 지배를 당하지 않는다. 오히려 환경을 초월하여 산다. 사랑하는 여러분, 우리도 우리를 향한 하나님의 섭리하심을 확실히 믿고서 어떤 환경에 처해도 변치 않는 성도가 되기를 간절히 바란다.

4. 인간(12~20문)

A. 죄와 벌(12~19문)

제12문: 사람이 지으심을 받은 본 지위에 있을 때 하나님께서 사람을 향하여 어떤 특별한 섭리를 행사하셨습니까?
　답: 하나님께서 사람을 창조하신 후에 완전히 순복할 것을 조건으로[28] 생명의 언약을 맺고 선악을 알게 하는 나무의 실과를 먹는 것은 사망의 벌로서 금하였습니다.[29]

서론: 하나님께서 인간을 자기 형상대로 창조하신 이유는 무엇일까? 사람과 교제하시기를 기뻐하시고 영광 받으시기를 원하셨기 때문이었다. 그런데 하나님께서는 아무렇게나 교제하시지 않고 어떤 도덕률(Moral Rule)을 정하셨다. 좀더 구체적으로 말하면 하나님께서는 선하시고 의로우신 교제를 위하여 인간과 언약(약속)을 세우셨다. 여기서 어떤 사람들은 왜 하나님께서 어떤 규칙을 제정하셔서 인간으로 하여금 구속을 받게 하셨을까 의문한다. 그러나 인간은 본성적으로 어떤 규칙을 있어야 안전감을 느끼고 참된 즐거움을 누릴 수 있기 때문이다. 아동심리학자들에 의하면 어린이들이 놀이터에서 놀 때에 울타리가 있는 것이 없는 것보다 더 안정감을 가진다고 한다. 운동경기에도 마찬가지가 아닐까? 운동규칙이 선수들을 억압하는 것이 아니지 않는가?

---

28. 저희는 아담처럼 언약을 어기고 거기서 내게 패역을 행하였느니라(호 6:7). 모세가 기록하되 율법으로 말미암는 의를 행하는 사람은 그 의로 살리라 하였거니와 (롬 10:5).
29. 선악을 알게하는 나무의 실과는 먹지 말라 네가 먹는 날에는 정녕 죽으리라 하시니라 (창 2:17).

1. 행위언약(생명언약)이란 무엇인가?

  타락 前 인간에 대한 하나님의 섭리는 그를 에덴동산에 두어 다스리고 지키게 하셨다. 또 이 동산에 각종 실과를 따 먹게 하시고 피조물을 그의 지배 하에 두셨다. 그를 돕는 배필을 만들어서 결혼하게 하고 하나님과 교제하도록 하셨다. 그러나 이상과 같은 일반적 섭리 외에 특별한 섭리를 주셨다. 그것은 순종을 전제로 하는 계약관계(창 2:16-17)인데 그 계약을 지키면 살고 어기면 죽는 도덕률(Moral Rule)인 것이다. 이 사실은 인간이 피조물의 통치자로서 지위가 주워지고 다른 피조물하고는 달리 하나님의 형상대로 창조되어진 인격자인 것을 가리킨다. 인격자란 사실은 인간이 자각적이며 이성적이며 도덕적임을 의미한다.

  하나님께서는 그들을 이 특별한 섭리 하에 두어서 자발적 복종을 하기 위해서 일시적 시험에 두셨다(이들은 타락 전에 하나님의 형상인 지식과 거룩과 의를 소유했으나 아직 타락할 가능성은 남아 있었다). 이 특별한 섭리를 생명계약이라 하며 후에 나오는 은혜계약에 비해 행위계약이라고도 한다.

  참고: 행위언약 - 하나님이 인류를 창조하신 후 통치하신 방법
     은혜언약 - 제20문. 행위언약에 실패한 인생들 중에 얼마를 택하시고 구원케하시는 통치의 방법

2. 행위언약의 배경

  창 2:9 - 여호와 하나님이 그 땅에서 보기에 아름답고 먹기에 좋은 나무가 나게 하시니 동산 가운데에는 생명나무와 선악을 알게 하는 나무도 있더라

  1) 생명나무 - 문자 그대로 사람의 생명을 건강하고 젊게 만들어 주는 나무로서(루터) 장차 오실 그리스도를 상징하는 실제 과수였다(어거스틴. 칼빈).

2) 선악을 알게 하는 나무(선악과) - 하나님께서 선하신 뜻으로 사람을 시험하기 위한 실제 나무였다.

 아담이 범죄하기 전에는 아직 죄를 짓지는 않았으나 시련 즉 시험을 통과하지를 않았다. 아담에게는 시련을 통과하면서 선을 파수하는 생활이 필요했다. 그러므로 하나님께서 에덴동산의 선악과를 통해서 시련 즉 시험의 기회를 주신 것이다.
적용: 여러분, 역사의 주인 되시는 하나님은 시대시대마다 개인과 가정과 그리고 교회에 시험과 시련을 허용하신다. 물론 우리에게 그것을 이길만한 능력도 아울러 주신다. 마치 아담에게 지식과 거룩과 의를 주셨듯이 말이다. 우리가 겪고 있는 여러 가지 어려움을 이런 각도에서 볼 수 있어야 한다. 하나님의 섭리라는 측면에서 보아야 한다. 우리는 우리에게 주어진 시련수를 어떻게 처리해야 할까?

3. 행위언약의 요소
 1) 언약의 당사자
  (1) 삼위의 하나님 - 순종을 조건으로 영생과 완전한 행복을 인간에게 주셨다.
  (2) 아담 - 전적으로 하나님께 순종할 책임을 지니고 있는 인류의 대표자
 2) 언약의 약속 - 생명의 약속이다. 이는 단순히 인간이 영원히 사는 것만 아니라 무한한 축복과 영광에 올리는 약속이다. 끊임없는 축복과 영광의 최고 발전이다.
 3) 언약의 조건 - 완전한 순종이다. 선악과를 따 먹지 말라는 적극적인 명령은 분명히 순수한 순종의 시험이었다.
 4) 언약의 형벌 - 죽음이다. 이는 육체적 영적 그리고 영원한 죽음이었다.

죽음의 근본적인 개념은 존재의 멸절이 아니다. 죽음은 생명의 근원이신 하나님으로부터 분리를 말하며, 또는 그 결과에서 오는 비참과 괴로움을 말한다.

4. 언약의 효력
  1) 행위언약은 폐기되지 않았다.
    아담과 맺은 언약은 아담이 범죄하였으므로 자동적으로 폐기되었다고 주장하는 무리들이 있다(17세기 알미니안파). 실제는 그렇지 않다. 아담은 개인 자격으로 맺은 것이 아니라 오고 오는 세대의 저 인류의 대표자로서 계약을 맺었다. 그러므로 이 계약의 효력은 아담 개인에게서 국한되는 것이 아니라, 모든 인류에게 그 영향력이 미치고 있다. 완전히 순종하라는 요구는 아직도 지속되고 있다. 범죄자에게 주어진 저주와 형벌은 죄 가운데서 계속 살고 있는 모든 사람에게 아직도 적용되고 있다.
    그리고 조건적 약속도 역시 유효하다. 하나님께서는 그것을 취소할 수도 있었지만 그렇게 하지 않으셨다(레 18:5; 갈 3:12).
    레 18:5 - 너희는 나의 규례와 법도를 지키라 사람이 이를 행하면 그로 인하여 살리라.
    갈 3:12 - 율법은 믿음에서 난 것이 아니라 이를 행하는 자는 그 가운데서 살리라
    그러나 타락 후 한 사람도 그 조건에 응할 수 있었던 사람이 없었다.
  2) 행위언약은 은혜언약 속에 사는 사람들에게는 폐기되었다.
    둘째 아담이신 예수 그리스도의 십자가 공로를 믿는 자에게는 행위언약의 조건을 그리스도께서 대신 다 성취시켜 주셨다. '다 이루었다' 그러므로 성도들에게 있어서 행위언약은 영생을 얻기 위한 지정된 방법 혹은 수단으로서는 폐기되었다.

3) 우리는 이제 예수 그리스도만을 믿기만 하면 된다.
이것이 인류의 소망이다. 영광의 소망이다. 그리스도 밖에 있는 인생은 행위언약의 효력으로 영원한 형벌을 받게 된다. 그러나 그리스도 안에 있는 성도는 행위언약 대신 은혜언약으로 영생을 얻는 영광의 소망을 가지게 되었다. 그러므로 우리는 이 복음을 위해서 헌신해야만 한다(골 1:24~29).

제13문: 우리 시조가 지음 받은 본 지위에 그대로 머물러 있었습니까?
답: 우리 시조가 임의로 자유를 행사하게 되어 하나님께 죄를 범함으로 지음을 받은 본 지위에서 타락하였습니다.[30]

제14문: 죄란 무엇입니까?
답: 죄란 하나님의 법을 순종함에 부족하거나 그 법을 어기는 행위입니다.[31]

제15문: 우리 시조가 지음 받은 본 지위에서 타락하게 된 죄가 무엇입니까?
답: 우리 시조가 지음 받은 본 지위에서 타락하게 된 죄는 하나님이 금하신 실과를 먹은 것이었습니다.[32]

서론:
1) 오늘날 세계 도처에서 일어나는 참혹한 고통의 가장 근본적인 원

---

30. 여자가 그 나무를 본즉 먹음직도 하고 보암직도 하고 지혜롭게 할 만큼 탐스럽기도 한 나무인지라 여자가 그 실과를 따먹고 자기와 함께 한 남편에게도 주매 그도 먹은지라(창 3:6). 나의 깨달은 것이 이것이라 곧 하나님이 사람을 정직하게 지으셨으나 사람은 많은 꾀를 낸 것이니라(전 7:29).
31. 죄를 짓는 자마다 불법을 행하나니 죄는 불법이라(요일 3:4).
32. 창 3:6 참조.

인은 무엇인가? 전쟁의 피해. 자원의 고갈로 인한 경제적인 고통. 굶주림으로 죽어가는 비극 등등 신문이나 TV를 보면 밝고 명랑한 소식보다는 어둡고 우울한 소식이 훨씬 많은 세상이다. 왜 이러한 현상들이 일어나는가? 그 근본 원인은 인류의 타락에서 찾아볼 수 있다.
2) 인류를 대표하여 하나님과 행위 언약을 맺은 아담이 범죄함으로 전 인류가 죄의 길에 서고 그 징벌을 받게 되었다. 즉 모든 인류는 죽음의 길에 서게 되었고, 죄의 비참한 결과를 초래하게 되었다.

1. 아담의 본 지위는 어떠하였는가?

하나님의 형상대로 지음 받은 인간 원래의 모습은 과연 어떠하였을까?

1) 무죄 상태였다.

하나님의 피조물이었던 아담은 선악과를 먹기 전에는 죄가 없었다.

창 1:31 - 심히 좋았더라

(창 1:31) 하나님이 그 지으신 모든 것을 보시니 보시기에 심히 좋았더라 저녁이 되며 아침이 되니 이는 여섯째 날이니라

무죄 상태의 인간의 상태는

(1) 하나님의 뜻대로 움직임
(2) 하나님을 기쁘시게 하는 삶
(3) 하나님께 영광을 돌림

2) 지적 능력을 가졌다.

하나님은 아담에게 특별한 지혜를 주셨다. 아담은 이 지혜로 짐승들의 이름을 지었고, 모든 생물들을 지배할 수 있었다. 그래서 하나님의 형상(= 지식. 거룩. 의) 가운데 지식이 있지 않은가?

3) 자유로운 존재였다.

하나님께서는 인간을 기계처럼 만들지 않고 자유의지(自由意志, Free Will)를 주셔서 하나님께 순종하게 하셨다. 선악과를 통하여 하나님께서 계약을 맺으셨는데, 이 계약은 아담이 선악과를 먹을 수도 있는 자유를 전제하고 맺어졌다. 하나님의 요구는 인간을 노예로 만드신 것이 아니라 자유로운 의지를 가지고 하나님께 영광을 돌리도록 하셨다. 인간의 죄는 이와 같은 자유의지를 바로 사용하지 못한데 있다.

2. 아담의 타락은 어떠하였는가?
 1) 타락의 기원
   뱀(사탄)이 여자 하와를 세 가지로 유혹했다(창 3:4,5).
   (창 3:4) 뱀이 여자에게 이르되 너희가 결코 죽지 아니하리라
   (창 3:5) 너희가 그것을 먹는 날에는 너희 눈이 밝아 하나님과
           같이 되어 선악을 알 줄을 하나님이 아심이니라
   (1) 4절 - 죽지 아니한다
   (2) 5절상 - 하나님과 같이 된다
   (3) 5절하 - 선악을 알게 된다

 2) 타락의 단계
   (1) 하나님의 말씀에 대한 의심
   (2) 남편과 공동 보조
   (3) 인간의 자유란? 하나님의 명령과 그의 말씀을 전적으로 순종하는데 있다. 이것을 벗어나면 죄의 종이 된다.
      진정한 자유는 하나님께서 정하신 범위 안에서만 있다.

3. 타락의 결과는 어떠하였는가?

1) 하나님의 형상을 상실했다.
2) 인간에게 벌이 주어졌다.
    (1) 창 3:7 - 그 몸이 벗은 줄을 알았다.
    (2) 창 3:8~10 - 하나님을 떠난 두려움
    (3) 창 3:1 - 해산의 수고
    (4) 창 3:17 - 노동의 수고
    [여기서 유의할 것은 노동 자체는 벌이 아니라는 것이다. 왜냐하면 타락하기 전에 이미 노동에 대한 하나님의 명령이 주어졌기 때문이다(창 2:15)]
    (5) 창 3:19 - 육체적 죽음
    (6) 창 3:24 - 낙원에서 쫓겨났다
3) 창 3:18; 롬 8:22 - 자연계에 저주가 찾아왔다.
(창 3:18) 땅이 네게 가시덤불과 엉겅퀴를 낼 것이라 너의 먹을 것은 밭의 채소인즉
(롬 8:22) 피조물이 다 이제까지 함께 탄식하며 함께 고통하는 것을 우리가 아나니

4. 죄의 본질은 무엇인가?
　인류의 시조가 하나님이 주신 자유를 잘못 사용함으로써 하나님께 죄를 범하였고 창조함을 받은 지위에서 타락하였다. 그러면 죄가 무엇인가?(제14문)
  1) 죄는 하나님의 법에 순종함을 어기는 것이다.
    (1) 다른 사람을 고의적으로 죽이는 행위는 제 6계명을 어기는 것이다.
  2) 죄는 하나님의 법을 순종함에 부족한 것이다.
    (1) 달란트 비유(마 25:24~28)에서 한 달란트 받은 종이 일하지 않은 죄이다.

5. 하나님의 법(The Law of God)은 어디에 있는가?
   1) 양심(롬 2:12~15) - 복음을 받지 못한 사람들일찌라도 그들의 양심이 자신의 죄를 인정하지 않을 수 없다.
   (롬 2:15) 이런 이들은 그 양심이 증거가 되어 그 생각들이 서로 혹은 송사하며 혹은 변명하여 그 마음에 새긴 율법의 행위를 나타내느니라

   2) 성경 - 기록된 신구약 성경은 성도의 신앙과 삶의 유일한 규범이 되는 것으로서 하나님의 온전한 법이 기록되어 있다.

제16문: 아담의 첫 범죄로 모든 사람이 타락하였습니까?
   답: 아담과 더불어 맺은 언약은 그만을 위한 것이 아니라 그의 후손까지도 위한 것이므로 [33]그로부터 보통 생육법으로 태어나는 모든 사람은 그 안에 있어서 그의 첫 범죄에 참여하여 그와 함께 타락하였습니다.[34]

제17문: 이 타락이 인류를 어떤 상태에 이르게 하였습니까?
   답: 이 타락은 인류로 하여금 죄와 비참한 상태에 이르게 하였습니다.[35]

제18문: 사람이 타락한 상태에서 죄 되는 것이 무엇입니까?
   답: 사람이 타락한 상태에서 죄 되는 것은 아담의 첫 범죄에 유죄한 것과[36] 온 성품이 부패한 것인데 이것은 보통 원죄라고 하고[37] 아울러 원죄로 말미암아 나오는 모든 자범죄도 포함됩니다.[38]

서론:
  1) 불치병에 걸린 사람이 의사의 말을 듣기 싫어 하듯이 죄인은 죄에 대해서 말하는 성경을 싫어 한다. 그러나 누구도 이 사실에서 도피할 수 없다.
  2) 오늘날 사회의 온갖 부조리의 근원은 죄에 있다. 한국의 개혁 운동의 삼대 목표 중 첫째가 부정부패를 뿌리 뽑는데 있지 않은가? 모든 부정 부패의 근원은 인간의 죄의 결과이다.

1. 죄란 무엇인가?
    하나님의 법을 순종함에 부족하거나 어기는 것이다(소요리문답14문)

2. 죄의 종류는?
  1) 원죄 - 아담으로부터 전승되어 오는 죄를 말하며 자범죄의 근원이 된다.
  2) 자범죄 - 인간이 지상생활을 통하여 범하는 죄를 말한다

---

33. 이러므로 한 사람으로 말미암아 죄가 세상에 들어오고 죄로 말미암아 사망이 왔나니 이와 같이 모든 사람이 죄를 지었으므로 사망이 모든 사람에게 이르렀느니라(롬 5:12).
34. 한 사람의 순종치 아니함으로 많은 사람이 죄인 된 것같이 한 사람의 순종하심으로 많은 사람이 의인이 되리라(롬 5:19).
35. 모든 사람이 죄를 범하였으매 하나님의 영광에 이르지 못하더니(롬 3:23). 파멸과 고생이 그 길에 있어(롬 3:16).
36. 한 사람의 순종치 아니함으로 많은 사람이 죄인 된 것같이 한 사람의 순종하심으로 많은 사람이 의이이 되리라(롬 5:19).
37. 기록한 바 의인은 없나니 하나도 없으며 (롬 3:10). 여호와께서 사람의 죄악이 세상에 관영함과 그 마음의 생각의 모든 계획이 항상 악할 뿐임을 보시고(창 6:5).
38. 마음에서 나오는 것은 악한 생각과 살인과 간음과 음란과 도적질과 거짓 증거와 훼방이니(마 15:19)

3. 인류의 원죄에 대해서
   1) 아담의 죄가 인류에게 전승되는 이유가 무엇인가?
      대표원리 때문이다.
   롬 5:12 - 이러므로 한 사람으로 말미암아 죄가 세상에 들어오고 죄
            로 말미암아 사망이 왔나니 이와 같이 모든 사람이 죄를
            지었으므로 사망이 모든 사람에게 이르렀느니라
   롬 5:19 - 한 사람의 순종치 아니함으로 많은 사람이 죄인 된 것 같
            이 한 사람의 순종하심으로 많은 사람이 의인이 되리라

   아담은 인류의 조상이자 인류를 대행한 대표자이기 때문에 그의 죄는
   온 인류에게 미치게 되었다. 이것은 마치 대한민국과 중국 사이에 국
   교수교를 맺을 때 양국의 대표자가 만나서 사인(sign)을 하면 그 효
   력은 양국민 전체에 미치게 되는 것과 유사하다고 볼 수 있다.

   2) 아담의 후손들은 전적 타락하였다.
   롬 3:9~18 -
   사 53:6 - 우리는 다 양 같아서 그릇 행하며 각기 제 길로 갔거늘 여
            호와께서는 우리 무리의 죄악을 그에게 담당시키셨도다

   3) 보통 생육법으로 출생하는 자는 한결같이 아담 안에서 범죄하고
      타락하였다.
   시 51:5 - 내가 죄악 중에 출생하였음이여 모친이 죄 중에 나를 잉태
            하였나이다
   욥 25:4 - 그런즉 하나님 앞에서 사람이 어찌 의롭다 하며 부녀에게
            서 난 자가 어찌 깨끗하다 하랴
   그러나 우리 주 예수 그리스도만은 그렇지 않다(눅 1:34,35)
   "천사가 대답하여 가로되 성령이 네게 임하시고 지극히 높으신 이의
   능력이 너를 덮으시리니 이러므로 나실 바 거룩한 자는 하나 님의 아

들이라 일컬으리라"

4) 원죄의 전가를 인정하는 대표원리는 영생으로 인도하는 수단이 된다. 롬 5:12~21 -

제19문: 사람이 타락한 상태에서 비참한 것이 무엇입니까?
    답: 모든 인류가 타락함으로 말미암아 하나님과의 교제가 끊어지고[39] 또 진노와 저주아래 있게 되어[40] 생전 모든 비참함과[41] 죽음과[42] 영원한 지옥의 벌을 받게 되었습니다.[43]

서론:
    인류는 버려진 바 되었다. "피조물이 다 이제까지 함께 탄식하며 함께 고통하는 것을 우리가 안다"(롬 8:22). 이에 대해 불신자들은 현 상태의 이 세계가 행복한 처소가 될 수 있고, 인간의 힘으로 질병과 죽음 그리고 싸움과 전쟁을 소멸시킬 수 있으리라 자위하고 있다.

---

39. 그들이 날이 서늘할 때에 동산에 거니시는 여호와 하나님의 음성을 듣고 아담과 그 아내가 여호와 하나님의 낯을 피하여 동산 나무 사이에 숨은지라(창 3:8). 이같이 하나님이 그 사람을 쫓아내시고 에덴 동산 동편에 그룹들과 두루 도는 화염검을 두어 생명나무의 길을 지키게 하시니라(창 3:24).
40. 전에는 우리도 다 그 가운데서 우리 육체의 욕심을 따라 지내며 육체와 마음의 원하는 것을 하여 다른 이들과 같이 본질상 진노의 자녀이었더니(엡 2:3). 무릇 율법 행위에 속한 자들은 저주 아래 있나니 기록된 바 누구든지 율법 책에 기록된 대로 온갖 일을 항상 행하지 아니하는 자는 저주 아래 있는 지라 하였음이라(갈 3:10)
41. 살아 있는 사람은 자기 죄로 벌을 받나니 어찌 원망하랴(애 3:39)
42. 죄의 삯은 사망이요 하나님의 은사는 그리스도 예수 우리 주 안에 있는 영생이니라(롬 6:23).
43. 또 왼편에 있는 자들에게 이르시되 저주를 받은 자들아 나를 떠나 마귀와 그 사자들을 위하여 예비된 영영한 불에 들어가라(마 25:41).

그러나 이것은 죄 많은 인간의 생각과 마음이 얼마나 어둡고 공허해 졌는가를 보여 줄 뿐이다. 인간이 비참한 처지에 이르게 된 것은 자명하다.

본론:
인류의 비참 상태는 어떠한가?
1. 인간은 하나님과의 교제가 끊어졌다.
   1) 하나님과 교제토록 지음을 받은 인간은 범죄함으로 그 특권을 상실하였다.
      (1) 친구와의 교제가 단절될 때 - 슬프고 고독한 체험
      (2) 국가와 국가 사이 교제가 단절될 때 - 전쟁으로도 비화되기도 한다.
      (3) 하나님과의 교제가 단절될 때 - 인류의 비참 중에 가장 비참한 것이다.

      "아담아"라는 하나님의 부르심에 대해서 하나님의 얼굴을 피해야 하는 두려움에 대해서 생각해 보라. 결과적으로 인간의 마음은 불안하고 공허하게 되었다. 성경은 해 아래서 하나님을 떠난 인간의 존재를 공허하다고 말한다.
      전 1:2 - "전도자가 가로되 헛되고 헛되며 헛되고 헛되니 모든 것이 헛되도다" 하나님과 교제가 단절된 해 아래 사는 모든 인생들은 자신의 커다란 허무를 채울 수 없다. 그 어떤 명예나 부귀가 그것을 채울 수 있으랴? 인생은 일용할 양식 정도만 있어도 얼마든지 행복할 수가 있다. 어떻게? 하나님과의 교제가 있으면 가능 하다. 아침을 눈을 뜨면서 '하나님'을 부르자. 인생은 영원한 하나님과의 교제를 필요로 한다. 그곳에 참된 행복과 인생의 가치가 주어진다. 이것을 채우지 못한 마음은 세상에서 공허할 수밖에 없다. 그러므로 인간은 하나님과의 교제가 사실상 끊어졌음을 분명히 알 수 있다.

2. 인간은 진노와 저주의 대상이 되었다.
   1) 인간은 하나님의 형상으로 지음을 받아 하나님과 교제하는 자리에 있었다. 범죄로 인하여 공의로우신 하나님은 인간을 향하여 진노를 발하셨다. 공의의 하나님은 죄악을 미워하시고 징계하신다

   2) 공의의 하나님의 속성이 얼마나 무서운 것인가를 알아야 한다.
   아담과 하와에게 진노 중에도 가죽옷의 자비를 베풀었으나, 저들의 죄의 대가는 엄청났다.

   3) 이러므로 성도가 하나님을 두려워하는(경외) 신앙이 얼마나 필요한 것이지 모른다.
   매사에 하나님의 면전에서 살아간다는 의식이 필요하다.
     (1) 행 9:31 - 교회성장측면에서 주를 경외하는 신앙
     (행 9:31) 그리하여 온 유대와 갈릴리와 사마리아 교회가 평안하여 든든히 서 가고 주를 경외함과 성령의 위로로 진행하여 수가 더 많아지니라
     (2) 행 10:2 - 고넬료는 온 집으로 더불어 하나님을 경외하였다.
     (행 10:2) 그가 경건하여 온 집으로 더불어 하나님을 경외하며 백성을 많이 구제하고 하나님께 항상 기도하더니
     (3) 행 16:14 - 하나님을 공경하는 루디아
     (행 16:14) 두아디라 성의 자주 장사로서 하나님을 공경하는 루디아라 하는 한 여자가 들었는데 주께서 그 마음을 열어 바울의 말을 청종하게 하신지라
   공의로우신 하나님은 매사에 하나님을 두려워하는 사람을 귀히 보시고 사용하신다.

   4) 공의로우신 하나님의 진노와 저주에서 벗어날 수 있는 길은?
   예수 그리스도의 대속의 은총을 받아들이는 것이다. "다 이루었

다"(It is finished or it is paid)" 예수의 보혈은 하나님의 공의를 만족시켰다. 그러기에 주님께서 선언하셨다. 나는 길이요 (the way) 진리요 (the truth) 생명이다 (the life). 세상에는 많은 길이 있으나 하나님의 진노와 저주의 대상에서 벗어나는 길은 오직 하나밖에 없다. 즉 예수 그리스도를 통하여 참 소망을 얻는 길이다. 이것은 그리스도의 영광을 나타내는 길이요 하나님을 영화롭게 하는 길이다. 우리는 그리스도에게 접붙임을 받아야 한다. 그리스도를 통하여 소망을 누리고 영원한 삶을 소유해야 한다.

3. 인간은 생전에 모든 비참함이 주어진다.
  1) 피할 수 없는 비참함이 이생에 있다는 사실이다.
  욥 5:7 - 인생은 고난을 위하여 났나니 불티가 위로 날음 같으니라
  인간에게 질병과 기근, 전쟁과 천재지변이 주어지는 것은 시간 문제이다.
    (1) 기근 - 룻기 1장. 에티오피아 등 아프리카 도처에
    (2) 전쟁 - 소말리아 등
    (3) 천재지변 - 역사적으로 무수한 생명을 잃음
  그러므로 성경은 인생의 생명을 말하기를 그림자. 꿈. 밤의 파숫군. 풀이나 꽃으로 비교하여 인생 일장춘몽(= 영원할 것 같았던 인생의 부귀영화가 한바탕의 봄꿈처럼 헛되다)이라고 하였다.

  2) 비참한 처지는 모든 사람에게 보편적이고 피할 수 없는 운명이다. 이생에서 누구도 육체의 고통, 영혼의 슬픔을 완전히 피할 자는 없다.

4. 인간은 죽음이라는 보편적인 지배 아래 놓인다.
   1) 히 9:27 - 한번 죽는 것은 사람에게 정하신 것이요 그 후에는 심판이 있으리니
   2) 왜 죽음이 이 땅에 왔는가?
   (1)롬 6:23 - 죄 때문이다.
   (롬 6:23) 죄의 삯은 사망이요 하나님의 은사는 그리스도 예수 우리 주 안에 있는 영생이니라

5. 버려진 인간들에게 영원한 지옥의 형벌이 있다.
   1) 지옥은 어떤 곳일까?
      마 3:12 - 꺼지지 않는 불
      (마 3:12) 손에 키를 들고 자기의 타작 마당을 정하게 하사 알곡은 모아 곡간에 들이고 쭉정이는 꺼지지 않는 불에 태우시리라
      막 9:48 - 구더기도 죽지 않고 불도 꺼지지 않음
      (막 9:48) 거기는 구더기도 죽지 않고 불도 꺼지지 아니하느니라
      마 25:30 - 슬피 울며 이를 가는 곳이며
      (마 25:30) 이 무익한 종을 바깥 어두운 데로 내어쫓으라 거기서 슬피 울며 이를 갊이 있으리라 하니라
      마 25:41 - 마귀와 그 사자가 사는 곳이며
      (마 25:41) 또 왼편에 있는 자들에게 이르시되 저주를 받은 자들아 나를 떠나 마귀와 그 사자들을 위하여 예비된 영영한 불에 들어가라
      히 12:17 - 회개할 수 없는 곳이며
      (히 12:17) 너희의 아는 바와 같이 저가 그 후에 축복을 기업으로 받으려고 눈물을 흘리며 구하되 버린 바가 되어 회개할 기회를 얻지 못하였느니라

계 20:10 - 밤낮 괴로움을 당하는 곳
(계 20:10) 또 저희를 미혹하는 마귀가 불과 유황 못에 던지우니 거기는 그 짐승과 거짓 선지자도 있어 세세토록 밤낮 괴로움을 받으리라
계 21:8 - 불과 유황이 타는 곳이며
(계 21:8) 그러나 두려워하는 자들과 믿지 아니하는 자들과 흉악한 자들과 살인자들과 행음자들과 술객들과 우상 숭배자들과 모든 거짓말하는 자들은 불과 유황으로 타는 못에 참여하리니 이것이 둘째 사망이라

2) 누가 이 지옥에 가는가?
죄인이 회개하지 않으면 지옥의 형벌을 받게 되는데 이것이 둘째 죽음이다(계 20:14).
(계 20:14) 사망과 음부도 불못에 던지우니 이것은 둘째 사망 곧 불못이라

3) 지옥에 대한 신령한 근심은 인생으로 하여금 천국에 대한 소망과 복음의 소중성을 깊이 깨닫도록 인도한다.

6. 신자와 불신자의 다른 지위에 대해서
1) 금생에서의 차이는 무엇인가?
불신자에게 찾아 오는 질병과 비애는 하나님의 진노와 저주의 표현이다. 그러나 신자에게 찾아 오는 질병과 비애는 하나님의 진노와 저주의 표현이 아니라 교훈적인 연단으로 온다.

2) 그 이유는 무엇일까?
그리스도의 희생은 신자에게서 하나님의 진노와 저주를 경감시

켰기 때문이다. 신자에게는 더 이상의 영원한 지옥의 형벌에 대한 두려움이 없다. 그러나 이 땅에서는 비참한 지위에서 완전히 인도되지 못했다. 신자는 아직도 죄를 짓는 연약함과 어려움에 쌓여 있다.

3) 뚜렷한 차이는 죽음에 있다.
   (1) 신자의 죽을 때 – 그의 영혼은 천국으로. 몸은 주님 재림 시에 생명의 부활함
   (2) 불신자가 죽을 때 – 그의 영혼은 지옥으로.
                  몸은 주님 재림 시에 심판의 부활로

결론:
1. 죄의 대가의 심각성을 깨달아야 한다.
2. 인류의 비참 상태를 분명히 이해해야 복음(그리스도, 천국 등)의 중요성을 깨닫게 된다.
3. 천국에서 하나님과의 온전한 교제를 바라보자.
4. 영원한 생명을 주신 우리 주 예수 그리스도에게 뜨겁게 감사하는 성도가 되자.
5. 가장 중요한 교훈?
   죄를 그토록 미워하시는 공의로우신 하나님을 두려워 하자.
   하나님을 경외하는 성도가 되어야 할 것이다.

B. 은혜(20문)

제20문: 하나님께서 모든 인종을 죄와 비참한 지경에서 멸망하게 버려 두셨습니까?

답: 하나님은 홀로 아름다우신 뜻대로, 어떤 자들을 영생을 얻게 하시려고 선택하시고,[44] 은혜의 언약을 세우사 구속자로 말미암아 저희를 죄와 비참한 지위에서 건져내시고, 구원의 자리에 이르게 하셨습니다.[45]

서론:
1) 제1문~19문 - 인간이 지음을 받은 무죄 상태에서 타락하여 죄 있는 상태와 비참한 처지까지의 인류의 역사
2) 제20문부터 - 죄인들을 향하신 하나님의 놀라운 자비를 배우게 된다

1. 은혜언약의 정의

인간은 행위언약(일명 생명언약)을 어김으로써 죄와 비참한 상태에 떨어지고 영원한 멸망에 합당한 자가 되고 말았다. 그러나 하나님은 불쌍히 보아서 인간의 죄를 엄히 벌하는 동시에 그 중에서 혹자를 하나님의 주권에 의해서 구원하여 내기 위해서 은혜의 계약을 맺었다.

은혜의 계약은 인간이 죄를 범하고 타락한 직후에(창 3:15) 맺어졌다. 여기 보면 여인의 후손이 네 머리를 상하리라 한 것은 주님께서 오셔서 이루실 구속 사역을 예표한 것이다. 하나님께서는 행위언약을 통해서 실패한 인생들에게 새로운 언약을 주셨다. 우리 주 예수 그리스도를 믿음으로써 구원을 받게 하시는 은혜스러운 방법이다.

2. 은혜언약의 근거

그리스도 안에서 영원 전부터 구속하기로 예정된 백성들에게 맺으신 언약이다. 이 언약은 우리의 어떤 행위에 근거를 둔 것이 아니라 오직 하나님의 선택에 바탕을 두고 있다.

딤후 1:9 - 하나님이 우리를 구원하사 거룩하신 부르심으로 부르심은 우리의 행위대로 하심이 아니요 오직 자기의 뜻과 영원한 때 전부터 그리스도 예수 안에서 우리에게 주시는 은혜대로 하심이라

그러므로 은혜 언약의 근거는 하나님의 선택에 있다. 그러면 그 하나님의

1) 선택의 성질은 어떠한가?
   (1) 엡 1:5 - 하나님의 기쁘신 뜻에 의해서
   (엡 1:5) 그 기쁘신 뜻대로 우리를 예정하사 예수 그리스도로 말미암아 자기의 아들들이 되게 하셨으니
   (2) 요 15:16 - 무조건적이다
   (요 15:16) 너희가 나를 택한 것이 아니요 내가 너희를 택하여 세웠나니 이는 너희로 가서 과실을 맺게 하고 또 너희 과실이 항상 있게 하여 내 이름으로 아버지께 무엇을 구하든지 다 받게 하려 함이니라
   ① 동일한 조건을 지닌 물건을 구입할 때의 선택은 무조건적이다.
   ② 하나님은 버려진 자들 가운데서 어떤 자들을 구원하도록 선택하셨다.

---

44. 곧 창세 전에 그리스도 안에서 우리를 택하사 우리로 사랑 안에서 그 앞에 거룩하고 흠이 없게 하시려고(엡 1:4).
45. 이제는 율법 외에 하나님의 한 의가 나타났으니 율법과 선지자들에게 증거를 받은 것이라 곧 예수 그리스도를 믿음으로 말미암아 모든 믿는 자에게 미치는 하나님의 의니 차별이 없느니라(롬 3:21,22).

③ 하나님은 그들 속에 구원 받을 수 있는 선한 것이 있으므로 선택하신 것이 아니다

2) 무조건적 선택에 대한 몇 가지 질문들:
(1) "왜 하나님은 어떤 자는 버려 두고 어떤 자만 택하셨는가?"
죄 많은 인간들에게는 이것이 아주 불공평한 듯하다. 그런데 죄인들은 자신들의 죄로 말미암아 멸망을 받아야 함이 마땅했다. 그런데 그 중에 하나님은 자비를 베푸셨다.
마 20:15 - 주인의 권세를 인정해야 한다.
(마 20:15) 내 것을 가지고 내 뜻대로 할 것이 아니냐 내가 선하므로 네가 악하게 보느냐
롬 9:19 이하 - 토기장이 비유
(롬 9:20) 이 사람아 네가 뉘기에 감히 하나님을 힐문하느뇨 지음을 받은 물건이 지은 자에게 어찌 나를 이같이 만들었느냐 말하겠느뇨

(2) "만약 하나님이 나를 구원하시기로 선택하셨다면 나는 무엇을 행하든지 구원을 받을 것이다"
이것은 죄인들의 일반적인 생각이나, 전혀 그릇되다. 성경이 사람들이 자동적으로 구원을 받는다고 말하지 않는다. 그는 죄를 회개해야 하고 예수를 믿어야 한다.
롬 8:29,30 - 구원의 단계를 보여준다.
(롬 8:29) 하나님이 미리 아신 자들로 또한 그 아들의 형상을 본받게 하기 위하여 미리 정하셨으니 이는 그로 많은 형제 중에서 맏아들이 되게 하려 하심이니라
(롬 8:30) 또 미리 정하신 그들을 또한 부르시고 부르신 그들을 또한 의롭다 하시고 의롭다 하신 그들을 또한 영화롭게 하셨느니라

(3) "내가 택함을 입지 않았다면 구원 받기를 내가 아무리 원해도 그것과는 상관 없이 구원을 위해 내가 할 수 있는 것은 전혀 없다"

하나님의 방법으로 구원을 받기를 원하는 자, 즉 그리스도에게로 오려는 자는 결코 버림을 당하지 않는다. 그리스도에게 가지 않으려는 것은 자신의 죄성 때문이다.

3) 선택의 목적은 무엇인가?
롬 8:29, 30 - 영생을 주시기 위함이다

3. 은혜 언약의 성질
 1) 은혜 언약의 당사자는 누구인가?
   하나님과 그리스도 안의 선택함을 받은 사람들이다. 이 계약의 축복에 참여하는 자는 하나님의 기쁘신 뜻대로 무조건적으로 택함을 입은 성도들이다. 하나님은 그들을 구원에 이르도록 인도하신다.

 2) 은혜 언약의 보증인은 누구인가?
   신구약시대를 통하여 예수님 한 분 뿐이다. 구약 시대에는 율법 예언 의식 등이 있었으나 이것들은 오실 메시야를 예표하는 것들로서 그것들을 통하여 이 계약의 축복에 참여할 수 있었다.
   이제 신약시대에는 우리의 구속을 완성하신 예수 그리스도를 믿고 있다. 주님께서 십자가에 의하여 이 계약의 보증인이 되어 주셨기 때문에 그리스도를 신뢰하는 자는 확실히 이 계약의 축복에 참여할 수 있다.

 3) 은혜 언약의 약속은 무엇인가? 구원에 이르게 하신다.

렘 31:33 - 나는 그들의 하나님이 되고 그들은 내 백성이 될 것이라

(렘 31:33) 나 여호와가 말하노라 그러나 그 날 후에 내가 이스라엘 집에 세울 언약은 이러하니 곧 내가 나의 법을 그들의 속에 두며 그 마음에 기록하여 나는 그들의 하나님이 되고 그들은 내 백성이 될 것이라

4. 은혜 언약에 대한 우리의 태도
  1) 구원 받았음에 대해 자랑할 근거가 내게 없다.
천국에 도착하는 순간에 "나는 모든 것을 하나님께 빚졌고, 나는 무력합니다. 그러나 하나님은 나를 택하셨으니 그에게만 찬양을 돌릴지어다"
반면에 비택자들에게도 불평할 근거가 없다. "전적 내 잘못이로구나. 내가 올 곳이 여기였구나. 나는 아담 안에서 범죄하였고 그와 함께 타락한 고로 더욱 회개하지 않고 믿지 않았으므로 자진하여 그리스도에게로 오지 않았으므로 마땅히 올 곳을 왔을 뿐이구나. 내가 그리스도를 택하지 않았으니 잘못은 내게 있구나!"

  2) 온전한 구원을 위해서 힘써야 한다.
벧후 1:10,11 - "더욱 힘써 너희 부르심과 택하심을 굳게 하라. 너희가 이것을 행한즉, 언제든지 실족치 아니하리라. 이와 같이 하면 우리 주 곧 구주 예수 그리스도의 영원한 나라에 들어감을 넉넉히 너희에게 주시리라"

5. 그리스도(21~28문)

A. 그리스도의 인격 (21~22문)

제21문: 하나님의 선택하신 구속자는 누구입니까?
    답: 하나님의 선택하신 구속자는 다만 주 예수 그리스도 뿐이신데,[46] 그는 하나님의 영원한 아들로서 사람이 되셨으니[47] 그 후로는 한 위에 특수한 두 가지 성품이 있어 영원토록 하나님이시요 사람이십니다.[48]

제22문: 그리스도께서 하나님의 아들로 어떻게 사람이 되셨습니까?
    답: 하나님의 아들 그리스도께서 사람이 되신 것은 참 몸과[49] 지각 있는 영혼을 취하사[50] 성령의 권능으로 동정녀 마리아에게 잉태되어 탄생하셨으니[51] 죄가 없으십니다.[52]

---

46. 하나님은 한 분이시요 또 하나님과 사람 사이에 중보도 한 분이시니 곧 사람이신 그리스도 예수라(딤전 2:5).
47. 말씀이 육신이 되어 우리 가운데 거하시매 우리가 그 영광을 보니 아버지의 독생자의 영광이요 은혜와 진리가 충만하더라(요 1:14).
48. 조상들도 저희 것이요 육신으로 하면 그리스도가 저희에게서 나셨으니 저는 만물 위에 계셔 세세에 찬양을 받으실 하나님이시니라 아멘(롬 9:5).
49. 자녀들은 혈육에 함께 속하였으매 그도 또한 한 모양으로 혈육에 함께 속하심은 사망으로 말미암아 사망의 세력을 잡은 자 곧 마귀를 없이 하시며(히 2:14).
50. 이에 말씀하시되 내 마음이 심히 고민하여 죽게 되었으니 너희는 여기 머물러 나와 함께 깨어 있으라 하시고(마 26:38).
51. 보라 네가 수태하여 아들을 낳으리니 그 이름을 예수라 하라(눅 1:31). 천사가 대답하여 가로되 성령이 네게 임하시고 지극히 높으신 이의 능력이 너를 덮으시리니 이러므로 나실 바 거룩한 자는 하나님의 아들이라 일컬으리라(눅 1:35).
52. 이러한 대제사장은 우리에게 합당하니 거룩하고 악이 없고 더러움이 없고 죄인에게서 떠나 계시고 하늘보다 높이 되신 자라(히 7:26).

서론:
1) 세계의 타종교 - 그들 나름대로 구원의 길을 제시하곤 한다. 그러나 참된 구원의 길을 밝히지 못하는 그릇된 종교들임을 알아야 한다. 이것은 절대로 독선이 아니요 진리이다.
2) 기독교 내에 많은 이단 - 가장 중요한 이유는 기독론에 대한 잘못이다.
3) 현대 자유주의자들의 경향
   (1) 대화를 통해 새로운 연합 종교를 산출코자 함
   (2) 종교다원주의 - 모든 종교의 궁극적인 도달점은 같다. 비록 저들이 구원의 길을 제시하나 이는 넓은 길로서 멸망으로 인도하는 길이다.
   생명으로 인도하는 문은 좁고 그 길은 협착하다는 것을 알아야 한다(마 7:13~14).

본론:
1. 왜 예수만이 선택한 자들의 유일한 구속자인가?
   예수만이 영원한 신성(His eternal deity)과 참 인성(true humanity)을 소유하여 우리를 구속할 능력을 가지고 있기 때문이다.

2. 그리스도의 특수한 두 가지 성품(One person, two distinct natures)
   1) 그리스도의 신성(Deity)
      (1) 예수 그리스도는 하나님이라 불려졌다(사 9:6; 요 20:28)
      (사 9:6) 이는 한 아기가 우리에게 났고 한 아들을 우리에게 주신바 되었는데 그 어깨에는 정사를 메었고 그 이름은

기묘자라, 모사라, 전능하신 하나님이라, 영존하시는 아버지라, 평강의 왕이라 할 것임이라
(요 20:28) 도마가 대답하여 가로되 나의 주시며 나의 하나님이시니이다

(2) 그는 하나님의 속성을 지니셨다(요 1:1; 2:24,25)
(요 1:1) 태초에 말씀이 계시니라 이 말씀이 하나님과 함께 계셨으니 이 말씀은 곧 하나님이시니라
요 2:24,25 - 친히 사람의 속에 있는 것을 아신다.
(요 2:24) 예수는 그 몸을 저희에게 의탁지 아니하셨으니 이는 친히 모든 사람을 아심이요
(요 2:25) 또 친히 사람의 속에 있는 것을 아시므로 사람에 대하여 아무의 증거도 받으실 필요가 없음이니라

(3) 그는 하나님의 전능하신 사역을 하실 수 있었다(요 5:21; 골 1:16)
요 5:21. - 아버지가 죽은 자를 살리심과 같이 아들도 죽은 자를 살릴 수 있다.
(요 5:21) 아버지께서 죽은 자들을 일으켜 살리심 같이 아들도 자기의 원하는 자들을 살리느니라
골 1:16 - 만물이 그로 말미암아 그를 위하여 창조되었다
(골 1:16) 만물이 그에게 창조되되 하늘과 땅에서 보이는 것들과 보이지 않는 것들과 혹은 보좌들이나 주관들이나 정사들이나 권세들이나 만물이 다 그로 말미암고 그를 위하여 창조되었고

(4) 그는 하나님만이 받으시는 예배를 받으셨다(요 20:28; 계 5:12~14)

(요 20:28) 도마가 대답하여 가로되 나의 주시며 나의 하나님이
시니이다
(계 5:12) 큰 음성으로 가로되 죽임을 당하신 어린양이 능력과
부와 지혜와 힘과 존귀와 영광과 찬송을 받으시기에
합당하도다 하더라
(계 5:13) 내가 또 들으니 하늘 위에와 땅 위에와 땅 아래와 바
다 위에와 또 그 가운데 모든 만물이 가로되 보좌에
앉으신 이와 어린양에게 찬송과 존귀와 영광과 능력
을 세세토록 돌릴찌어다 하니
(계 5:14) 네 생물이 가로되 아멘 하고 장로들은 엎드려 경배하
더라

2) 그리스도의 인성(Humanity)
예수는 참 인간으로서 희로애락을 느끼셨다.
   (1) 금식 기도 후 - 40일 금식 후 주리신지라
   (2) 예수님께서 눈물을 흘리심
      ① 요 11:35 - 나사로의 죽음 앞에서
      (요 11:35) 예수께서 눈물을 흘리시더라
      ② 눅 19:41 - 예루살렘 성 앞에서
      (눅 19:41) 가까이 오사 성을 보시고 우시며
      ③ 히 5:7 - 인류의 구속 앞에서
      (히 5:7) 그는 육체에 계실 때에 자기를 죽음에서 능히 구원
하실 이에게 심한 통곡과 눈물로 간구와 소원을 올
렸고 그의 경외하심을 인하여 들으심을 얻었느니라
   (3) 마 27:46 - 십자가 상에서 우리의 구속을 위해 말할 수 없는
아픔을 맛보셨다.
   (마 27:46) 제 구 시 즈음에 예수께서 크게 소리질러 가라사대
엘리 엘리 라마 사박다니 하시니 이는 곧 나의 하나

님, 나의 하나님, 어찌하여 나를 버리셨나이까 하는 뜻이라
3) 신인양성(神人兩性)의 필요성
(1) 죄없는 사람이 필요하다.
여러분, 소경이 소경을 인도할 수 없음과 같이 죄인이 죄인을 구원할 수 없음은 자명한 진리이다. 아담의 후손으로 보통 생육법으로 태어난 인생은 다른 사람들을 절대로 구원할 수 없다. 왜? 그에게는 원죄와 자범죄가 있기 때문이다. 그러므로 죄없는 하나님이 죄없는 사람이 되셔야 했다.
(2) 중보자(Mediator)가 필요하다.
범죄로 말미암아 하나님과 사람은 원수가 되었다. 인간은 하나님에게서 추방되어 하나님 앞에 나아갈 수 없게 되었다. 이러한 인간과 하나님 사이에 화목케 하시는 중보자가 필요하게 되었다. 바로 그가 신인양성을 가지신 그리스도이시다.

3. 그리스도의 신인양성(神人兩性)에 대한 몇 가지 중대한 과오
(Some of the Most Important Errors in the Doctrine of Christ)
1) 신성의 실재성에 대한 부정
(1) 기독교 초기 - 에비온파(Ebionities), 알로기파(Alogi)
(2) 근세와 종교개혁기 - 소씨니안파(Socinians)
(3) 현대 - 유니태리안(Unitarians), 현대 자유주의 신학자들

2) 인성의 실재성에 대한 부정
(1) 기독교 초기 - 그노시스파(Gnosticism:일명 영지주의) (요일 2:18 이하)
(요일 2:18) 아이들아 이것이 마지막 때라 적그리스도가 이

르겠다 함을 너희가 들은 것과 같이 지금도 많
은 적그리스도가 일어났으니 이러므로 우리가
마지막 때인 줄 아노라
① 영혼은 절대적으로 선하고 육체는 절대적으로 악하다.
② 하늘의 그리스도는 인간 예수가 세례를 받을 때 그와 결합
되었다가, 십자가에서 죽을 때 다시 떠났다.
③ 육체에 대한 잘못된 이원론적 사고로 인하여 혹자는 금욕
주의자가 되거나 아니면 방탕주의자가 되었다.
(2) 4 세기 - 싸벨리우스파(Sabellians)

3) 이성(二性)의 완전성에 대한 부정
   (1) 아리우스파(Arians) - 그리스도를 창조된 존재로 보고, 하
                        나님도 아닌 인간도 아닌 일종의 반
                        신(半神)으로 만들어 버렸다.
   (2) 아폴리내리스(Appolinaris) - 그리스도의 인성은 영(靈)을
                        제외한 육체와 혼으로 구성
                        되었고 주장했다.

4) 그리스도의 인격의 통일성에 대한 부정
   (1) 네스토리우파(Nestorians) - 그리스도의 양성을 너무 날카
                        롭게 구별하여 실제로는 두
                        인격(Person)으로 만들어 버
                        렸다.

5) 그리스도의 이성(二性)에 대한 부정
   (1) 유티커스파(Eutichians) - 그리스도의 이성(二性)을 인적인
                        것도 신적인 것도 아닌 어떤 제
                        3의 성질로 표현하였다.

4. 그리스도의 성육신(Incarnation)
  1) 참 몸(a true body)이신 그리스도
    (1) 사람은 육신과 영혼으로 이루어진다.
    빌 2:6,7 - 예수님은 하나님이시면서 그에게는 몸과 영혼이 있다.
    (빌 2:6) 그는 근본 하나님의 본체시나 하나님과 동등됨을 취할 것으로 여기지 아니하시고
    (빌 2:7) 오히려 자기를 비어 종의 형체를 가져 사람들과 같이 되었고

    (2) 그리스도께서 참 몸을 취하시고 이 땅에 오신 목적은 무엇일까?
      ① 하나님의 놀라운 구원계획을 이루시기 위하여
      ② 십자가의 죽음을 위하여

  2) 지각 있는 영혼(a reasonable soul)을 취하신 그리스도
    영혼이 무엇인가? 영혼이란 육체를 지배하며 생각하며 느끼며 의지를 결정하는 인격적 실재이다. 그러므로 그리스도는 지.정.의를 가지고 계셨다.
    (1) 지(知) - 참으로 훌륭한 비유나 훈화를 하실 지성이 있었다. 은혜와 진리가 충만하였다.
    (2) 정(情) - 고민하시고 슬퍼하시고 우시기도 하셨다.
    (3) 의(意) - 자기의 뜻대로가 아니라 아버지의 원대로 하시기를 원했다.

  3) 동정녀 마리아(Virgin Mary)에게 성령의 권능으로 잉태하신 그리스도
    (1) 비상섭리(기적) - 그리스도가 사람이 되신 방법은 보통 인간

이 태어나는 방법대로 하신 것이 아니라 하나님의 특별한 방법인 비상섭리(=기적)를 통해 동정녀 마리아에게서 태어나셨다.
(2) 왜 동정녀에게서 태어나셔야만 했는가? 죄가 없이 태어나기 위해서

결론:
1) 우리는 하나님의 은혜언약에 의해서 선택 받았음을 분명히 깨달아야 한다.
자신의 공로가 아니라 오직 무조건적인 하나님의 선택에 의해서 이와 같은 은혜를 입었으므로 감사하는 삶이 있어야 한다.
2) 이와 같은 은혜언약을 성취하기 위해서 유일한 구속자이신 예수 그리스도를 보내 주셨음을 감사하자. 그는 영원한 하나님이시면서 참된 사람이시다.
3) 동정녀에게서 성령으로 탄생하신 그리스도만이 죄가 없는 분으로서 우리의 유일한 구속자가 되실 수 있다. 죄가 없는 주님께서 우리를 위해서 십자가를 지시고 구속 사역을 완성하셨음을 감사하며 일평생 주님께 헌신하는 성도들이 되기를 힘쓰자.

B. 그리스도의 직무(23~26문)

제23문: 그리스도께서 우리의 구속자로 무슨 직분을 행하셨는가?
　　답: 그리스도께서 우리의 구속자로 선지자와[53] 제사장과[54] 왕의[55] 직분을 행하시되 낮아지시고 높아지신 두 지위에서 행하셨습니다.

1. **인간 창조** - 인간은 본래 참 지식과 거룩과 의를 가졌다(제10문)
　　(골 3:10) 새 사람을 입었으니 이는 자기를 창조하신 자의 형상을 좇아 지식에까지 새롭게 하심을 받는 자니라
　　(엡 4:24) 하나님을 따라 의와 진리의 거룩함으로 지으심을 받은 새 사람을 입으라
　　이런 의미에서 아담은 사실상 선지자요, 제사장이요, 왕이었다고 할 수 있다. 그런데 이와 같은 아담이 범죄하여 타락하였을 때 우리도 그 안에서 범죄 했고 타락하였다.
　　(롬 5:12) 이러므로 한 사람으로 말미암아 죄가 세상에 들어오고 죄로 말미암아 사망이 왔나니 이와 같이 모든 사람이 죄를 지었으므로 사망이 모든 사람에게 이르렀느니라.
　　그래서 그리스도를 제외한 모든 인간은 무지하고, 유죄하고, 사악하게 되었다. 그런데 여기에 인간 구원을 위한 하나님의 신령한 간섭이 역사에 나타난다.
　　성경의 모든 말씀의 초점은 이 버려진 상태로부터, 선택된 인간을 구원하기 위해 하나님이 무엇을 행하셨는가에 있다.

2. **구약 성경**
　　하나님이 자기 백성을 구원하시기 위해서 그의 아들을 보내실 날을 준비하셨음을 우리에게 말해 주고 있다. 이같은 맥락에서 구약을 볼

때 한 가지 중요한 것은 하나님을 섬기기 위해 하나님에 의해 선택된 왕. 선지자. 제사장들이 구약 역사의 중심이었다는 사실이다.
예를 들면 아브라함은 선지자. 제사장. 왕적 직임을 감당하고 있음을 볼 수 있다.
(창 20:7) 이제 그 사람의 아내를 돌려 보내라 그는 선지자라 그가 너를 위하여 기도하리니 네가 살려니와 네가 돌려 보내지 않으면 너와 네게 속한 자가 다 정녕 죽을 줄 알지니라
(창 13:4) 그가 처음으로 단을 쌓은 곳이라 그가 거기서 여호와의 이름을 불렀더라
(창 14:17) 아브람이 그돌라오멜과 그와 함께 한 왕들을 파하고 돌아올 때에 소돔 왕이 사웨 골짜기 곧 왕곡에 나와 그를 영접하였고
(창 14:18) 살렘 왕 멜기세덱이 떡과 포도주를 가지고 나왔으니 그는 지극히 높으신 하나님의 제사장이었더라
그러나 아브라함의 가족이 하나의 민족으로 성장하자 하나님은 이 직무들을 각각 다른 사람에게 부여하였다.

3. 이스라엘 - 모세. 아론. 다윗
 1) 선지자 모세(신 34:10) - 하나님은 모세를 특별한 선지자로 임명하였다.
(신 34:10) 그 후에는 이스라엘에 모세와 같은 선지자가 일어나지 못하였나니 모세는 여호와께서 대면하여 아시던 자요

---

53. 모세가 말하되 주 하나님이 너희를 위하여 너희 형제 가운데서 나같은 선지자 하나를 세울 것이니 너희가 무엇이든지 그 모든 말씀을 들을 것이라(행 3:22).
54. 네가 영원히 멜기세덱의 반차를 좇는 제사장이라 하셨으니(히 5:6).
55. 내가 나의 왕을 내 거룩한 산 시온에 세웠다 하시리로다(시 2:6).

2) 대제사장 아론(출 29:29) - 하나님은 아론을 대제사장으로 임명했고, 그의 아들들이 그를 이어 이 직무를 계승하도록 명령했다

(출 29:29) 아론의 성의는 아론의 후에 그 아들들에게 돌릴지니 그들이 그것을 입고 기름 부음으로 위임을 받을 것이며 후에 제사장의 계승은 그리스도가 오셨을 때 완전히 끝났다.

삼상 2:35 - 여기서 충실한 제사장은 가깝게는 사무엘을 가리키나 궁극적으로는 장차 오실 그리스도를 가리킨다.

(삼상 2:35) 내가 나를 위하여 충실한 제사장을 일으키리니 그 사람은 내 마음 내 뜻대로 행할 것이라 내가 그를 위하여 견고한 집을 세우리니 그가 나의 기름 부음을 받은 자 앞에서 영구히 행하리라

3) 왕 다윗(삼하 7:12-16) - 그리스도를 통한 다윗의 왕권이 계속하리라 약속했다.

(삼하 7:12) 네 수한이 차서 네 조상들과 함께 잘 때에 내가 네 몸에서 날 자식을 네 뒤에 세워 그 나라를 견고케 하리라

(삼하 7:13) 저는 내 이름을 위하여 집을 건축할 것이요 나는 그 나라 위를 영원히 견고케 하리라

(삼하 7:14) 나는 그 아비가 되고 그는 내 아들이 되리니 저가 만일 죄를 범하면 내가 사람 막대기와 인생 채찍으로 징계하려니와

(삼하 7:15) 내가 네 앞에서 폐한 사울에게서 내 은총을 빼앗은 것 같이 그에게서는 빼앗지 아니하리라

(삼하 7:16) 네 집과 네 나라가 네 앞에서 영원히 보전되고 네 위가 영원히 견고하리라 하셨다 하라

그런데 구약을 보게 되면 이같은 직무를 신실하게 행한 자들이 있던 반면에 불신실하게 행한 자들도 있었다. 하나님은 신실한 선지자들을 통하여 하나님의 말씀을 주셨고. 신실한 제사장을 통하여 피흘림이 없이는 사죄가 없음을 보여 주셨고. 신실한 왕들을 통하여 저들이 하나님께 어떻게 순종했는가를 보여 주셨다. 그리고 하나님은 불신실한 선지자와 제사장과 왕들을 통해서 구원은 결코 약속된 메시야가 오시기까지는 완전히 성취되지 않았음을 보여 주셨다.

4. 예수 그리스도

그리스도는 이 세 직무를 완성, 성취하셨을뿐 아니라 하나의 위대한 구속사역에 그것들을 결합시켰다.

1) 지상 사역
   (1) 선지자 - 진리 자체가 되시는 주님 안에서 그리고 그 행적에서 하나님의 말씀은 완성되었다
   (2) 제사장 - 십자가 위에서 단번에 최종적이고 충분한 희생 제물로 바쳐짐으로 이 직을 수행하셨다.
   (3) 왕 - 구세주와 심판주로서 모든 인간을 다스리시는 권위를 가지셨다. 심지어 바람과 파도까지도 복종시키는 주권적 권능을 보이셨다.

2) 천국 사역
   (1) 선지자 - 성령의 영감으로 주어진 말씀을 성령을 통해 우리에게 적용케 하신다
   (2) 제사장 - 단번에 드려진 그의 희생이 택한 자들에게 효력 있게 적용되도록 말씀을 통하여 유효하게 하시고 성례로 그것들을 확실하게 봉인하신다.
   (3) 왕 - 지금 하늘과 땅의 모든 권세가 그에게 속해 있다. 그는

죄인들을 복종시키며 마귀의 역사를 파괴하신다. 이 사역은 그리스도의 모든 원수들이 거꾸러질 때까지 계속될 것이다. 그리스도의 왕국만이 영원하다.

예화: 세인트 헬레나 섬에서 나폴레옹은 다음과 같은 말을 남겼다.
"당신들은 시이저와 알렉산더 대왕이 그들이 정복한 땅과 그들의 병사에게 용기를 심어준 사실에 대해서 감격하여 이야기 하지만 이미 돌아가신 분에 대한 기억으로 신실하고도 완전히 헌신되어 위하여 싸워줄 군인들을 상상할 수 있습니까? 나의 프랑스 군대는 내가 사는 동안에 나를 배반하였습니다. 알렉산더, 시이저, 클레망, 그리고 나 자신도 모두 자기 자신의 왕국들을 세웠습니다. 그러나 진정 우리가 쉴만한 곳은 어디입니까? 무력에 호소한 곳이었습니까! 예수 그리스도는 사랑에 기초하여 그분의 왕국을 혼자 세우셨습니다. 그리고 지금도 수백 만의 사람들이 그분을 위해서 죽기까지 충성하려고 합니다. 나는 나를 위해 목숨까지 바치도록 많은 무리들을 격려하였고, 마침내 나의 눈과 나의 목소리가 빛나고 나에게서 말이 나갈 때 그들의 가슴에 거룩한 불이 당겨졌으나 지금은 나 홀로 세인트 헬레나 섬의 이 바위에 수갑 채워져 있는데, 누가 이제 와서 나를 위해서 싸워주고 대 프랑스의 영광을 위해서 승리의 투쟁을 할 것입니까? 나의 깊은 상처와, 전 세계에 전파되고 사랑 받으며 찬양을 받으며 전 세계를 통치하시는 그리스도의 영원한 영역 사이에는 얼마나 큰 차이가 있습니까!"

3) 여기서 우리는 그리스도께서 왜 세 가지 직분을 행하시므로 우리의 구세주가 되셨는가를 알 수 있다. 인간의 무지가 참 지식으로 환원될 때에만, 죄성이 거룩으로 환원될 때에만, 불의함이 의로 환원될 때에만이 구원을 받을 수 있다.
그러면 타락한 죄인의 회심에 필요한 것은 무엇인가?

5. 회개
   1) 지(知) - 율법을 통하여 자신의 죄와 비참을 알아야만 하고, 복음을 통하여 유일한 대속자이신 예수 그리스도를 알아야만 한다.
   2) 정(情) - 그리스도의 피로 자신을 정결케 해야 될 필요를 느껴야 한다.
   3) 의(意) - 그리스도를 영접하고 죄의 노예였던 생활을 중단해야 한다.

즉, 인간은 오직 그리스도께서 자신의 선지자, 제사장, 그리고 왕이 될 때 구원받게 된다.

6. 참 교회
그리스도를 유일한 선지자, 제사장, 왕으로 모시고 섬겨야 한다. 이런 의미에서 참 교회는 아래 세 가지 표식이 있어야 한다.
   1) 하나님의 말씀의 신실한 전파 - 이것은 참 교회는 항상 성경을 따라, 적어도 인간이 자신의 죄와 비참, 그리고 예수 그리스도의 사역을 알 수 있을 정도의 올바른 교리가 가르쳐지는 것을을 의미한다.
   2) 올바른 성례의 집행 - 세례를 베풀며 성찬을 집행하는 교회.
   3) 정당한 권징의 시행 - 교회가 교인들의 그릇된 교리와 생활을 경고하는 것을 뜻한다.

제24문: 그리스도께서 어떻게 선지자의 직분을 행하였습니까?
　답: 그리스도께서 선지자의 직분을 행하신 것은 우리를 구원하시려는 하나님의 뜻을[56] 그의 말씀과 성령으로[57] 말미암아 우리에게 나타내신 것입니다.[58]

서론:
1) 하나님의 형상(The Image of God)이 신구약에서 어떻게 발전되어 나가는가?
2) 하나님의 형상이 소요리문답 1~23문까지 어떻게 연결되어 전개되고 있는가?
3) 하나님의 형상이 교회가 존재하는 본질적인 요소와 어떤 관련이 있는가?
4) 칼빈시대 이후에 그리스도의 삼직(선지자.제사장.왕)에 대한 교리적 체계화가 이루어졌다.

본론:
1. 선지자의 의미
　1) 선지자란?
꿈이나 환상이나 직접적인 말씀을 통하여 하나님의 계시를 받아 백성에게 전달하는 자를 말한다.

---

56. 또 네가 어려서부터 성경을 알았나니 성경은 능히 너로 하여금 그리스도 예수 안에 는 믿음으로 말미암아 구원에 이르는 지혜가 있게 하느니라(딤후 3:15).
57. 우리가 이것을 말하거니와 사람의 지혜의 가르친 말로 아니하고 오직 성령의 가르치신 것으로 하니 신령한 일은 신령한 것으로 분별하느니라(고전 2:13).
58. 본래 하나님을 본 사람이 없으되 아버지 품 속에 있는 독생하신 하나님이 나타내셨느니라(요 1:18).

(1) 꿈 - 다니엘은 꿈을 해석하는 은사와 꿈을 꾸는 선지자였다.
단 2장 - 느부갓네살. 2년. 박수와 술객과 점장이와 갈대아 술사.
한 큰 신상 - 머리(정금: 바벨론). 가슴과 팔(은: 메대.바사). 배와 넓적다리(철: 로마). 발과 발가락(철과 진흙: 왕국의 분열로 강대국과 약소국이 공존함). 뜨인 돌(하나님께서 세우실 영원한 왕국으로 이 세상의 모든 나라를 파하고 영원히 서게 될 것임).
하나님의 나라 - 그리스도의 성육신으로 시작되어 재림으로 완성되는 나라이다.
    하나님의 통치와 주권은 그리스도의 초림으로 이 땅에 임했으나(already). 하나님 나라의 최종적인 완성 즉 새 하늘과 새 땅은 아직 이루어지지 않았으나, 그리스도의 재림 때 비로소 완성될 것이다(Not yet).
(2) 환상 - 에스겔은 하나님의 권능에 의하여 해골 골짜기의 환상을 보았다.
겔 37장 - 해골 골짜기의 환상
(3) 말씀 - 모세를 통하여 주심

2) 나비(Nabi)(=선지자) - 구약에 306회 사용된 단어로 파송받아 일하는 자로서 하나님의 대변자이다.
예: 각 나라 대변인. 각 정당 대변인

3) 선지자의 두 가지 직무 - 전달과 해석
 (1) 전달 - 받아 그대로 전달. 우선적인 사명임(예: 십계명)
 (2) 해석 - 율법을 도덕적 영적인 면에서 해석함
 (예: 나단 선지자가 다윗의 죄를 지적함)
4) 적용 - 교회의 두 가지 사명(복음을 그대로 전달. 해석)

2. 그리스도께서 선지자이심을 성경은 증거한다.
신 18:15. - 선지자로서의 그리스도의 임하심을 증거한다.
(신 18:15) 네 하나님 여호와께서 너의 중 네 형제 중에서 나와 같은 선지자 하나를 너를 위하여 일으키시리니 너희는 그를 들을지니라
행 3:22~23 - 신 18:15이 성취됨.
(행 3:22) 모세가 말하되 주 하나님이 너희를 위하여 너희 형제 가운데서 나 같은 선지자 하나를 세울 것이니 너희가 무엇이든지 그 모든 말씀을 들을 것이라
(행 3:23) 누구든지 그 선지자의 말을 듣지 아니하는 자는 백성 중에서 멸망 받으리라 하였고
눅 13:33 - 자신을 선지자라 말씀하심.
(눅 13:33) 그러나 오늘과 내일과 모레는 내가 갈 길을 가야 하리니 선시사가 예루살렘 밖에서는 죽는 법이 없느니라
요 8:26~28 - 성부로부터 들은 말씀을 증거한다.
(요 8:26) 내가 너희를 대하여 말하고 판단할 것이 많으나 나를 보내신 이가 참되시매 내가 그에게 들은 그것을 세상에게 말하노라 하시되
(요 8:27) 저희는 아버지를 가리켜 말씀하신 줄을 깨닫지 못하더라
(요 8:28) 이에 예수께서 가라사대 너희는 인자를 든 후에 내가 그인 줄을 알고 또 내가 스스로 아무 것도 하지 아니하고 오직 아버지께서 가르치신대로 이런 것을 말하는 줄도 알리라
마 24:3~35 - 미래의 사건을 예언하심

3. 선지자로서의 사역
   그리스도는 선지자로서 계시의 본체이시다. 하나님의 메시지이다. 인간의 대변인들의 사역은 불완전하지만 그리스도의 사역은 완전하

다. 어떻게 해서 그런가?

1) 말씀의 역사 - 그리스도께서는 말씀을 통하여 선지자 직분을 감당하신다.
   (1) 요 17:8 - 성부 아버지의 말씀을 전달하시는 예수님
   (요 17:8) 나는 아버지께서 내게 주신 말씀들을 저희에게 주었사오며 저희는 이것을 받고 내가 아버지께로부터 나온 줄을 참으로 아오며 아버지께서 나를 보내신 줄도 믿었사옵나이다
   (2) 교회가 선지자적 역할을 잘 감당하기 위해서는 말씀의 역사가 있어야 한다. 말씀이 흥왕해야 한다. 초대 예루살렘 교회를 보자
   (행 6:7) 하나님의 말씀이 점점 왕성하여 예루살렘에 있는 제자의 수가 더 심히 많아지고 허다한 제사장의 무리도 이 도에 복종하니라

2) 성령의 역사 - 그리스도께서는 성령의 역사를 통하여 선지자 직분을 감당하신다. 그리스도께서 하신 말씀은 진리이지만 우리가 연약하여 이를 다 깨닫지 못한다. 또 이를 해석할 수도 없고 생활에 적용하지도 못한다.
   (1) 벧후 1:21 - 성경의 영감성
   (벧후 1:21) 예언은 언제든지 사람의 뜻으로 낸 것이 아니요 오직 성령의 감동하심을 입은 사람들이 하나님께 받아 말한 것임이니라
   (2) 요 16:12~13 - 진리의 영이 되시는 성령의 역사
   (요 16:12) 내가 아직도 너희에게 이를 것이 많으나 지금은 너희가 감당치 못하리라

(요 16:13) 그러하나 진리의 성령이 오시면 그가 너희를 모든 진리 가운데로 인도하시리니 그가 자의로 말하지 않고 오직 듣는 것을 말하시며 장래 일을 너희에게 알리시리라

3) 행동의 모범 - 그리스도께서는 행동의 모범을 통하여 선지자 직분을 감당하신다.
   그의 행동은 사랑과 공의에 입각해 있다.
 (1) 사랑의 행동 - 제자, 고아, 과부, 세리와 창기, 병자, 고통 당하는 자에게 사랑을 베푸심은 무조건적이요 희생적이셨다.
 (2) 공의의 행동 - 외식주의나 성전 청결 등의 대해서는 묵과하지 않고 참다운 길을 제시하시는 공의를 보이셨다.
 (3) 사랑과 공의의 행동 - 현장에서 간음하다가 잡혀온 여자에게 대해서
   ① 사랑의 행동(요 8:11상) - 정죄하지 아니하심
   (요 8:11상) 대답하되 주여 없나이다 예수께서 가라사대 나도 너를 정죄하지 아니하노니
   ② 공의의 행동(요 8:11하) - 죄에 대한 경고
   (요 8:11하) 가서 다시는 죄를 범치 말라 하시니라

결론:
 1) 그리스도의 선지자직 이해
 2) 성도 개개인은 그리스도를 자신의 선지자로 모셔 들여야 한다.
 3) 교회는 주님의 몸으로서 선지자적인 기능을 감당해야 한다.

제25문: 그리스도께서 어떻게 제사장의 직분을 행하십니까?
답: 그리스도께서 제사장의 직분을 행하시는 것은 단번에 자기를 제물로 드려 하나님의 공의에 만족케 하며[59] 우리를 하나님으로 더불어 화목케 하시고[60] 또 우리를 위하여 항상 간구하시는 것입니다.[61]

서론:
1) 선지자 직분 - 하나님 편에서 인간에게 전달
2) 제사장 직분 - 인간 편에서 하나님에게 전달

본론:
1. 스스로 속죄 제물이 되심
 1) 구약의 제사 제도
  (1) 기원 - 아담과 하와의 가죽옷
  (2) 발전 - 아벨. 노아. 아브라함
  (3) 제도화 - 모세 시대
  (4) 구약 제사의 의미는? 장차 오실 그리스도의 예표
  (5) 제사장 - 성별된 사람(레위 지파)으로 기름 부음

---

59. 이제 하는 말의 중요한 것은 이러한 대제사장이 우리에게 있는 것이라 그가 하늘에서 위엄의 보좌 우편에 앉으셨으니(히 8:1). 이와 같이 그리스도도 많은 사람의 죄를 담당하시려고 단번에 드리신 바 되셨고 구원에 이르게 하기 위하여 죄와 상관 없이 자기를 바라는 자들에게 두번째 나타나시리라(히 9:28).
60. 그러므로 저가 범사에 형제들과 같이 되심이 마땅하도다 이는 하나님의 일에 자비하고 충성된 대제사장이 되어 백성의 죄를 구속하려 하심이라(히 2:17).
61. 그러므로 자기를 힘입어 하나님께 나아가는 자들을 온전히 구원하실 수 있으니 이는 그가 항상 살아서 저희를 위하여 간구하심이니라(히 7:25).

2) 성막 - 앞으로 오실 그리스도의 모형

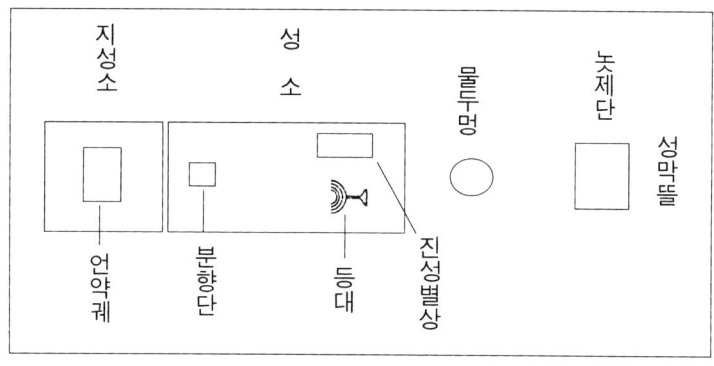

2. 우리를 하나님으로 더불어 화목케 하심.
  1) 화목의 정의 - 서로 뜻이 맞아 정다운 모습이다.
  2) 하나님과 죄인이 화목할 수 있는 유일한 방법이 제시됨
  (롬 8:32) 자기 아들을 아끼지 아니하시고 우리 모든 사람을 위하여 내어주신 이가 어찌 그 아들과 함께 모든 것을 우리에게 은사로 주지 아니하시겠느뇨
  3) 화목을 입은 성도의 삶의 자세는?
  (고후 5:18) 모든 것이 하나님께로 났나니 저가 그리스도로 말미암아 우리를 자기와 화목하게 하시고 또 우리에게 화목하게 하는 직책을 주셨으니

3. 우리를 위하여 항상 간구하심
  (히 7:25) 그러므로 자기를 힘입어 하나님께 나아가는 자들을 온전히 구원하실 수 있으니 이는 그가 항상 살아서 저희를 위하여 간구하심이니라
  (요일 2:1) 나의 자녀들아 내가 이것을 너희에게 씀은 너희로 죄를 범치 않게 하려 함이라

만일 누가 죄를 범하면 아버지 앞에서 우리에게 대언자가 있으니 곧 의로우신 예수 그리스도시라

1) 대언자 - 헬라어로 "파라크레토스"로서 돕기 위하여 부르심을 받은 자 혹은 다른 사람의 소송을 변호하는 자를 말하는데 오늘날로 말하면 변호사의 개념으로 보아도 무방하다.

2) 그리스도의 대언사역
  (1) 그리스도는 우리를 위하여 기도하신다.
  (2) 그리스도는 사탄의 고발에 대해서 우리를 위하여 변호하신다.

제26문: 그리스도께서 어떻게 왕의 직분을 행하십니까?
  답: 그리스도께서 왕의 직분을 행하시는 것은 우리로 하여금 자기에게 복종하게 하시고[62] 우리를 다스리시며 보호하시고[63] 자기와 및 우리의 모든 원수를 막아 이기시는 것입니다.[64]

1. 그리스도가 왕이신 성경적인 근거는?
  1) 마 2:1~12 - 동방박사들의 경배와 헤롯의 음모

---

62. 주의 권능의 날에 주의 백성이 즐거이 헌신하니(시 110:3).
63. 대저 여호와는 우리 재판장이시요 여호와는 우리에게 율법을 세우신 자시요 여호와는 우리의 왕이시니 우리를 구원하실 것임이니라(사 33:22). 보라 장차 한 왕이 의로 통치할 것이요 방백들이 공평으로 정사할 것이며 또 그 사람은 광풍을 피하는 곳 폭우를 가리우는 곳 같을 것이며 마른 땅에 냇물 같을 것이며 곤비한 땅에 큰 바위 그늘 같으리니(사 32:1,2).
64. 저가 모든 원수를 그 발 아래 둘 때까지 불가불 왕노릇하시리니(고전 15:25).

(마 2:2) 유대인의 왕으로 나신 이가 어디 계시뇨 우리가 동방에
         서 그의 별을 보고그에게 경배하러 왔노라 하니
   (마 2:6) 또 유대 땅 베들레헴아 너는 유대 고을 중에 가장 작지
         아니하도다 네게서 한 다스리는 자가 나와서 내 백성
         이스라엘의 목자가 되리라 하였음이니이다

2) 눅 23:3 - 빌라도 법정에서의 증거
   (눅 23:3) 빌라도가 예수께 물어 가로되 네가 유대인의 왕이냐
         대답하여 가라사대 네 말이 옳도다

3) 막 15:26 - 십자가 상에서 행악자들이 조롱 삼아 붙인 명패이나
         하나님의 계획을 이루는 글이었다.
   (막15:26) 그 위에 있는 죄 패에 유대인의 왕이라 썼고

4) 빌 2:9~11 - 진리의 왕으로서 하나님 보좌에 승천하심
   (빌 2:9) 이러므로 하나님이 그를 지극히 높여 모든 이름 위에
         뛰어난 이름을 주사
   (빌 2:10) 하늘에 있는 자들과 땅에 있는 자들과 땅 아래 있는
         자들로 모든 무릎을 예수의 이름에 꿇게 하시고
   (빌 2:11) 모든 입으로 예수 그리스도를 주라 시인하여 하나님
         아버지께 영광을 돌리게 하셨느니라

5) 계 5:12 - 하나님 자신과 동일한 경배와 존귀를 받으시는 모습
   (계 5:12) 큰 음성으로 가로되 죽임을 당하신 어린양이 능력과
         부와 지혜와 힘과 존귀와 영광과 찬송을 받으시기에
         합당하도다 하더라

2. 그리스도가 왕이 되신 방법은?
   1) 세상 나라에서 왕이 되는 방법
      (1) 합법적 방법- 계승. 선출 등
      (2) 비합법적 방법 - 쿠데타 등

   2) 그리스도는 어떻게 왕이 되셨을까?
      (1) 시 2:6 - 하나님 아버지께서 그를 거룩한 산 시온에 왕으로 세우셨기 때문에
      (시 2:6) 내가 나의 왕을 내 거룩한 산 시온에
            세웠다 하시리로다

      (2) 행 2:36 - 희생과 겸손과 낮아지심을 통하여 평강의 왕, 진리의 왕이 되셨다.
      (행 2:36) 그런즉 이스라엘 온 집이 정녕 알지니 너희가 십자가에 못 박은 이 예수를 하나님이 주와 그리스도가 되게 하셨느니라 하니라

3. 왕이신 그리스도의 사역은?
   1) 성도의 복종을 요구하신다.
      (1) 시 110:3 - 즐겁게 헌신하는 주의 백성의 모습
      (시 110:3) 주의 권능의 날에 주의 백성이 거룩한 옷을 입고 즐거이 헌신하니 새벽 이슬 같은 주의 청년들이 주께 나오는도다

   2) 성도들을 다스리시며 보호하신다.
      (1) 사 33:22 - 여호와는 우리의 재판장이시요 왕이시다.
      (사 33:22) 대저 여호와는 우리 재판장이시요
            여호와는 우리에게 율법을 세우신 자시요

여호와는 우리의 왕이시니 우리를 구원하실 것임이
니라

(2) 사 32:1,2 - 장차 오실 메시야의 사역을 보여준다.
(사 32:1) 보라 장차 한 왕이 의로 통치할 것이요 방백들이 공평
으로 정사할 것이며
(사 32:2) 또 그 사람은 광풍을 피하는 곳, 폭우를 가리우는 곳
같을 것이며 마른 땅에 냇물 같을 것이며 곤비한 땅에
큰 바위 그늘 같으리니
3) 자기와 및 우리의 모든 원수를 막아 이기신다.
(1) 고전 15:25 - 용사 되시는 그리스도의 사역
(고전 15:25) 저가 모든 원수를 그 발 아래 둘 때까지 불가불 왕
노릇 하시리니

C. 그리스도의 낮아지심(27문)

제27문: 그리스도의 낮아지심은 어떠합니까?
  답: 그리스도의 낮아지심은 곧 그의 강림하심인데 또한 비천한 자리에서 나셔서[65] 율법 아래 복종하시고[66] 금생에 여러 가지 비참함과[67] 하나님의 진노하심과[68] 십자가에서 저주의 죽음을 받으시고[69] 묻히셔서[70] 얼마동안 죽음의 권세 아래 거하신 것입니다.[71]

서론:
1) 예수 그리스도의 삼직 - 선지자.제사장.왕
2) 이같은 삼직을 지니신 우리 주님은 한없이 낮아지셨다. 여기에 기독교의 복음이 담겨 있다.
3) 그리스도의 낮아지심의 사 단계 - 성육신. 고난의 생애. 십자가. 죽음(장사)

---

65. 맏아들을 낳아 강보로 싸서 구유에 뉘었으니 이는 사관에 있을 곳이 없음이러라(눅 2:7).
66. 때가 차매 하나님이 그 아들을 보내사 여자에게서 나게 하시고 율법 아래 나게 하신 것은(갈 4:4).
67. 그는 멸시를 받아서 사람에게 싫어버린 바 되었으며 간고를 많이 겪었으며 질고를 아는 자라 마치 사람들에게 얼굴을 가리우고 보지않음을 받는 자 같아서 멸시를 당하였고 우리도 그를 귀히 여 지 아니하였도다(사 53:3).
68. 제 구시 즈음에 예수께서 크게 소리질러 가라사대 엘리 엘리 라마 사박다니 하시니 이는 곧 나의 하나님, 나의 하나님, 어찌하여나를 버리셨나이까 하는 뜻이라 (마 27:46).
69. 사람의 모양으로 나타나셨으매 자기를 낮추시고 죽기까지 복종하셨으니 곧 십자가에 죽으심이라(빌 2:8).
70. 장사 지낸 바 되었다가(고전 15:4).
71. 성경대로 사흘만에 다시 살아나사(고전 15:4).

본론:
1. 성육신(INCARNATION)
    1) 의미(요 1:14) - 그리스도가 사람의 몸을 입으시고 이 세상에 오신 것이다.
    (요 1:14) 말씀이 육신이 되어 우리 가운데 거하시매 우리가 그 영광을 보니 아버지의 독생자의 영광이요 은혜와 진리가 충만하더라

    2) 목적(갈 4:4,5) - 율법 아래 있는 자들을 속량하기 위해서
    (갈 4:4) 때가 차매 하나님이 그 아들을 보내사 여자에게서 나게 하시고 율법 아래 나게 하신 것은
    (갈 4:5) 율법 아래 있는 자들을 속량하시고 우리로 아들의 명분을 얻게 하려 하심이라

    3) 방법:
        (1) 창 3:15 - 여자의 후손으로 오심
        (창 3:15) 내가 너로 여자와 원수가 되게 하고 너의 후손도 여자의 후손과 원수가 되게 하리니 여자의 후손은 네 머리를 상하게 할 것이요 너는 그의 발꿈치를 상하게 할 것이니라 하시고
        (2) 사 7:14) - 처녀의 몸에서 태어나심
        (사 7:14) 그러므로 주께서 친히 징조로 너희에게 주실 것이라 보라 처녀가 잉태하여 아들을 낳을 것이요 그 이름을 임마누엘이리 히리리
        (3) 마 1:18 - 성령으로 잉태되심
        (마 1:18) 예수 그리스도의 나심은 이러하니라 그 모친 마리아가 요셉과 정혼하고 동거하기 전에 성령으로 잉태된 것이 나타났더니

2. 고난의 생애
   1) 예수님의 고난에 대한 예언(사 53:3) - 그리스도 탄생 700여년
                                          전의 예언
   (사 53:3) 그는 멸시를 받아서 사람에게 싫어 버린 바 되었으며 간
            고를 많이 겪었으며 질고를 아는 자라 마치 사람들에게
            얼굴을 가리우고 보지 않음을 받는 자 같아서 멸시를 당
            하였고 우리도 그를 귀히 여기지 아니하였도다
   2) 유아 시절(마 2:13) - 애굽으로 피난 가셨다.
   (마 2:13) 저희가 떠난 후에 주의 사자가 요셉에게 현몽하여 가로
            되 헤롯이 아기를 찾아 죽이려 하니 일어나 아기와 그의
            모친을 데리고 애굽으로 피하여 내가 네게 이르기까지
            거기 있으라 하시니
   3) 유년 시절(눅 2:51) - 하나님이신 그리스도께서 육신의 부모를
                          섬기셨다.
   (눅 2:51) 예수께서 한가지로 내려가사 나사렛에 이르러 순종하여
            받드시더라 그 모친은 이 모든 말을 마음에 두니라
   4) 공생애 시절(마 8:20; 눅 9:58) - 우리를 위해서 친히 가난해지
      신 주님의 모습
   (마 8:20) 예수께서 이르시되 여우도 굴이 있고 공중의 새도 거처
            가 있으되 오직 인자는 머리 둘 곳이 없다 하시더라
   (눅 9:58) 예수께서 가라사대 여우도 굴이 있고 공중의 새도 집이
            있으되 인자는 머리 둘 곳이 없도다 하시고
     (1) 만유의 주인 되시는 주님께서 이처럼 가난해지신 이유는 무
         엇일까? (고후 8:9)
     (고후 8:9) 우리 주 예수 그리스도의 은혜를 너희가 알거니와 부
               요하신 자로서 너희를 위하여 가난하게 되심은 그의
               가난함을 인하여 너희로 부요케 하려 하심이니라

3. 고난의 십자가
   1) 사 53:5 – 십자가에 대한 이사야의 예언
   (사 53:5) 그가 찔림은 우리의 허물을 인함이요 그가 상함은 우리의 죄악을 인함이라 그가 징계를 받음으로 우리가 평화를 누리고 그가 채찍에 맞음으로 우리가 나음을 입었도다

   2) 슥 11:12,13 – 가룟유다의 배신에 대한 스가랴의 예언
   (슥 11:12) 내가 그들에게 이르되 너희가 좋게 여기거든 내 고가를 내게 주고 그렇지 아니하거든 말라 그들이 곧 은 삼십을 달아서 내 고가를 삼은지라
   (슥 11:13) 여호와께서 내게 이르시되 그들이 나를 헤아린 바 그 준가를 토기장이에게 던지라 하시기로 내가 곧 그 은 삼십을 여호와의 전에서 토기장이에게 던지고
   3) 마 26:31 – 제자들의 배신
   (마 26:31) 때에 예수께서 제자들에게 이르시되 오늘 밤에 너희가 다 나를 버리리라 기록된 바 내가 목자를 치리니 양의 떼가 흩어지리라 하였느니라
   4) 막 14:65 – 인격적 모독을 당하심
   (막 14:65) 혹은 그에게 침을 뱉으며 그의 얼굴을 가리우고 주먹으로 치며 가로되 선지자 노릇을 하라 하고 하속들은 손바닥으로 치더라
   5) 막 15:34 – 육체적 고통의 외침
   (막 15:34) 제 구 시에 예수께서 크게 소리지르시되 엘리 엘리 라마 사박다니 하시니 이를 번역하면 나의 하나님, 나의 하나님 어찌하여 나를 버리셨나이까 하는 뜻이라

4. 죽음
　1) 막 15:37 - 그리스도의 육체의 죽음
　(막 15:37) 예수께서 큰 소리를 지르시고 운명하시다
　2) 인간의 죽음과 그리스도의 죽음의 원인
　　(1) 인간의 죽음(롬 6:23) - 죄의 결과
　　(롬 6:23) 죄의 삯은 사망이요 하나님의 은사는 그리스도 예수 우리 주 안에 있는 영생이니라
　　(2) 그리스도의 죽음(사 53:6) - 우리의 죄를 대신하여 죽으심
　　(사 53:6) 우리는 다 양 같아서 그릇 행하며 각기 제 길로 갔거늘 여호와께서는 우리 무리의 죄악을 그에게 담당시키셨도다
　3) 막 15:46 - 장사 지냄
　(막 15:46) 요셉이 세마포를 사고 예수를 내려다가 이것으로 싸서 바위 속에 판 무덤에 넣어 두고 돌을 굴려 무덤 문에 놓으매

결론:
　1) 그리스도의 낮아지심에 감사하자.
　2) 자신을 낮출 줄 아는 겸손한 신앙인이 되자(빌 2:5,6,3).
　(빌 2:5) 너희 안에 이 마음을 품으라 곧 그리스도 예수의 마음이니
　(빌 2:6) 그는 근본 하나님의 본체시나 하나님과 동등됨을 취할 것으로 여기지 아니하시고
　(빌 2:3) 아무 일에든지 다툼이나 허영으로 하지 말고 오직 겸손한 마음으로 각각 자기보다 남을 낫게 여기고

D. 그리스도의 높아지심(28문)

제28문: 그리스도의 높아지심이 어떠합니까?
　　답: 그리스도의 높아지심은, 사흘만에 죽음에서 다시 살아나신 것과,[72] 하늘로 승천하신 것과,[73] 하나님 아버지의 우편에 앉아 계신 것과,[74] 마지막 날에 세상을 심판하러 오시는 것입니다.[75]

1. 그리스도의 부활
1) 행 2:24 - 부활은 역사적 사실임을 증거한다.
　(행 2:24) 하나님께서 사망의 고통을 풀어 살리셨으니 이는 그가 사망에게 매여 있을 수 없었음이라
2) 부활체(눅 24:39) - 신령한 몸
　(눅 24:39) 내 손과 발을 보고 나인 줄 알라 또 나를 만져보라 영은 살과 뼈가 없으되 너희 보는 바와 같이 나는 있느니라
3) 부활의 의미는?
　예수님께서 죄인의 형벌을 다 지불하고 우리들의 구원의 약속의 조건이 채워졌다는 하나님의 선언이 그리스도의 부활에 의하여 이루어졌다.

---

72. 장사 지낸 바 되었다가 성경대로 사흘만에 다시 살아나사(고전 15:4).
73. 이 말씀을 마치시고 저희 보는데서 올리워 가시니 구름이 저를 가리워 보이지 않게 하더라(행 1:9).
74. 그 능력이 그리스도 안에서 역사하사 죽은 자들 가운데서 다시 살리시고 하늘에서 자기의 오른 편에 앉히사(엡 1:20).
75. 가로되 갈릴리 사람들아 어찌하여 서서 하늘을 쳐다보느냐 너희 가운데서 하늘로 올리우신 이 예수는 하늘로 가심을 본 그대로 오시리라 하였느니라(행 1:11). 이는 정하신 사람으로 하여금 천하를 공의로 심판할 날을 작정하시고 이에 저를 죽은 자 가운데서 다시 살리신 것으로 모든 사람에게 믿을 만한 증거를 주셨음이라 하니라(행 17:31).

4) 성도의 부활 신앙(고전 15:20, 42) - 그리스도의 부활은 예수님을 따르는 모든 백성 위에 구원의 사역과 그들의 부활에 대한 확고한 증거이다. 그러므로 그리스도인은 세상 끝에는 부활한 그리스도와 같이 영광의 몸을 가지고 부활하여 영생복락을 누리다는 확신을 가져야 할 것이다.
(고전 15:20) 그러나 이제 그리스도께서 죽은 자 가운데서 다시 살아 잠자는 자들의 첫 열매가 되셨도다
(고전 15:42) 죽은 자의 부활도 이와 같으니 썩을 것으로 심고 썩지 아니할 것으로 다시 살며

2. 그리스도의 승천
  1) 행 1:9~11 - 예수님의 승천
  (행 1:9) 이 말씀을 마치시고 저희 보는데서 올리워 가시니 구름이 저를 가리워 보이지 않게 하더라
  (행 1:10) 올라가실 때에 제자들이 자세히 하늘을 쳐다 보고 있는데 흰옷 입은 두 사람이 저희 곁에 서서
  (행 1:11) 가로되 갈릴리 사람들아 어찌하여 서서 하늘을 쳐다 보느냐 너희 가운데서 하늘로 올리우신 이 예수는 하늘로 가심을 본 그대로 오시리라 하였느니라
  2) 승천의 의미(히 9:24) - 그리스도의 승천은 지상에서 하늘로 올라가는 공간적인 상승이 아니고 성경에서 말하는 하늘이라고 불리우는 장소 즉 죄가 없는 하나님의 품에 가는 것을 말한다
  (히 9:24) 그리스도께서는 참 것의 그림자인 손으로 만든 성소에 들어가지 아니하시고 오직 참 하늘에 들어가사 이제 우리를 위하여 하나님 앞에 나타나시고
  3) 승천의 목적은(요 14:2,3) - 우리의 처소를 예비하시기 위하여
  (요 14:2) 내 아버지 집에 거할 곳이 많도다 그렇지 않으면 너희에

게 일렀으리라 내가 너희를 위하여 처소를 예비하러 가 노니
(요 14:3) 가서 너희를 위하여 처소를 예비하면 내가 다시 와서 너희를 내게로 영접하여 나 있는 곳에 너희도 있게 하리라

3. 하나님 아버지 우편에 앉아 계신 것
   1) 보좌 우편에 앉으심의 의미(엡 1:20,21) - 오른편에 앉으사라는 말은 그리스도가 승천하신 후 권위와 영광의 보좌에 앉으시겠다는 말씀이다. 예수님은 구속사업을 완성하기 위해서 하늘에 있어서나 땅에 있어서나 일체의 권위와 능력이 주어져 공식적으로 주님의 몸된 교회의 머리로서 지위에 계시게 되었다.
   (엡 1:20) 그 능력이 그리스도 안에서 역사하사 죽은 자들 가운데서 다시 살리시고 하늘에서 자기의 오른 편에 앉히사
   (엡 1:21) 모든 정사와 권세와 능력과 주관하는 자와 이 세상뿐 아니라 오는 세상에 일컫는 모든 이름 위에 뛰어나게 하시고

4. 그리스도의 재림
   1) 예수님의 높아지심에 가장 최고의 상태이다.
   2) 초림과 재림 시의 예수님의 모습은?
      (1) 초림의 예수님(빌 2:7) - 종의 모습으로 오셨다.
      (빌 2:7) 오히려 자기를 비어 종의 형체를 가져 사람들과 같이 되었고
      (2) 재림의 예수님(계 22:12) - 심판자의 모습으로 오실 것이다.
      (계 22:12) 보라 내가 속히 오리니 내가 줄 상이 내게 있어 각 사람에게 그의 일한 대로 갚아 주리라
   3) 재림의 성격은?

(1) 마 24:36 - 재림의 때는 오직 성부 하나님께서 아신다.
(마 24:36) 그러나 그 날과 그 때는 아무도 모르나니 하늘의 천사들도, 아들도 모르고 오직 아버지만 아시느니라
(2) 행 1:11 - 공개적으로 오심
(행 1:11) 가로되 갈릴리 사람들아 어찌하여 서서 하늘을 쳐다보느냐 너희 가운데서 하늘로 올리우신 이 예수는 하늘로 가심을 본 그대로 오시리라 하였느니라
(3) 요 5:28,29 - 무덤에서 잠자던 선인과 악인이 모두 부활하나, 전자는 생명의 부활을 후자는 심판의 부활이 주어진다.
(요 5:28) 이를 기이히 여기지 말라 무덤 속에 있는 자가 다 그의 음성을 들을 때가 오나니
(요 5:29) 선한 일을 행한 자는 생명의 부활로 악한 일을 행한 자는 심판의 부활로 나오리라
(4) 살전 4:17 - 주님 재림 시에 살아있던 성도들
(살전 4:17) 그 후에 우리 살아 남은 자도 저희와 함께 구름 속으로 끌어올려 공중에서 주를 영접하게 하시리니 그리하여 우리가 항상 주와 함께 있으리라

6. 성령(29~36문)

A. 소명(29~32문)

제29문: 우리는 어떻게 그리스도의 값주고 사신 그 구속에 참여자가 됩니까?
　답: 그리스도가 값주고 사신 그 구속에 참여자가 되는 것은, 성령이[76] 우리를 불러 믿음으로 효력있게 그리스도에게 연결되게 하여 주시는 일입니다.[77]

제 30문: 그리스도께서 성취한 구속을 성령은 어떻게 적용하십니까?
　답: 그리스도께서 성취한 구속을 성령이 우리에게 적용하는 것은,[78] 우리 안에 믿음을 일으키시고,[79] 또 효력있는 부르심으로써 우리를 그리스도와 연합하게 하는 것입니다.[80]

---

76. 우리를 구원하시되 우리의 행한 바 의로운 행위로 말미암지 아니하고 오직 그의 긍휼하심을 좇아 중생의 씻음과 성령의 새롭게 하심으로 하셨나니(딤 3:5).
77. 영접하는 자 곧 그 이름을 믿는 자들에게는 하나님의 자녀가 되는 권세를 주셨으니(요 1:12).
78. 살리는 것은 영이니 육은 무익하니라 내가 너희에게 이른 말이 영이요 생명이라(요 6:63).
79. 너희가 그 은혜를 인하여 믿음으로 말미암아 구원을 얻었나니 이것이 너희에게서 난 것이 아니요 하나님의 선물이라(엡 2:8).
80. 너희를 불러 그의 아들 예수 그리스도 우리 주로 더불어 교제케 하시는 하나님은 미쁘시도다(고전 1:9).
81. 그러므로 네가 우리 주의 증거와 또는 주를 위하여 갇힌 자 된 나를 부끄러워 말고 오직 하나님의 능력을 좇아 복음과 함께 고난을 받으라 하나님이 우리를 구원하사 거룩하신 부르심으로 부르심은 우리의 행위대로 하심이 아니요 오직 자기 뜻과 영원한 때 전부터 그리스도 예수 안에서 우리에게 주신 은혜대로 하심이라(딤후 1:8,9).
82. 저희가 이 말을 듣고 마음에 찔려 베드로와 다른 사도들에게 물어 가로되 형제들아 우리가 어찌할꼬 하거늘(행 2:37).

제31문: 효력있는 부르심이란 무엇입니까?
   답: 효력있는 부르심은 하나님의 영이[81] 하시는 일이니, 우리의 죄와 비참을 깨닫게 하시고,[82] 또 우리의 마음을 밝혀 그리스도를 알게 하시고,[83] 우리의 의지를 새롭게 하시고,[84] 우리를 권하사 능히 복음 중에 값없이 주시는 예수 그리스도를 믿도록 하시는 것입니다.[85]

제32문: 효력있는 부르심을 받은 자들에게 이생에서 무슨 유익이 있습니까?
   답: 효력있는 부르심을 받은 자들은 이생에서 의롭다 하심과,[86] 양자로 삼으심과,[87] 거룩하게 하심을 얻고, 또 이생에서 이것과 더불어 받는 여러 가지 유익과, 또는 거기서 나오는 여러 가지 유익을 받게 되는 것입니다.[88]

1. 성령은 누구이신가?
  1) 그리스도의 구속 사역을 우리에게 적용 시키시는 분이시다.
    (1) 성부 - 설계자(계획)
    (2) 성자 - 건축자(완성)

---

83. 그 눈을 뜨게 하여 어두움에서 빛으로 사단의 권세에서 하나님께로 돌아가게 하고 죄사함과 나를 믿어 거룩케 된 무리 가운데서 기업을 얻게 하리라 하더이다(행 26:18).
84. 내가 그들에게 일치한 마음을 주고 그 속에 새 신을 주며 그 몸에서 굳은 마음을 제하고 부드러운 마음을 주어서(겔 11:19).
85. 나를 보내신 아버지께서 이끌지 아니하면 아무라도 내게 올 수 없으니 오는 그를 내가 마지막 날에 다시 살리리라(요 6:44).
86. 또 미리 정하신 그들을 또한 부르시고 부르신 그들을 또한 의롭다 하시고 의롭다 하신 그들을 또한 영화롭게 하셨느니라(롬 8:30).
87. 그 기쁘신 뜻대로 우리를 예정하사 예수 그리스도로 말미암아 자기의 아들들이 되게 하셨으니(엡 1:5).
88. 너희는 하나님께로부터 나서 그리스도 예수 안에 있고 예수는 하나님께로서 나와서 우리에게 지혜와 의로움과 거룩함과 구속함이 되셨으니(고전 1:30).

(3) 성령 - 관리자(적용)
2) 성령은 단순한 어떤 힘이나 능력이 아니라 인격이시다(One God Three Persons)
3) 삼위일체의 제 3위 하나님으로서, 삼위의 하나님은 본체와 본질이 동일하시고, 능력과 영광이 동등하다.

2. 성령께서 그리스도의 구속사역을 우리에게 적용시키는 방법(제30문)
   1) 엡 2:8 - 우리 안에 믿음을 일으키신다.
   (엡 2:8) 너희가 그 은혜를 인하여 믿음으로 말미암아 구원을 얻었나니 이것이 너희에게서 난 것이 아니요 하나님의 선물이라
   2) 고전 1:9 - 효력있는 부르심으로써 우리를 그리스도와 연합되게 한다.
   (고전 1:9) 너희를 불러 그의 아들 예수 그리스도 우리 주로 더불어 교제케 하시는 하나님은 미쁘시도다

3. 효력있는 부르심에 대해서(제31문)
   1) 하나님의 영이 하시는 일이다(딤후 1:8,9).
   2) 우리의 죄와 비참을 깨닫게 하신다(행 2:37).
   3) 우리의 마음을 밝혀 그리스도를 알게 하신다(행 26:18).
   4) 우리의 의지를 새롭게 하신다(겔 11:19).
   5) 우리를 권하사 능히 복음 중에 값없이 주시는 예수 그리스도를 믿도록 한다(요 6:44).

4. 부르심에 대한 이해
   1) 단순한 부름(外的召命)(고전 2:14) - 복음을 들으나 그저 지나쳐 버린다.
   (고전 2:14) 육에 속한 사람은 하나님의 성령의 일을 받지 아니하나니 저희에게는 미련하게 보임이요 또 깨닫지도 못하나니 이런 일은 영적으로라야 분변함이니라
   2) 효력있는 부르심(內的召命:有效召命)(고전 2:10) - 하나님의 말씀에 신실한 반응을 보이는 경우이다.
   (고전 2:10) 오직 하나님이 성령으로 이것을 우리에게 보이셨으니 성령은 모든 것 곧 하나님의 깊은 것이라도 통달하시느니라
      (1) 행 16:14 - 사도 바울의 메시지에 대해서 루디아는 효력있는 부르심을 받았다.
      (행16:14) 두아디라 성의 자주 장사로서 하나님을 공경하는 루디아라 하는 한 여자가 들었는데 주께서 그 마음을 열어 바울의 말을 청종하게 하신지라

5. 효력있는 부르심을 받은 자들이 이 땅에서 누리는 유익에 대해서 (제32문)
   1) 칭의(稱義)(롬 8:30) - 죄인이 그리스도를 의지할 때 그는 당장에, 그리고 영원히 의인으로 여김을 받는다.
   2) 양자(養子)(엡 1:5) - 죄인이 그리스도를 의지할 때, 그리고 의롭다고 여김을 받을 때 그는 하나님 가족의 일원이 된다.
   3) 성화(聖化)(고전 1:30) - 회심에서 죽음까지 성령님이 신자가 거룩을 위해 죄를 대항하여 싸우도록 힘을 주신다.

B. 칭의 (33문)

제33문: 의롭다 하심이 무엇입니까?
   답: 의롭다 하심은 하나님이 그저 주신 은혜의 행위로써 그가 우리의 모든 죄를[89] 용서하시고, 자기 앞에서 우리를 옳게 여겨 받아 주는 것인데,[90] 다만 그리스도의 의를 우리에게 돌려 주시고, 우리는 오직 믿음으로 그 의를 받게 되는 것입니다.[91]

1. 하나님과 인생
  1) 신 32:4 - 의로우신 하나님
  (신 32:4) 그는 반석이시니 그 공덕이 완전하고 그 모든 길이 공평하며 진실무망하신 하나님이시니 공의로우시고 정직하시도다
  2) 롬 3:10, 23 - 선석부패한 인산
  (롬 3:10) 기록한 바 의인은 없나니 하나도 없으며
  (롬 3:23) 모든 사람이 죄를 범하였으매 하나님의 영광에 이르지 못하더니

---

89. 우리가 그리스도 안에서 그의 은혜의 풍성함을 따라 그의 피로 말미암아 구속 곧 죄 사함을 받았으니(엡 1:7).
90. 하나님이 죄를 알지도 못하신 자로 우리를 대신하여 죄를 삼으신 것은 우리로 하여금 저의 안에서 하나님의 의가 되게 하려 하심이니라(고후 5:21).
91. 한 사람의 순종치 아니함으로 많은 사람이 죄인 된 것같이 한 사람의 순종하심으로 많은 사람이 의인이 되리라(롬 5:19). 사람이 의롭게 되는 것은 율법의 행위에서 난 것이 아니요 오직 예수 그리스도를 믿음으로 말미암는 줄 아는고로 우리도 그리스도 예수를 믿나니 이는 우리가 율법의 행위에서 아니고 그리스도를 믿음으로서 의롭다 함을 얻으려 함이라 율법의 행위로서는 의롭다 함을 얻을 육체가 없느니라(갈 2:16).

2. 의롭다하심(稱義)의 특징
 1) 인간의 공로가 아니라 전적으로 하나님의 은혜이다.
   (1) 롬 3:24 - 칭의는 전적 하나님의 은혜이다.
   (롬 3:24) 그리스도 예수 안에 있는 구속으로 말미암아 하나님의 은혜로 값없이 의롭다 하심을 얻은 자 되었느니라
 2) 예수 그리스도를 믿음으로써 주어진다.
   (1) 갈 2:16 - 율법의 행위가 아니라 오직 예수를 믿는 믿음으로
   (갈 2:16) 사람이 의롭게 되는 것은 율법의 행위에서 난 것이 아니요 오직 예수 그리스도를 믿음으로 말미암는 줄 아는 고로 우리도 그리스도 예수를 믿나니 이는 우리가 율법의 행위에서 아니고 그리스도를 믿음으로서 의롭다 함을 얻으려 함이라 율법의 행위로서는 의롭다 함을 얻을 육체가 없느니라
 3) 우리의 모든 죄를 용서한다.
   (1) 엡 1:7 - 원죄와 자범죄에 대한 사죄의 은총을 받는다.
   (엡 1:7) 우리가 그리스도 안에서 그의 은혜의 풍성함을 따라 그의 피로 말미암아 구속 곧 죄 사함을 받았으니
 4) 그리스도 의(義)의 전가(Imputation) - 이것은 구약 제사제도에서 제물을 가지고 온 사람의 손을 희생짐승 위에 손을 얹게하여 기도함으로 그 당사자의 죄가 그 짐승에게 옮아간다.
   (1) 롬 4:25 - 우리에게 전가된 그리스도의 의로 말미암아 죄용서와 의인으로 인정받는다.
   (롬 4:25) 예수는 우리 범죄함을 위하여 내어 줌이 되고 또한 우리를 의롭다 하심을 위하여 살아나셨느니라

C. 양자(34문)

제34문: 양자로 삼는 것이 무엇입니까?
    답: 양자로 삼는 것은, 하나님이 거저 주신 은혜의 행위로서,[92] 이로 인해 우리를 하나님의 자녀의 수효 중에 들게 하시며, 그 모든 특권을 누리게 하시는 것입니다.[93]

1. 양자란? 본래 자기의 아들이 아닌 자를 자기의 적에 두어 자식으로서의 지위와 권리를 준다는 말이다. 하나님 양자의 특권은 하나님의 가족의 일원으로서 자식의 신분을 얻는다.

2. 양자됨의 특징
  1) 한 순간에 이루어진다.
    (1) 요 1:12 - 그리스도를 영접하는 순간에 하나님의 자녀가 된다.
    (요 1:12) 영접하는 자 곧 그 이름을 믿는 자들에게는 하나님의 자녀가 되는 권세를 주셨으니
  2) 영구적인 효과를 지닌다.
    (1) 요 10:29 - 하나님의 자녀는 영원히 버림을 받지 않는다.
    (요 10:29) 저희를 주신 내 아버지는 만유보다 크시매 아무도 아

---

92. 보라 아버지께서 어떠한 사랑을 우리에게 주사 하나님의 자녀라 일컬음을 얻게 하셨는고 우리가 그러하도다 그러므로 세상이 우리를 알지 못함은 그를 알지 못함이니라(요일 3:1).
93. 영접하는 자 곧 그 이름을 믿는 자들에게는 하나님의 자녀가 되는 권세를 주셨으니(요 1:12).
    자녀이면 또한 후사 곧 하나님의 후사요 그리스도와 함께 한 후사니 우리가 그와 함께 영광을 받기 위하여 고난도 함께 받아야 될 것이니라(롬 8:17).

버지 손에서 빼앗을 수 없느니라
3) 양자됨은 우리가 의식할 수 있다.
   (1) 막 14:36 - 예수님의 기도에서
   (막 4:36) 가라사대 아바 아버지여 아버지께는 모든 것이 가능하오니 이 잔을 내게서 옮기시옵소서 그러나 나의 원대로 마옵시고 아버지의 원대로 하옵소서 하시고
   (2) 롬 8:15 - 양자의 영을 받은 성도
   (롬 8:15) 너희는 다시 무서워하는 종의 영을 받지 아니하였고 양자의 영을 받았으므로 아바 아버지라 부르짖느니라
   (3) 갈 4:6 - 하나님의 아들의 영을 받은 성도
   (갈 4:6) 너희가 아들인 고로 하나님이 그 아들의 영을 우리 마음 가운데 보내사 아바 아버지라 부르게 하셨느니라

3. 양자된 성도의 자세
   1) 사탄의 속박에서 해방되어 일상생활에서 성령의 인도하심을 받아야 한다.
      (1) 롬 8:14 - 하나님의 영이신 성령의 인도하심을 받아야 한다.
      (롬 8:14) 무릇 하나님의 영으로 인도함을 받는 그들은 곧 하나님의 아들이라
      (2) 창 5:22 - 에녹의 삶(히 11:5)
      (창 5:22) 므두셀라를 낳은 후 삼백 년을 하나님과 동행하며 자녀를 낳았으며
   2) 모든 환경에서 하나님의 돌보심을 감사해야 한다(시 103:13; 롬 8:28~35).
      (1) 시 103:13 - 자녀된 우리를 불쌍히 여기시는 하나님
      (시 103:13) 아비가 자식을 불쌍히 여김 같이 여호와께서 자기를 경외하는 자를 불쌍히 여기시나니

(2) 롬 8:28 - 합력하여 선을 이루게 하시는 하나님
(롬 8:28) 우리가 알거니와 하나님을 사랑하는 자 곧 그 뜻대로 부르심을 입은 자들에게는 모든 것이 합력하여 선을 이루느니라
3) 때때로 주어지는 징계의 훈련을 불평해서는 안된다.
(1) 히 12:6~11 - 사랑하는 자녀이기에 징계를 아끼지 않는다.
(히 12:6) 주께서 그 사랑하시는 자를 징계하시고 그의 받으시는 아들마다 채찍질 하심이니라 하였으니
4) 때를 따라 돕는 은혜를 얻기 위하여 은혜의 보좌 앞으로 담대히 나아가야 한다.
(1) 히 4:16 - 마치 자녀가 부모에게 담대히 다가가서 요구하듯이
(히 4:16) 그러므로 우리가 긍휼하심을 받고 때를 따라 돕는 은혜를 얻기 위하여 은혜의 보좌 앞에 담대히 나아갈 것이니라
5) 이같은 하나님의 양자됨의 은혜에서 떨어진다는 것이 불가능하기에 우리 속에 뜨거운 감사가 있어야 한다.
(1) 벧전 1:3,4 - 하나님은 우리를 위하여 하늘에 쇠하지 않는 기업을 준비하셨다.
(벧전 1:3) 찬송하리로다 우리 주 예수 그리스도의 아버지 하나님이 그 많으신 긍휼대로 예수 그리스도의 죽은 자 가운데서 부활하심으로 말미암아 우리를 거듭나게 하사 산 소망이 있게 하시며
(벧전 1:4) 썩지 않고 더럽지 않고 쇠하지 아니하는 기업을 있게 하시나니 곧 너희를 위하여 하늘에 간직하신 것이라

D. 성화(35~6문)

제35문: 거룩하게 하심이 무엇입니까?
    답: 거룩하게 하심은 거저 주신 은혜의 역사로,[94] 이로 인해 우리가 하나님의 형상을 좇아 인격이 새로와지게 되고,[95] 점점 죄에 대하여는 능히 죽고 의에 대하여는 능히 살게 되는 것입니다.[96]

1. 거룩의 본질
  1) 하나님의 비공유적 속성 - 지혜.권능.거룩.공의.인자.진실
  〔참고: 공유적 속성 - 영.무한.영원.불변〕
    (1) 사 6:3 - 이사야가 보았던 하나님의 모습에 대한 천사들의 합창
      (사 6:3) 서로 창화하여 가로되 거룩하다 거룩하다 거룩하다 만군의 여호와여 그 영광이 온 땅에 충만하도다
  2) 거룩의 의미 - 분리 혹은 격리를 뜻하는 것으로 성도의 성화를 이룬다.
    구원 받은 성도는 더 이상 죄의 지배 아래 놓이지 않지만, 성령

---

94. 주의 사랑하시는 형제들아 우리가 항상 너희를 위하여 마땅히 하나님께 감사할 것은 하나님이 처음부터 너희를 택하사 성령의 거룩하게 하심과 진리를 믿음으로 구원을 얻게 하심이니(살후 2:13).
95. 오직 심령으로 새롭게 되어 하나님을 따라 의와 진리의 거룩함으로 지으심을 받은 새 사람을 입으라(엡 4:23,24).
96. 그러므로 우리가 그의 죽으심과 합하여 세례를 받음으로 그와 함께 장사되었나니 이는 아버지의 영광으로 말미암아 그리스도를 죽은 자 가운데서 살리심과 같이 우리로 또한 새 생명 가운데서 행하게 함이니라 만일 우리가 그의 죽으심을 본받아 연합한 자가 되었으면 또한 그의 부활을 본받아 연합한 자가 되리라 우리가 알거니와 우리 옛 사람이 예수와 함께 십자가에 못 박힌 것은 죄의 몸이 멸하여 다시는 우리가 죄에게 종노릇하지 아니 하려 함이니(롬 6:4~6).

의 사역으로 거룩한 하나님을 점점 닮아가야만 한다. 이것을 가리켜 성화라 부른다.

2. 성도를 거룩하게 하는 성화의 특징
  1) 성화는 하나님의 값없는 은혜의 역사이다.
   (1) 살후 2:13 - 성화의 출발점은 하나님의 택하심이다.
   (살후 2:13) 주의 사랑하시는 형제들아 우리가 항상 너희를 위하여 마땅히 하나님께 감사할 것은 하나님이 처음부터 너희를 택하사 성령의 거룩하게 하심과 진리를 믿음으로 구원을 얻게 하심이니
  2) 하나님의 형상을 좇아 전인격이 새로와진다.
   (1) 엡 4:24 - 하나님의 형상 두 가지 즉 의와 거룩
   (엡 4:24) 하나님을 따라 의와 진리의 거룩함으로 지으심을 받은 새 사람을 입으라
  3) 죄에 대해서 능히 죽고 의에 대해서 살게 한다.
   (1) 롬 6:10~13 -
   (롬 6:10) 그의 죽으심은 죄에 대하여 단번에 죽으심이요 그의 살으심은 하나님께 대하여 살으심이니
   (롬 6:11) 이와 같이 너희도 너희 자신을 죄에 대하여는 죽은 자요 그리스도 예수 안에서 하나님을 대하여는 산 자로 여길지어다
   (롬 6:12) 그러므로 너희는 죄로 너희 죽을 몸에 왕노릇 하지 못하게 하여 몸의 사욕을 순종치 말고
   (롬 6:13) 또한 너희 지체를 불의의 병기로 죄에게 드리지 말고 오직 너희 자신을 죽은 자 가운데서 다시 산 자 같이 하나님께 드리며 너의 지체를 의의 병기로 하나님께 드리라

4) 성화의 작업은 협력적이다.
　(1) 빌 2:12,13 - 성화는 구원의 최종적 완성을 향하게 한다.
　(빌 2:12) 그러므로 나의 사랑하는 자들아 너희가 나 있을 때 뿐 아니라 더욱 지금 나 없을 때에도 항상 복종하여 두렵고 떨림으로 너희 구원을 이루라
　(빌 2:13) 너희 안에서 행하시는 이는 하나님이시니 자기의 기쁘신 뜻을 위하여 너희로 소원을 두고 행하게 하시나니
5) 성화는 지상에서 미완성적이다.

3. 거룩을 향한 성도의 자세
　1) 거룩에 대한 하나님의 요구를 순종해야 한다.
　　(1) 레 20:26 - 레위기의 핵심 내용이다.
　　(레 20:26) 너희는 내게 거룩할지어다 이는 나 여호와가 거룩하고 내가 또 너희로 나의 소유를 삼으려고 너희를 만민 중에서 구별하였음이니라
　　(2) 벧전 1:15 - 성도들의 삶의 가장 고상한 표준이다.
　　(벧전 1:15) 오직 너희를 부르신 거룩한 자처럼 너희도 모든 행실에 거룩한 자가 되라
　　(3) 고후 7:1 - 고린도교회를 향한 사도 바울의 권면
　　(고후 7:1) 그런즉 사랑하는 자들아 이 약속을 가진 우리가 하나님을 두려워하는 가운데서 거룩함을 온전히 이루어 육과 영의 온갖 더러운 것에서 자신을 깨끗케 하자
　　(4) 살전 5:23 - 평강의 하나님의 요구
　　(살전 5:23) 평강의 하나님이 친히 너희로 온전히 거룩하게 하시고 또 너희 온 영과 혼과 몸이 우리 주 예수 그리스도 강림하실 때에 흠 없게 보전되기를 원하노라
　2) 이를 위하여 자신 속의 죄에 대항하여 싸워야 한다.

(1) 히 12:4 - 생명을 다하여 죄와 싸우라는 말씀이다.
(히 12:4) 너희가 죄와 싸우되 아직 피 흘리기까지는 대항치 아니하고
(2) 요 8:11 - 간음의 죄를 용서하나 그러한 죄를 다시 반복하지 말라고 명하셨다.
(요 8:11) 대답하되 주여 없나이다 예수께서 가라사대 나도 너를 정죄하지 아니하노니 가서 다시는 죄를 범치 말라 하시니라
(3) 요 16:8 - 성령의 신령한 역사 중에 하나는 세상을 책망하는 능력이다.
(요 16:8) 그가 와서 죄에 대하여 의에 대하여 심판에 대하여 세상을 책망하시리라
3) 거룩하신 하나님 앞에서 자신의 더러움과 부족함을 깊이 깨닫고 겸손해야 한다.
(1)롬 7:24 - 속사람과 겉사람과의 싸움에서 철저히 낮아진 사도 바울이다.
(롬 7:24) 오호라 나는 곤고한 사람이로다 이 사망의 몸에서 누가 나를 건져 내랴
(2) 딤전 1:15 - 순교를 눈 앞에 둔 사도 바울의 신앙은 지극히 겸손한 자리에 섰다
(딤전 1:15) 미쁘다 모든 사람이 받을 만한 이 말이여 그리스도 예수께서 죄인을 구원하시려고 세상에 임하셨다 하였도다 죄인 중에 내가 괴수니라

제36문: 이생에서 의롭다 하심과 양자로 삼으신 것과 거룩하게 하심에서 함께 받게 되거나 또는 거기서 나오는 유익이 무엇입니까?

답: 이생에서 의롭다 하심과 양자로 삼으신 것과 거룩하게 하심에서 함께 받거나 또는 거기서 나오는 유익은, 하나님의 사랑을 확실히 아는 것과, 양심이 평안한 것과, 성령 안에서 얻는 기쁨과,[97] 은혜의 증진과,[98] 끝까지 굳게 참는 것입니다.[99]

1. 하나님의 사랑을 확실히 아는 것
   1) 요일 4:8, 16 - 하나님은 사랑이시다.
   (요일 4:8) 사랑하지 아니하는 자는 하나님을 알지 못하나니 이는 하나님은 사랑이심이라
   (요일 4:16) 하나님이 우리를 사랑하시는 사랑을 우리가 알고 믿었노니 하나님은 사랑이시라 사랑 안에 거하는 자는 하나님 안에 거하고 하나님도 그 안에 거하시느니라
   2) 시 104:14, 15 - 하나님의 사랑은 만물에 나타난다.
   (시 104:14) 저가 가축을 위한 풀과 사람의 소용을 위한 채소를 자라게 하시며 땅에서 식물이 나게 하시고

---

97. 그러므로 우리가 믿음으로 의롭다 하심을 얻었은즉 우리 주 예수 그리스도로 말미암아 하나님으로 더불어 화평을 누리자 또한 그로 말미암아 우리가 믿음으로 서 있는 이 은혜에 들어감을 얻었으며 하나님의 영광을 바라고 즐거워하느니라 다만 이뿐 아니라 우리가 환난 중에도 즐거워하나니 이는 환난은 인내를 인내는 연단을 연단은 소망을 이루는 줄 앎이로다 소망이 부끄럽게 아니함은 우리에게 주신 성령으로 말미암아 하나님의 사랑이 우리 마음에 부은바 됨이니(롬 5:1~5).
98. 의인의 길은 돋는 햇볕 같아서 점점 빛나서 원만한 광명에 이르거니와(잠 4:18).
99. 그러므로 형제들아 더욱 힘써 너희 부르심과 택하심을 굳게 하라 너희가 이것을 행한즉 언제든지 실족지 아니하리라(벧후 1:10).

(시 104:15) 사람의 마음을 기쁘게 하는 포도주와 사람의 얼굴을
윤택케 하는 기름과 사람의 마음을 힘있게 하는 양식
을 주셨도다
3) 요 3:16 - 하나님의 사랑의 극치는 독생자를 보내심이다.
(요 3:16) 하나님이 세상을 이처럼 사랑하사 독생자를 주셨으니 이
는 저를 믿는 자마다 멸망치 않고 영생을 얻게 하려 하
심이니라
　(1) 창세기 22장에 나타나는 아브라함의 신앙 - 독자 이삭을 제
물로 바침
　　① 하나님의 시험(2절) - 인신제물
(창 22:2) 여호와께서 가라사대 네 아들 네 사랑하는 독자 이삭
을 데리고 모리아 땅으로 가서 내가 네게 지시하는 한
산 거기서 그를 번제로 드리라
　　② 아브라함의 순종(3절) - 부활신앙(히 11:19)
(창 22:3) 아브라함이 아침에 일찌기 일어나 나귀에 안장을 지우
고 두 사환과 그 아들 이삭을 데리고 번제에 쓸 나무
를 쪼개어 가지고 떠나 하나님의 자기에게 지시하시는
곳으로 가더니
(히 11:19) 저가 하나님이 능히 죽은 자 가운데서 다시 살리실
줄로 생각한지라 비유컨대 죽은 자 가운데서 도로
받은 것이니라
　　③ 하나님의 축복(14절) - 여호와이레
(창 22:14) 아브라함이 그 땅 이름을 여호와이레라 하였으므로
오늘까지 사람들이 이르기를 여호와의 산에서 준비
되리라 하더라
4) 하나님의 사랑에 감사하며 그 사랑을 생활에 실천해야 한다.
　(1) 요일 4:11 - 마땅하다는 것은 지극히 당연한 모습을 의미한다.

(요일 4:11) 사랑하는 자들아 하나님이 이같이 우리를 사랑하셨은즉 우리도 서로 사랑하는 것이 마땅하도다
(2) 요 13:34, 35 - 새계명
(요 13:34) 새 계명을 너희에게 주노니 서로 사랑하라 내가 너희를 사랑한 것 같이 너희도 서로 사랑하라
(요 13:35) 너희가 서로 사랑하면 이로써 모든 사람이 너희가 내 제자인 줄 알리라

2. 양심의 화평
  1) 화평 - 하나님과 화목되었다고 느끼는데서 오는 양심의 평안을 뜻한다.
  2) 인간은 범죄함으로 하나님과 원수된 자리에 이르렀으나 하나님의 자녀가 하나님과 더불어 화평을 누리게 된다.
    (1) 요 14:27 - 주님이 주시는 평안
    (요 14:27) 평안을 너희에게 끼치노니 곧 나의 평안을 너희에게 주노라 내가 너희에게 주는 것은 세상이 주는 것 같지 아니하니라 너희는 마음에 근심도 말고 두려워하지도 말라
    (2) 롬 5:1 - 평화는 칭의의 열매이다
    (롬 5:1) 그러므로 우리가 믿음으로 의롭다 하심을 얻었은즉 우리 주 예수 그리스도로 말미암아 하나님으로 더불어 화평을 누리자

3. 성령에 의한 희락
  1) 희락 - 구원받은 자가 누리는 신령한 기쁨을 말한다.
  2) 희락의 근원은 어디에 있는가?

(1) 요 15:11 - 주님께로부터 주어졌다.
(요 15:11) 내가 이것을 너희에게 이름은 내 기쁨이 너희 안에 있어 너희 기쁨을 충만하게 하려함이니라
3) 지속적인 희락을 위한 삶이 되기 위해서는?
(1) 롬 14:17 - 오직 성령 안에서만 가능하다.
(롬 14:17) 하나님의 나라는 먹는 것과 마시는 것이 아니요 오직 성령 안에서 의와 평강과 희락이라
4) 그러므로 성령으로 충만하여 성령의 열매를 풍성히 맺도록 힘쓰자.
(1) 갈 5:22,23 - 성령의 아홉 가지 열매
(갈 5:22) 오직 성령의 열매는 사랑과 희락과 화평과 오래 참음과 자비와 양선과 충성과
(갈 5:23) 온유와 절제니 이같은 것을 금지할 법이 없느니라

4. 은혜의 증가
1) 유기체의 특징 - 성장과 성숙
(1) 육체 - 신체발육도 모든 부분이 조화를 이루어야 한다.
(2) 인격 - 은혜 안에서 균형있게 성장하며 성숙해져야 한다.
2) 참된 은혜는 자란다.
(1) 벧후 3:18 - 은혜의 유기체적 특성을 의미한다.
(벧후 3:18) 오직 우리 주 곧 구주 예수 그리스도의 은혜와 저를 아는 지식에서 자라가라 영광이 이제와 영원한 날까지 저에게 있을찌어다

5. 끝까지 참는 것(성도의 견인)
1) 세상에 대한 이해

(1) 시 90:10 - 시련과 고통과 눈물이 가득차 있다.
  (시 90:10) 우리의 연수가 칠십이요 강건하면 팔십이라도 그 연수의 자랑은 수고와 슬픔 뿐이요 신속히 가니 우리가 날아가나이다
2) 이같은 세상에서 성도의 견인의 근거는 어디에 있는가?
  (1) 빌 3:20 - 하늘에 소망을 두었기 때문이다.
  (빌 3:20) 오직 우리의 시민권은 하늘에 있는지라 거기로서 구원하는 자 곧 주 예수 그리스도를 기다리노니
  (2) 마 28:20 - 주님의 약속을 믿기 때문이다.
  (마 28:20) 내가 너희에게 분부한 모든 것을 가르쳐 지키게 하라 볼찌어다 내가 세상 끝날까지 너희와 항상 함께 있으리라 하시니라
  (3) 성령께서 힘을 주시기 때문이다 - 성령의 계속적 역사이다.
3) 약 1:12 - 성도의 견인을 통해서 누리는 축복
  (약 1:12) 시험을 참는 자는 복이 있도다 이것에 옳다 인정하심을 받은 후에 주께서 자기를 사랑하는 자들에게 약속하신 생명의 면류관을 얻을 것임이니라
4) 성도의 견인을 위해서 은혜의 방편인 말씀과 기도와 성례를 통해서 은혜를 계속 공급 받아야 한다.

7. 종말(37~38문)

제37문: 신자가 죽을 때 그리스도에게서 무슨 유익을 받습니까?
   답: 신자가 죽을 때, 그 영혼이 완전히 거룩하게 되어,[100] 즉시 영광 중에 들어 가고,[101] 그 몸은 여전히 그리스도께 연합되며,[102] 부활할 때까지 무덤에서 쉬게 되는 것입니다.[103]

1. 죽음의 종류
  1) 육적 죽음 - 영혼이 육신에서 분리될 때
    (1) 창 3:19 - 육신의 죽음에 대한 최초의 언급이다.
    (창 3:19) 네가 얼굴에 땀이 흘러야 식물을 먹고 필경은 흙으로 돌아 가리니 그 속에서 네가 취함을 입었음이라 너는 흙이니 흙으로 돌아갈 것이니라 하시니라
  2) 영적 죽음 - 영혼이 하나님으로부터 분리됨
    (1) 약 2:26 - 행함이 없는 믿음이 죽은 것처럼 믿음이 없는 자는 하나님과 분리된 자이다.
    (약 2:26) 영혼 없는 몸이 죽은 것 같이 행함이 없는 믿음은 죽은 것이니라
  3) 영원한 죽음 - 영혼과 육신이 하나님으로부터 영원히 분리됨

---

100. 하늘에 기록한 장자들의 총회와 교회와 만민의 심판자이신 하나님과 및 온전케 된 의인의 영들과(히 12:23).
101. 예수께서 이르시되 내가 진실로 네게 이르노니 오늘 네가 나와 함께 낙원에 있으리라 하시니라(눅 23:43)
102. 우리가 예수의 죽었다가 다시 사심을 믿을진대 이와 같이 예수 안에서 자는 자들도 하나님이 저와 함께 데리고 오시리라(살전 4:14).
103. 이를 기이히 여기지 말라 무덤 속에 있는 자가 다 그의 음성을 들을 때가 오나니 선한 일을 행한 자는 생명의 부활로 악한 일을 행한 자는 심판의 부활로 나오리라(요 5:28,29).

(1) 계 20:10 - 세세토록 밤낮 괴로움을 받기 위하여
　　(계 20:10) 또 저희를 미혹하는 마귀가 불과 유황 못에 던지우니
　　　　　　거기는 그 짐승과 거짓 선지자도 있어 세세토록 밤낮
　　　　　　괴로움을 받으리라
　　(2) 계 20:14 - 둘째 사망으로 주어진다.
　　(계 20:14) 사망과 음부도 불못에 던지우니 이것은 둘째 사망 곧
　　　　　　불못이라
　　(3) 계 20:15 - 생명책에 기록되지 못한 자가
　　(계 20:15) 누구든지 생명책에 기록되지 못한 자는 불못에 던지
　　　　　　우더라

2. 신자가 육적으로 죽을 때 주어지는 유익
　1) 히 12:23 - 신자의 영혼은 즉시로 거룩하게 된다.
　(히 12:23) 하늘에 기록한 장자들의 총회와 교회와 만민의 심판자
　　　　　이신 하나님과 및 온전케 된 의인의 영들과
　2) 눅 23:43 - 즉시로 영광 중에 들어간다.
　(눅 23:43) 예수께서 이르시되 내가 진실로 네게 이르노니 오늘 네
　　　　　가 나와 함께 낙원에 있으리라 하시니라
　3) 살전 4:14 - 그 몸은 여전히 그리스도와 연합한다.
　(살전 4:14) 우리가 예수의 죽었다가 다시 사심을 믿을진대 이와
　　　　　같이 예수 안에서 자는 자들도 하나님이 저와 함께
　　　　　데리고 오시리라
　4) 요 5:28,29 - 부활 때까지 무덤에서 쉰다.
　(요 5:28) 이를 기이히 여기지 말라 무덤 속에 있는 자가 다 그의
　　　　　음성을 들을 때가오나니
　(요 5:29) 선한 일을 행한 자는 생명의 부활로 악한 일을 행한 자
　　　　　는 심판의 부활로 나오리라

3. 그러므로 신자의 죽음은 복되다.
   1) 성도의 죽음이 복된 이유 세 가지
   (계 14:13) 또 내가 들으니 하늘에서 음성이 나서 가로되 기록하라 지금 이후로 주 안에서 죽는 자들은 복이 있도다 하시매 성령이 가라사대 그러하다 저희 수고를 그치고 쉬리니 이는 저희의 행한 일이 따름이라 하시더라
   (1) 주 안에서 죽었기에
   (2) 영원한 안식이 주어지기에
   (3) 상급이 주어지기에

4. 불신자가 육적으로 죽을 때
   1) 눅 16:23,24; 벧후 2:9 - 불신자의 영혼은 즉시로 지옥의 고통을 경험하기 시작한다.
   (눅 16:23) 저가 음부에서 고통 중에 눈을 들어 멀리 아브라함과 그의 품에 있는 나사로를 보고
   (눅 16:24) 불러 가로되 아버지 아브라함이여 나를 긍휼히 여기사 나사로를 보내어 그 손가락 끝에 물을 찍어 내 혀를 서늘하게 하소서 내가 이 불꽃 가운데서 고민하나이다
   (벧후 2:9) 주께서 경건한 자는 시험에서 건지시고 불의한 자는 형벌 아래 두어 심판 날까지 지키시며

5. 육적 죽음 이후의 상태에 대한 잘못된 견해들
   1) 영혼수면설 - 육체적 죽음 이후부터 부활 때까지 영혼이 의식이 없는 상태에 이른다는 견해이다.
   2) 연옥설 - 로마교의 교리에 의하면 극소수의 거룩한 성도를 제외한 성도는 죽어서 연옥이라는 중간 장소에 간다고 한다. 땅위의

사람들의 기도나 제물의 공로로 인하여 그 기간이 단축될 수도 있다고 가르친다. 성경은 그 어느 곳에서도 연옥교리를 주장하지 않는다.

6. 이같은 육적 죽음에 대한 신자의 자세
  1) 신자의 죽음은 완전한 성화(=영화)를 위한 길임을 인식한다.
  2) 예수님을 위시한 신앙의 인물들의 최후의 순간은 참으로 우리들에게 귀한 교훈을 준다. 아래 인물들을 통해서 무엇을 배울 수 있는지 찾아보자.
    (1) 예수님의 십자가 - 가상칠언
    (2) 스데반의 순교(행 7:54~60)
    (3) 리빙스톤 선교사의 최후의 모습 - 무릎을 꿇고 기도하면서 주님의 품으로 갔다

제38문: 신자가 부활할 때에 그리스도에게서 무슨 유익을 받습니까?

　답: 신자가 부활할 때, 영광 중에 다시 살아남을 입어,[104] 심판 날에 밝히 인정됨과, 죄없다 하심을 받고,[105] 완전히 복을 받아 영원토록[106] 하나님을 흡족하게 즐거워하는 것입니다.[107]

서론:
1) 육체의 부활교리 - 항상 기독교 신앙의 핵심
2) 세상 사람들의 견해(행 17:32) - 서로 나누인다.
　(행 17:32) 저희가 죽은 자의 부활을 듣고 혹은 기롱도 하고 혹은 이 일에 대하여네 말을 다시 듣겠다 하니
3) 부활의 의미 - 무덤에 누워 있거나 썩어버린 육체가 어느날 땅 위에서 다시 살아나는 것이다. 즉 다시 일어선다는 것이다.
　(1) 의인의 부활 - 생명의 부활
　(2) 악인의 부활 - 심판의 부활

---

104. 요 5:28,29
105. 누구든지 사람 앞에서 나를 시인하면 나도 하늘에 계신 내 아버지 앞에서 저를 시인할 것이요(마 10:32).
106. 그 후에 우리 살아 남은 자도 저희와 함께 구름 속으로 끌어올려 공중에서 주를 영접하게 하시리니 그리하여 우리가 항상 주와 함께 있으리라(살전 4:17).
107. 사랑하는 자들아 우리가 지금은 하나님의 자녀라 장래에 이렇게 될 것은 아직 나타나지 아니하였으나 그가 나타내심이 되면 우리가 그와 같을 줄을 아는 것은 그의 계신 그대로 볼 것을 인함이니(요일 3:2). 우리가 이제는 거울로 보는 것같이 희미하나 그 때에는 얼굴과 얼굴을 대하여 볼 것이요 이제는 내가 부분적으로 아나 그 때에는 주께서 나를 아신 것같이 내가 온전히 알리라(고전 13:12).

본론: 신자가 부활할 때에 받는 유익
1. 영광 중에 다시 살아난다.
   1) 신자는 영광스러운 몸으로 다시 살아난다.
   2) 부활한 육체는 영과 결합하여 영의 영광에 동참한다.
   3) 육과 영 사이의 긴장이나 갈등이 없어진다.
   4) 잠자는 자의 첫 열매로 부활하신 주님을 따라 부활의 열매를 잇달아 맺는다.

2. 심판 때의 광경
   1) 하나님의 심판대 앞에서
      (1) 신자 - 의롭다 하심을 받는다.
      (2) 불신자 - 정죄를 받는다.
   2) 심판장(요 5:22) - 예수 그리스도
   (요 5:22) 아버지께서 아무도 심판하지 아니하시고 심판을 다 아들에게 맡기셨으니
   3) 신자를 향한 심판장의 말씀 - 우리를 인정하시고 축복하신다.
      (1) 우리를 안다.
      (2) 죄없다.

3. 영원토록 하나님을 즐거워한다.
   1) 살전 4:17 - 새로운 영광의 몸을 입고 부활한 성도는 주님을 영접하고 주와 함께 거한다.
   (살전 4:17) 그 후에 우리 살아 남은 자도 저희와 함께 구름 속으로 끌어 올려 공중에서 주를 영접하게 하시리니 그리하여 우리가 항상 주와 함께 있으리라
   2) 마 25:34 - 하나님의 나라를 유업으로 받는다.

(마 25:34) 그 때에 임금이 그 오른편에 있는 자들에게 이르시되
　　　　　내 아버지께 복 받을 자들이여 나아와 창세로부터
　　　　　너희를 위하여 예비된 나라를 상속하라
3) 계 21:4 - 더 이상의 고통이나 슬픔이 없이 하나님과의 영원한
　　교제가 이루어진다.
(계 21:4) 모든 눈물을 그 눈에서 씻기시매 다시 사망이 없고 애통
　　　　　하는 것이나 곡하는 것이나 아픈 것이 다시 있지 아니하
　　　　　리니 처음 것들이 다 지나갔음이러라
4) 시 16:11 - 영원한 즐거움을 누리게 된다.
(시 16:11) 주께서 생명의 길로 내게 보이시리니 주의 앞에는 기쁨
　　　　　이 충만하고 주의 우편에는 영원한 즐거움이 있나이다

결론:
　1) 계 22:20 - 주님의 재림을 사모하는 성도가 되자.
　(계 22:20) 이것들을 증거하신 이가 가라사대 내가 진실로 속히
　　　　　　오리라 하시거늘 아멘 주 예수여 오시옵소서
　2) 고전 15:57,58 - 부활신앙으로 흔들리지 말고 더욱 주의 일에
　　　힘쓰자.
　(고전 15:57) 우리 주 예수 그리스도로 말미암아 우리에게 이김을
　　　　　　　주시는 하나님께 감사하노니
　(고전 15:58) 그러므로 내 사랑하는 형제들아 견고하며 흔들리지
　　　　　　　말며 항상 주의 일에 더욱 힘쓰는 자들이 되라 이는
　　　　　　　너희 수고가 주 안에서 헛되지 않은 줄을 앎이니라

제2부 의무(39~107문)

1. 율법(39~42문)

제39문: 하나님께서 사람에게 요구하시는 본분이 무엇입니까?
  답: 하나님께서 사람에게 요구하시는 본분은 그 나타내 보이시는 뜻을 복종하는 것입니다.[108]

제40문: 하나님께서 사기에게 복송할 규칙으로 사람에게 처음 나타내 보이신 것이 무엇입니까?
  답: 하나님께서 자기에게 복종할 규칙으로 처음 나타내 보이신 것은 도덕의 법칙입니다.[109]

제41문: 이 도덕의 법칙이 어디에 간략히 포함되어 있습니까?
  답: 이 도덕의 법칙은 십계명에 간단히 포함되어 있습니다.

---

108. 사람아 주께서 선한 것이 무엇임을 네게 보이셨나니 여호와께서 네게 구하시는 것이 오직 공의를 행하며 인자를 사랑하며 겸손히 네 하나님과 함께 행하는 것이 아니냐(미 6:8).
109. (율법 없는 이방인이 본성으로 율법의 일을 행할 때는 이 사람은 율법이 없어도 자기가 자기에게 율법이 되나니 이런 이들은 그 양심이 증거가 되어 그 생각들이 서로 혹은 송사하며 혹은 변명하여 그 마음에 새긴 율법의 행위를 나타내느니라)(롬 2:14~15).

제42문: 십계명의 대강령이 무엇입니까?
　　답: 십계명의 대강령은 우리의 마음을 다하고, 성품을 다하고, 뜻을 다하고, 힘을 다하여, 주 하나님을 사랑하고, 또 이웃 사랑하기를 네 몸같이 하라 하신 것입니다.[110]

하나님은 우리 인간이 전인격을 바쳐서 그를 두려워하고 하나님의 뜻을 순종하도록 요구하셨다. 이를 위해서 에덴동산에 선악과를 두어 하나님께 순종할 것을 선언하셨다. 이것이 도덕율법의 시작이다. 그러나 슬프게도 인간은 이 시험에 실패하여 타락하였다. 그 결과 죄의 부패와 죽음이 들어오고 인간이 하나님의 낯을 피하여 하나님의 뜻을 무시하게 되었다. 여기서 하나님은 죄의 상태에 빠져 있던 인간에게 도덕법칙으로 십계명을 주셨다.

그러나 타락 후에 인간에게는 이 율법을 행하여 생명을 얻을 수 없게 되었다. 그러므로 우리들이 다시 생명을 얻기 위해서는 율법을 행함으로서가 아니고, 하나님의 구원의 은혜가 아니고서는 얻을 길이 없게 되었다. 그렇다면 타락한 인간에게 무엇 때문에 도덕율법이 주어졌는가? 율법이 소용이 없단 말인가?

1. 하나님의 요구 - 순종
　1) 대한민국 백성 - 대한민국의 헌법이 요구하는 의무를 감당해야 한다.
　2) 하나님의 나라의 백성 - 하나님의 법을 순종할 의무가 주어졌다.

---

110. 예수께서 가라사대 네 마음을 다하고 목숨을 다하고 뜻을 다하여 주 너의 하나님을 사랑하라 하셨으니 이것이 크고 첫째 되는 계명이요 둘째는 그와 같으니 네 이웃을 네 몸과 같이 사랑하라 하셨으니 이 두 계명이 온 율법과 선지자의 강령이니라(마 22:37~40).

2. 하나님의 요구를 알 수 있도록 주신 것 - 율법
   1) 율법의 삼 요소 - 도덕법, 의식법, 시민법
   2) 마 5:17 - 예수님의 율법관
   (마 5:17) 내가 율법이나 선지자나 폐하러 온 줄로 생각지 말라 폐하러 온 것이 아니요 완전케 하려 함이로다

3. 도덕법(도덕법칙)
   1) 정의 - 하나님의 뜻
   2) 범위 - 십계명(출 20:1~17; 신 5:6~21)
   3) 목적
      (1) 롬 3:19~20; 7:7~8 - 인간들로 하여금 죄를 깨닫게 하심이다.
      (롬 3:19) 우리가 알거니와 무릇 율법이 말하는 바는 율법 아래 있는 자들에게 말하는 것이니 이는 모든 입을 막고 온 세상으로 하나님의 심판 아래 있게 하려 함이니라
      (롬 3:20) 그러므로 율법의 행위로 그의 앞에 의롭다 하심을 얻을 육체가 없나니 율법으로는 죄를 깨달음이니라
      (롬 7:7) 그런즉 우리가 무슨 말하리요 율법이 죄냐 그럴 수 없느니라 율법으로 말미암지 않고는 내가 죄를 알지 못하였으니 곧 율법이 탐내지 말라 하지 아니하였더면 내가 탐심을 알지 못하였으리라
      (롬 7:8) 그러나 죄가 기회를 타서 계명으로 말미암아 내 속에서 각양 탐심을 이루었나니 이는 법이 없으면 죄가 죽은 것임이니라
      (2) 인간들로 하여금 바르게 살게 하심이다 - 삶의 진정한 표준이 된다.

4. 도덕법칙인 십계명의 대강령(마 22:34~40) - 사랑
   1) 하나님을 사랑하라.
      (1) 신 6:4~9 - 이스라엘의 쉐마 교육
   2) 이웃을 사랑하라.

5. 대요리문답(94~97문)에 나타난 도덕율법의 역할
   대요리문답 94~97문까지 보면 도덕율법의 역할을 세 가지로 가르치고 있다.
1) 만민에 대한 도덕율법의 역할(대요리 94~95문)
문 94문: 타락한 후의 사람에게도 도덕적 율법은 유효합니까?
   답: 타락 후에는 누구라도 도덕적 율법에 의해, 의와 생명에 이를 수는 없으나,(롬 8:3; 갈 2:16) 중생하지 못한 자와 중생한 자에게 각각 특이하게 소용될 뿐만 아니라, 모든 사람에게 공통적으로도 크게 유용되는 것입니다(딤전 1:8; 갈 3:19,24).
문 95문: 도덕적 율법이 모든 사람에게 어떻게 유용합니까?
   답: 도덕적 율법이 모든 사람에게 유용한 것은, 하나님의 거룩한 성품과 뜻과(레 11:14,45;20:7,8;롬 7:12), 그들이 따라서 행하여야 할 의무를 알게 하는데 유용하며(미 6:8; 약 2:10,11), 그들이 이를 지키는데 무능함과, 그들의 본성과 마음과 생활이 죄악으로 더러움으로 확신하게하여(시 19:11,12; 롬 3:20;7:7) 그들로 하여금 그들의 죄와 비참을 느껴 겸손하게 함으로써(롬 7:9,13;3:9,23) 그리스도와 그의 완전한 순종의 필요성을 보다 더 명백히 깨닫데 하는데 도움이 됩니다.

2) 비신자에 대한 도덕율법의 역할(대요리96문)

문 96문: 도덕적 율법이 중생하지 못한 자들에게 어떻게 유용합니까?
　　답: 도덕적 율법은 중생하지 못한 자들에게도 유용하여, 그들의 양심을 일깨워 장차 임할 진노를 피하게 하며(딤전 1:9,10), 그리스도께로 그들을 인도하거나(갈 3:24), 혹은 죄의 상태와 길에 머물러 있는 경우에는 그들로 하여금 핑계할수 없게 하여(롬 1:20;2:15), 그 저주 아래 있게 하는 것입니다.

3) 신자에 대한 도덕율법의 역할(대요리 97문)
문 97문: 도덕적 율법이 중생한 자들에게는 어떻게 유용합니까?
　　답: 중생하여 그리스도를 믿어 행위의 언약인 도덕적 율법에서 해방되었으므로(롬 6:14;7:4,6;갈 4:4,5) 이로써 의롭다 하심을 받거나(롬 3:20), 정죄를 받는일은 없을지라도(롬 8.1, 갈 5.23) 모든 사람에게 공통된 도덕 율법이 일만직으로 유용되는 동시에, 이 율법을 친히 성취하시고, 그들을 대신하여 그들의 선을 위하여 도덕율법의 저주를 참으신 그리스도와 그들이 얼마나 밀접한 관계가 있음을 보여 줌으로써(롬 7:24,25; 갈 3:13; 롬 8:3,4) 그들로 하여금 더욱 더 감사하게 하며(눅 1:68,69,74,75), 이 감사를 표시하려고 그들의 순종의 법칙으로써 도덕 율법을 더욱 더 조심하여 따르게 하는 특별한 소용이 있는 것입니다(롬 7:22;12:2;딛 2:11~14).

　그러므로 우리는 신율주의(神律主義) 입장에서 율법을 대해야 한다. 율법(Law)으로 죄를 깨닫고, 복음(Gospel)으로 믿어 구원에 이르는 것이다. 구원 받은 주의 백성들은 그 은혜에 감사하여 기쁨으로 그리스도로 말미암아 성취된 율법들을 지켜나가는 것이다.
아멘. 할렐루야!

2. 십계명(43~81문)

도덕율법이 모세를 통하여 시내산에서 십계명에 기록되었다. 십계명은 1~4문은 하나님께 대한 의무요, 5~10문은 사람에 대한 의무이다.

제43문: 십계명의 서문이 무엇입니까?
   답: 십계명의 서문은 이러한 말이니 곧 나는 "너희 하나님이니 너를 종 되었던 애굽 땅에서 나오게 한 자로다" 하신 것입니다.[111]

제44문: 십계명의 서문이 우리에게 교훈하는 것이 무엇입니까?
   답: 십계명의 서문이 우리에게 교훈하는 것은, 하나님은 주도 되시고,[112] 우리의 하나님도 되시고, 또 우리의 구속자도 되시니, 그러므로 우리가 마땅히 그의 계명들을 지켜야 하겠다는 것입니다.[113]

1. 십계명의 서문 - 출 20:1 이하; 신 5:1 이하
   (출 20:2) 나는 너를 애굽 땅 종 되었던 집에서 인도하여 낸 너의 하나님 여호와로라
   (신 5:6) 나는 너를 애굽 땅에서 종 되었던 집에서 인도하여 낸 너희 하나님 여호와로라

---

111. 나는 너를 애굽 땅 종 되었던 집에서 인도하여 낸 너의 하나님 여호와로라(출 20:2).
112. 여호와께서 또 모든 백성 곧 이 땅에 거하던 아모리 사람을 우리 앞에서 쫓아내셨음이라 그러므로 우리도 여호와를 섬기리니 그는 우리 하나님이심이니이다(수 24:18).
113. 값으로 산 것이 되었으니 그런즉 너희 몸으로 하나님께 영광을 돌리라(고전 6:20).

1) 서문이 주는 의미
   (1) 하나님은 절대주권을 지니신 역사의 주인이 되신다(롬 11:36).
   (롬 11:36) 이는 만물이 주에게서 나오고(from) 주로 말미암고 (through) 주에게로 돌아감이라(to) 영광이 그에게 세세에 있으리로다 아멘
   (2) 하나님은 아브라함의 언약을 성취하시는 분이시다(창 15:1~18).
   (창 15:13) 여호와께서 아브람에게 이르시되 너는 정녕히 알라 네 자손이 이방에서 객이 되어 그들을 섬기겠고 그들은 사백 년 동안 네 자손을 괴롭게 하리니
   (창 15:14) 그 섬기는 나라를 내가 징치할지며 그 후에 네 자손이 큰 재물을 이끌고 나오리라

2. 십계명의 서문이 주는 교훈
   1) 언약의 기본 골격에서 주는 진리 - 레 26:12
   (레 26:12) 나는 너희 중에 행하여 너희 하나님이 되고 너희는 나의 백성이 될 것이니라
   2) 언약의 백성의 의무 - 십계명을 지킴으로써 하나님의 거룩을 본받아야 한다.
   (1) 레 11:44 - 정부정 식사법을 통하여 하나님의 거룩성을 교훈하셨다.
   (레 11:44) 나는 여호와 너희 하나님이라 내가 거룩하니 너희도 몸을 구별하여 거룩하게 하고 땅에 기는 바 기어다니는 것으로 인하여 스스로 더럽히지 말라
   (2) 벧전 1:16 - 레 11:44를 인용함
   (벧전 1:16) 기록하였으되 내가 거룩하니 너희도 거룩할찌어다 하셨느니라

(3) 요 17:17 - 예수님의 중보기도 중에서
(요 17:17) 저희를 진리로 거룩하게 하옵소서 아버지의 말씀은 진리니이다

3. 십계명에 대한 포괄적인 이해
 1) 십계명에 하나님의 완전하신 뜻이 명시되어 있다.
 2) 십계명의 배열 순서 - 하나님 중심
  (1) 1~4계명 - 예배에 대해서
   ① 계명 - 참 예배의 대상(하나님)
   ② 계명 - 참 예배의 올바른 방법(방법)
   ③ 계명 - 한 분이신 하나님(태도)
   ④ 계명 - 예배의 시간(시간)

  (2) 5~10 계명 - 봉사에 대해서
   ⑤ 계명 - 하나님이 주신 권위에 복종(권위)
   ⑥ 계명 - 하나님의 형상인 사람을 존경함(생명)
   ⑦ 계명 - 신성한 결혼(가정)
   ⑧ 계명 - 신성한 재산(재물)
   ⑨ 계명 - 성결한 언어(언어)
   ⑩ 계명 - 만족한 규범(만족)

제45문: 제 일 계명이 무엇입니까?
  답: 제 일 계명은 "내 앞에서 다른 신을 네게 두지 말라"하신 것입니다.[114]

제46문: 제 일 계명이 명하는 것이 무엇입니까?
  답: 제 일 계명이 명하는 것은 하나님은 유일하신 참 신이 되심과, 우리의 하나님[115] 되심을 알고,[116] 승인하며 그대로 그에게 경배하며 영화롭게 하라 한 것입니다.[117]

제47문: 제 일 계명이 금하는 것이 무엇입니까?
  답: 제 일 계명이 금하는 것은 하나님을 하나님으로 알지 아니하거나,[118] 우리의 하나님으로 경배하지 않고,[119] 영화롭게도 하지 않고,[120] 그에게만 합당한 경배와 영화를 다른 이에게 드리는 것입니다.[121]

제48문: 제 일 계명 중에 "나 외에"라는 말씀이 우리에게 특별히 교훈하는 것이 무엇입니까?
  답: 제 일 계명 중에 "나 외에"란 말씀이 우리에게 특별히 교훈하는 것은 만물을 보시는 하나님이[122] 아무 다른 신을 위하는 죄를 내려다 보시고 분하게 여기신다는 것입니다.[123]

---

114. 너는 나 외에는 다른 신들을 네게 있게 말지니라(출 20:3).
115. 네가 오늘날 여호와를 네 하나님으로 인정하고 또 그 도를 행하고 그 규례와 명령과 법도를 지키며 그 소리를 들으리라 확언하였고(신 26:17).
116. 내 아들 솔로몬아 너는 네 아비의 하나님을 알고 온전한 마음과 기쁜 뜻으로 섬길지어다 여호와께서는 뭇 마음을 감찰하사 모든 사상을 아시나니 네가 저를 찾으면 만날 것이요 버리면 저가 너를 영원히 버리시리라(대상 28:9).
117. 이에 예수께서 말씀하시되 사단아 물러가라 기록되었으되 주 너의 하나님께 경배하고 다만 그를 섬기라 하였느니라(마 4:10).
118. 어리석은 자는 그 마음에 이르기를 하나님이 없다 하도다 저희는 부패하고 소행이 가증하여 선을 행하는 자가 없도다(시14:1).

1. 제1 계명의 원리(출 20:3) - 사람에게 예배 받고 섬김을 받을 분은 오직 살아계신 하나님밖에 없다.
(출 20:3) 너는 나 외에는 다른 신들을 네게 있게 말지니라

2. 제1 계명의 요구 - 우리가 참되시고 살아계신 하나님이 실제로 계시다는 것을 알게하는 것이다.
  1) 대상 28:9 - 하나님은 유일하신 참 신이 되신다.
    (대상 28:9) 내 아들 솔로몬아 너는 네 아비의 하나님을 알고 온전한 마음과 기쁜 뜻으로 섬길지어다 여호와께서는 뭇 마음을 감찰하사 모든 사상을 아시나니 네가 저를 찾으면 만날 것이요 버리면 저가 너를 영원히 버리시리라
    (1) 시 14:1 - 무신론주의는 어리석은 행위이다.
      (시 14:1) 어리석은 자는 그 마음에 이르기를 하나님이 없다 하도다 저희는 부패하고 소행이 가증하여 선을 행하는 자가 없도다
  2) 마 4:10 - 유일신 되시는 하나님을 승인하고 그에게 경배하며 영광을 돌려야 한다.
    (마 4:10) 이에 예수께서 말씀하시되 사단아 물러가라 기록되었으

---

119. 하나님을 알되 하나님으로 영화롭게도 아니하며 감사치도 아니하고 오히려 그 생각이 허망하여지며 미련한 마음이 어두워졌나니(롬 1:21).
120. 내 백성이 내 소리를 듣지 아니하며 이스라엘이 나를 원치 아니하였도다 (시 81:11).
121. 이는 저희가 하나님의 진리를 거짓 것으로 바꾸어 피조물을 조물주 보다 더 경배하고 섬김이라 주는 곧 영원히 찬송할 이시로다 아멘(롬 1:25).
122. 지으신 것이 하나라도 그 앞에 나타나지 않음이 없고 오직 만물이 우리를 상관하시는 자의 눈 앞에 벌거벗은 것같이 드러나느니라(히 4:13).
123. 그들이 다른 신으로 그의 질투를 일으키며 가증한 것으로 그의 진노를 격발하였도다(신 32:16).

되 주 너의 하나님께 경배하고 다만 그를 섬기라 하였느
니라
(1) 롬 1:21 - 하나님을 떠난 인생의 죄
(롬 1:21) 하나님을 알되 하나님으로 영화롭게도 아니하며 감사
치도 아니하고 오히려 그 생각이 허망하여지며 미련
한 마음이 어두워졌나니
(2) 롬 1:25 - 유일신이신 하나님께만 합당한 영광을 돌리지 않
는 인생의 죄
(롬 1:25) 이는 저희가 하나님의 진리를 거짓 것으로 바꾸어 피
조물을 조물주보다 더 경배하고 섬김이라 주는 곧 영
원히 찬송할 이시로다 아멘

3. 제1 계명의 경고
 1) 종교적 혼합주의 - 참 종교와 이 세상의 많은 거짓된 종교들을
 혼합시키려는 시도
  (1) 우애단 - 기독신자나 유대교도, 회교도들이 종교적 교제를
              나눌 수 있고, 위대한 우주의 조물주에게 기도할
              수 있다는 주장을 한다.
   ① 딤전 2:5 - 유일신은 오직 여호와 하나님이시다.
   (딤전 2:5) 하나님은 한 분이시요 또 하나님과 사람 사이에
              중보도 한 분이시니 곧 사람이신 그리스도 예수
              라
  (2) 종교다원주의 - 모든 종교의 궁극적인 도달점은 일치한다는
              것이다.
   ① 요 14:6 - 종교다원주의는 비성경적 인본주의 사상에 불
              과하다.
   (요 14:6) 예수께서 가라사대 내가 곧 길이요 진리요 생명이

니 나로 말미암지 않고는 아버지께로 올 자가 없느니라
   (3) 성경은 이같은 종교적 혼합주의를 단호히 배격한다.
       ① 요이 1:10 - 기독교의 사랑의 정신과 분명한 구분이 있어야 한다.
       (요이 1:10) 누구든지 이 교훈을 가지지 않고 너희에게 나아가거든 그를 집에 들이지도 말고 인사도 말라

 2) 종교적 관용 - 이단에게 구원의 도리를 설명해야 할 자리에서 침묵을 지키는 것
 3) 종교적 중립 - 현대사회적 현상이다.
    (1) 눅 11:23 - 성경은 종교적 중립이 불가능하다고 말한다.
    (눅 11:23) 나와 함께 아니하는 자는 나를 반대하는 자요 나와 함께 모으지 아니하는 자는 헤치는 자니라

4. 제1 계명의 적용(신 6:4~9) - 이스라엘 종교교육의 핵심은 쉐마
                              (=들으라)교육에 근거함
(신 6:4) 이스라엘아 들으라 우리 하나님 여호와는 오직 하나인 여호와시니
(신 6:5) 너는 마음을 다하고 성품을 다하고 힘을 다하여 네 하나님 여호와를 사랑하라
(신 6:6) 오늘날 내가 네게 명하는 이 말씀을 너는 마음에 새기고
(신 6:7) 네 자녀에게 부지런히 가르치며 집에 앉았을 때에든지 길에 행할 때에든지 누웠을 때에든지 일어날 때에든지 이 말씀을 강론할 것이며
(신 6:8) 너는 또 그것을 네 손목에 매어 기호를 삼으며 네 미간에 붙여 표를 삼고

(신 6:9) 또 네 집 문설주와 바깥 문에 기록할지니라
   1) 교육의 본질(4절) - 유일신
   2) 교육의 목표(5절) - 전인격적으로 하나님을 사랑하라.
   3) 교육의 목표 실천 방안(6~9절)
     (1) 4절 - 듣고
     (2) 6절 - 마음에 새기고
     (3) 7절 - 부지런히 가르치고

〔참고 해설〕
   가나안 복지로 들어가기 전에 모세는 많은 말을 하고 싶었지만 가장 중요한 설교 내용은 이스라엘에게 유일신론을 가르치며 사랑하라는 것이었다. 그러기에 히브리어 성경에서는 4절을 이렇게 기록함으로써 읽는 자마다 말씀의 중요성을 더욱 인식시키고 있다. 히브리어 성경에서 4절의 첫 단어가 "들으라"라고 시작되는데 히브리어로 "쉐마(שמע)"라고 한다. 그러나 놀랍게도 모든 히브리어 알파벳은 소문자로 구성되어 있는데 여기에서는 쉐마의 세 번째 자음을 큰 문자로 기록되었다. 즉 שמע라고 기록함으로써 4절 이하의 말씀을 철두철미하게 들으라는 것을 강조하고 있다. 아울러 4절의 끝 단어가 "하나이시다"로 히브리어로 "에학드(אחד)"인데 이것 역시 강조하기 위하여(אחד)로 기록되어 있다.
   여기서 우리는 이스라엘의 역사를 잠시 살펴보자. 저들은 예수를 십자가에 못박을 때 "그 피의 값을 우리와 우리의 자손들에게 돌리소서"라고 외쳤다. 그들의 말대로 저들은 로마의 디도 장군에 의하여 주후 70년 경에 예루살렘이 완전히 폐허기 되었다. 그리하여 저들은 주권과 영토를 상실한 민족으로서 세계 곳곳으로 유랑의 신세가 되고 말았다. 독일 나치의 유대인 학살을 위시한 유대민족을 향한 핍박은 말할 수 없었으나 마침내 세계적인 기적이 일어나고 말았다. 그것은 1948년에 이스라엘이라는 나라로 팔레스틴 땅에서 독립을 한 것이었

다. 이같은 기적의 원천은 역사의 주인되시는 하나님의 절대주권에 있지만 그 배후에는 시대시대 마다 이어져 왔던 "쉐마"교육이 있었기 때문이다.

 이같은 역사적 사건을 대하면서 우리는 가정에서 우리의 자녀들에게 그리고 후손들에게 유일신인 하나님을 사랑하는 것을 가르쳐야 할 것이다. 가정에서 가르치는 진리는 단순하면 할수록 유익하다. 그리고 그것을 반복해서 부지런히 가르쳐야 한다. 그럴 때 그 말씀이 우리의 자녀들의 머리와 가슴에 영원히 남게되며 그들 역시 훗날 그것을 자녀들에게 전수하게 될 것이다. 이런 의미에서 제 1계명이 우리의 가슴에 뜨겁게 와 닿아야 할 것이다.

제49문: 제 이 계명이 무엇입니까?
답: 제 이 계명은 "너를 위하여 새긴 우상을 만들지 말며 그것들에게 절하지 말며 그것들을 섬기지 말라. 나 여호와 너의 하나님은 질투하는 하나님인즉, 나를 미워하는 자의 죄를 갚되 아비로부터 아들에게로 삼 사대까지 이르게 하거니와 나를 사랑하고 내 계명을 지키는 자에게는 천대까지 은혜를 베푸느니라"하신 것입니다.

제50문: 제 이 계명에서 명하는 것이 무엇입니까?
답: 제 이 계명에서 명하는 것은 하나님이 자기 말씀 가운데서 정하신 종교적 모든 예배와 규례를 받아[124] 순종하며 깨끗하고 온전하게 지키라는 것입니다.[125]

---

124. 내가 너희에게 분부한 모든 것을 가르쳐 지키게 하라 볼찌어다 내가 세상 끝날까지 너희와 항상 함께 있으리라 하시니라(마 28:20).
125. 내가 너희에게 명하는 이 모든 말을 너희는 지켜 행하고 그것에 가감하지 말지니라(신 12:32).
126. 여호와께서 호렙산 화염 중에서 너희에게 말씀하시던 날에 너희가 아무 형상도 보지 못하였은즉 너희는 깊이 삼가라 두렵건대 스스로 부패하여 자기를 위하여 아무 형상대로든지 우상을 새겨 만들되 남자의 형상이라든지, 여자의 형상이라든지, 땅 위에 있는 아무 짐승의 형상이라든지, 하늘에 나는 아무 새의 형상이라든지, 땅 위에 기는 아무 곤충의 형상이라든지, 땅 아래 물 속에 있는 아무 어족의 형상이라든지 만들까 하노라(신 4:15~18).
127. 내가 너희에게 명하는 이 모든 말을 너희는 지켜 행하고 그것에 가감하지 말지니라(신 12:32).
128. 오라 우리가 굽혀 경배하며 우리를 지으신 여호와 앞에 무릎을 꿇자(시 95:6).
129. 그러하면 왕이 너의 아름다움을 사모하실지라 저는 너의 주시니 너는 저를 경배할지어다(시 45:11).
130. 너희는 도리어 그들의 단들을 헐고 그들의 주상을 깨뜨리고 그들의 아세라 상을 찍을지어다 너는 다른 신에게 절하지 말라 여호와는 질투라 이름하는 질투의 하나님임이니라(출 34:13,14).

제51문: 제 이 계명에서 금하는 것이 무엇입니까?
   답: 제 이 계명에서 금하는 것은 형상으로써 하나님을 예배하거나,[126] 그의 말씀 가운데 정하지 아니한 어떤 방법으로 예배하는 것입니다.[127]

제 52문: 제 이 계명을 지키라 하신 이유가 무엇입니까?
   답: 제 이 계명을 지키라 하신 이유는 하나님이 우리의 주권자가 되시며,[128] 우리의 소유주가 되시며,[129] 홀로 자기에게만 예배하는 것을 열망하시기 때문입니다.[130]

1. 제2 계명의 원리(출 20:4~6) - 참 예배의 방법
(출 20:4) 너를 위하여 새긴 우상을 만들지 말고 또 위로 하늘에 있는 것이나 아래로 땅에 있는 것이나 땅 아래 물 속에 있는 것의 아무 형상이든지 만들지 말며
(출 20:5) 그것들에게 절하지 말며 그것들을 섬기지 말라 나 여호와 너의 하나님은 질투하는 하나님인즉 나를 미워하는 자의 죄를 갚되 아비로부터 아들에게로 삼 사대까지 이르게 하거니와
(출 20:6) 나를 사랑하고 내 계명을 지키는 자에게는 천대까지 은혜를 베푸느니라

2. 제2 계명의 요구
  1) 우상을 만들지 말라.
  2) 우상 숭배하지 말라.
    (1) 우상의 정의 - 하나님보다 더 사랑하는 것이 있다면 그것은 우상에 해당한다.
    (2) 우상의 종류 - 범신론을 위시하여 동서고금을 통하여 황금만

능주의와 과학주의등 등을 말할 수 있다.
3) 계명을 지켜야 할 분명한 이유를 인식하라.
   (1) 롬 11:36 - 하나님은 우리의 주권자가 되신다.
   (롬 11:36) 이는 만물이 주에게서 나오고 주로 말미암고 주에게로
               돌아감이라 영광이 그에게 세세에 있으리로다 아멘.
   (2) 시 24:1,2 - 하나님은 우리의 소유주가 되신다.
   (시 24:1) 땅과 거기 충만한 것과 세계와 그 중에 거하는 자가
          다 여호와의 것이로다
   (시 24:2) 여호와께서 그 터를 바다 위에 세우심이여 강들 위에
          건설하셨도다
   (3) 출 34:13,14 - 하나님은 홀로 자기에게만 예배하기를 열망
하시기 때문이다.
   (출 34:13) 너희는 도리어 그들의 단들을 헐고 그들의 주상을 깨
          뜨리고 그들의 아세라 상을 찍을지어다
   (출 34:14) 너는 다른 신에게 절하지 말라 여호와는 질투라 이름
          하는 질투의 하나님임이니라
   ① 아세라 - 바알신과 더불어 이스라엘을 타락하게 만든 신이다.
   ② 질투의 하나님 - 진실로 자기 백성을 사랑하시는 하나님의
속성이다. 하나님은 신부인 이스라엘이 순결하기를 원하셨다.

3. 제2 계명의 경고
  1) 소극적인 경고 - 미신적인 형상을 가지고 하나님을 예배하지 말라.
    (1) 로마 카톨릭의 입장 - 형상을 통한 예배를 주장함
  2) 적극적인 경고 - 말씀 가운데 정한 방법으로도 예배하라.
    (1) 개혁주의의 입장 - 오직 계명에 따라 성경봉독, 성경말씀의
       전파(설교), 찬송, 기도, 성례 등이 참 예배의 요소이다.

4. 제2 계명의 적용(사 2:10) - 여호수아 이후 사사시대의 시대상을
통해 제2 계명을 조명한다.
(삿 2:10) 그 세대 사람도 다 그 열조에게로 돌아갔고 그 후에 일
어난 다른 세대는 여호와를 알지 못하며 여호와께서 이
스라엘을 위하여 행하신 일도 알지못하였더라
　(1) 사사 시대 이스라엘의 범죄 - 우상숭배
　(2) 사사 시대 이스라엘의 타락의 원인 - 십계명 중 제2 계명에
　　　　　　　　　　　　　　　　　　대한 교육 상실
　(3) 여기서 우리는 디모데 가정신앙교육을 우리의 것으로 삼자.
　　　① 딤후 1:5 - 디모데의 신앙은 계보를 이어간다.
　　　　(딤후 1:5) 이는 네 속에 거짓이 없는 믿음을 생각함이라 이
　　　　　　　믿음은 먼저 네 외조모 로이스와 네 어머니 유니
　　　　　　　게 속에 있더니 네 속에도 있는 줄을 확신하노라
　　　② 딤후 3:16 - 디모데는 어려서부터 성경교육을 받았다.
　　　　(딤후 3:15) 또 네가 어려서부터 성경을 알았나니 성경은 능
　　　　　　　히 너로 하여금 그리스도 예수 안에 있는 믿음
　　　　　　　으로 말미암아 구원에 이르는 지혜가 있게 하느
　　　　　　　니라

제53문: 제 삼 계명이 무엇입니까?
  답: 제 삼 계명은 "너는 너의 하나님 여호와의 이름을 망령되이 일컫지 말라. 나 여호와는 나의 이름을 망령되이 일컫는 자를 죄없다 하지 아니하리라" 한 것입니다.

제54문: 제 삼 계명에서 명하는 것이 무엇입니까?
  답: 제 삼 계명에서 명하는 것은 하나님의 이름과,[131] 칭호와,[132] 속성과,[133] 규례와,[134] 말씀과, 행사를,[135] 거룩하고 존경하는 마음으로 사용하라는 것입니다.[136]

제55문: 제 삼 계명에서 금하는 것이 무엇입니까?
  답: 제 삼 계명에서 금하는 것은 하나님이 자기를 나타내신 것이 무엇이든지 훼방하거나 악용하지 말라는 것입니다.[137]

제56문: 제 삼 계명을 지키라 하신 이유가 무엇입니까?
  답: 제 삼 계명을 지키라 하신 이유는 이 계명을 범하는 자가 비록 사람에게는 형벌을 피할 수 있을지라도 주 우리 하나님은 저로 하여금 그 공의의 심판을 피하지 못하게 하시기 때문입니다.[138]

---

131. 여호와의 이름에 합당한 영광을 돌리며 거룩한 옷을 입고 여호와께 경배할지어다(시 29:2).
132. 하나님께 노래하며 그 이름을 찬양하라 타고 광야에 행하시던 자를 위하여 대로를 수축하라 그 이름은 여호와시니 그 앞에서 뛰놀지어다(시 68:4).
134. 너는 하나님의 전에 들어갈 때에 네 발을 삼갈지어다 가까이 하여 말씀을 듣는 것이 우매자의 제사 드리는 것보다 나으니 저희는 악을 행하면서도 깨닫지 못함이니라(전 5:1)주여 누가 주의 이름을 두려워하지 아니하며 영화롭게 하지 아니하오리까 오직 주만 거룩하시니이다 주의 의로우신 일이 나타났으매 만국이 와서 주께 경배하리이다 하더라(계 15:4).

1. 제3 계명의 원리(출 20:7) - 진정한 예배에 요구되는 태도
    (출 20:7) 너는 너의 하나님 여호와의 이름을 망령되이 일컫지 말라 나 여호와는 나의 이름을 망령되이 일컫는 자를 죄 없다 하지 아니하리라

2. 제3 계명의 요구
   1) 여호와의 이름을 망령되이 일컫지 말라
      (1) "망령되이"의 의미
         ① 소홀하게 혹은 생각 없이라는 뜻이다.
         ② 늙거나 정신이 흐려서 말과 행동이 어그러지는 상태를 말한다.
         ③ 하나님의 이름을 공허하게, 헛되게, 위선적으로 혹은 하찮게 불러서는 안된다는 뜻이다.

---

135. 내가 주의 성전을 향하여 경배하며 주의 인자하심과 성실하심을 인하여 주의 이름에 감사하오리니 이는 주께서 주의 말씀을 주의 모든 이름 위에 높게 하셨음이라(시 138:2).
136. 너는 하나님의 하신 일 찬송하기를 잊지 말지니라 인생이 그 일을 노래하였느니라(욥 36:24).
137. 내 이름을 멸시하는 제사장들아 나 만군의 여호와가 너희에게 이르기를 아들은 그 아비를, 종은 그 주인을 공경하나니 내가 아비일진대 나를 공경함이 어디 있느냐 내가 주인일진대 나를 두려워함이 어디 있느냐 하나 너희는 이르기를 우리가 어떻게 주의 이름을 멸시하였나이까 하는도다 너희가 더러운 떡을 나의 단에 드리고도 말하기를 우리가 어떻게 주를 더럽게 하였나이까 하는도다 이는 너희가 주의 상은 경멸히 여길 것이라 말함을 인함이니라(말 1:6,7).
138. 네가 만일 이 책에 기록한 이 율법의 모든 말씀을 지켜 행하지 아니하고 네 하나님 여호와라 하는 영화롭고 두려운 이름을 경외하지 아니하면 여호와께서 너의 재앙과 네 자손의 재앙을 극렬하게 하시리니 그 재앙이 크고 오래고 질병이 중하고 오랠 것이라(신 28:58,59).

④ 아울러 하나님의 이름으로 헛되이 서약을 해서도 안된다 함을 의미한다.
⑤ 더군다나 하나님 혹은 예수님의 이름으로 욕을 해서는 안된다.
2) 하나님의 이름과 칭호와 속성과 규례와 말씀과 행사를 거룩하고 존경하는 마음으로 사용하라는 것이다.
3) 하나님의 이름을 바르게 불러야 할 것을 가르친다.
   (1) 하나님의 이름을 높이는 것을 말한다.
   (2) 하나님의 이름을 높일 뿐만 아니라 그와 함께 행동하는 것을 뜻한다.

3. 제 3 계명의 경고
1) 사 29:13 - 형식주의. 신실한 회개와 신앙으로써만 하나님을 실제로 예배할 수 있다.
(사 29:13) 주께서 가라사대 이 백성이 입으로는 나를 가까이 하며 입술로는 나를 존경하나 그 마음은 내게서 멀리 떠났나니 그들이 나를 경외함은 사람의 계명으로 가르침을 받았을 뿐이라

2) 막 7:7,13 - 전통주의. 서기관들과 바리새인들의 죄
(막 7:7) 사람의 계명으로 교훈을 삼아 가르치니 나를 헛되이 경배하는도다 하였느니라
(막 7:13) 너희의 전한 유전으로 하나님의 말씀을 폐하며 또 이같은 일을 많이 행하느니라 하시고
3) 현대주의 - 기독교 신앙에 대한 거짓된 이론이다.
   (1) '부활'의 의미
      ① 바른 의미 - 죽은 사람의 몸이 다시 소생함

② 잘못된 의미 - 예수 그리스도의 선한 교훈이 되살아나는 것이다. 혹은 몸이 죽을 때 영혼이 살아나는 것이다.
(2) '구세주'의 의미
① 바른 의미 - 예수님을 구원주가 되시는 하나님으로 모시는 것이다.
② 잘못된 의미 - 예수님을 단지 위대한 사람 혹은 선생으로 모시는 것이다

4. 제3 계명의 적용
1) 마 7:21-23 - 우리는 자기 자신을 속이는 자가 되어서는 안된다.
(마 7:21) 나더러 주여 주여 하는 자마다 천국에 다 들어갈 것이 아니요 다만 하늘에 계신 내 아버지의 뜻대로 행하는 자라야 들어가리라
(마 7:22) 그 날에 많은 사람이 나더러 이르되 주여 주여 우리가 주의 이름으로 선지자 노릇하며 주의 이름으로 귀신을 쫓아내며 주의 이름으로 많은 권능을 행치 아니하였나이까 하리니
(마 7:23) 그 때에 내가 저희에게 밝히 말하되 내가 너희를 도무지 알지 못하니 불법을 행하는 자들아 내게서 떠나가라 하리라
2) 약 1:22~25 - 우리는 성경과 자기 자신을 끊임없이 살펴 보아야 한다.
(약 1:22) 너희는 도를 행하는 자가 되고 듣기만 하여 자신을 속이는 자가 되지 말라
(약 1:23) 누구든지 도를 듣고 행하지 아니하면 그는 거울로 자기의 생긴 얼굴을 보는 사람과 같으니

(약 1:24) 제 자신을 보고 가서 그 모양이 어떠한 것을 곧 잊어
버리거니와
(약 1:25) 자유하게 하는 온전한 율법을 들여다 보고 있는 자는
듣고 잊어버리는 자가 아니요 실행하는 자니 이 사람
이 그 행하는 일에 복을 받으리라

3) 교회교육 - 신앙고백을 공적으로 밝히기 전에 교회교육을 충분히 시켜야 한다.

제57문: 제 사 계명이 무엇입니까?
　　답: 제 사 계명은 "안식일을 기억하여 거룩히 지키라. 엿새 동안은 힘써 네 모든 일을 행할 것이나, 제 칠 일은 너의 하나님 여호와의 안식일인즉 너나 네 아들이나 네 딸들이나 네 남종이나 네 여종이나 네 육축이나 네 문 안에 유하는 객이라도 아무 일도 하지 말라. 이는 엿새 동안에 나 여호와가 하늘과 땅과 바다와 그 가운데 모든 것을 만들고 제 칠 일에 쉬었음이라. 그러므로 나 여호와가 안식일을 복되게 하여 그 날을 거룩하게 하였느니라."

제58문: 제 사 계명에서 명하는 것이 무엇입니까?
　　답: 제 사 계명에서 명하는 것은 하나님이 자기 말씀 가운데서 명하신 일정한 때를 그의 앞에서 거룩히 지키는 것인데, 특별히 이레 중 하루를 종일토록 하나님께 거룩한 안식일이 되게 하는 것입니다.[139]

제59문: 하나님께서 이레 중에 어느 날을 안식일로 정하였습니까?

---

139. 출 20:8~11(제57문의 답을 인용).
140. 하나님의 지으시던 일이 일곱째 날이 이를 때에 마치니 그 지으시던 일이 다하므로 일곱째 날에 안식하시니라 하나님이 일곱째 날을 복 주사 거룩하게 하셨으니 이는 하나님이 그 창조하시며 만드시던 모든 일을 마치시고 이 날에 안식하셨음이더라(창 2:2,3).
141. 매주일 첫날에 너희 각 사람이 이를 얻은 대로 저축하여 두어서 내가 갈 때에 연보를 하지 않게 하라(고전 16:2). 안식 후 첫날에 우리가 떡을 떼려 하여 모였더니 바울이 이튿날 떠나고자 하여 저희에게 강론할 새 말을 밤중까지 계속하매(행 20:7).
142. 57문 답 참조(레 23:3 - 엿새 동안은 일할 것이요 일곱째 날은 쉴 안식일이니 성회라 너희는 무슨 일이든지 하지 말라 이는 너희 거하는 각처에서 지킬 여호와의 안식일이니라).
143. 출 16:25~28; 느 13:15~22.
144. 마 12:1~13.

답: 세상 시초부터 그리스도의 부활까지는 하나님이 매 주의 일곱째 날을 안식일로 정하셨고,[140] 그 후로부터는 세상 끝날이 될 때까지는 매주의 첫 날을 명하셨으니 이 날이 바로 그리스도인의 안식일입니다.[141]

제60문: 어떻게 하여야 안식일을 거룩하게 하겠습니까?

답: 안식일을 거룩하게 하는 것은 그 날 종일을 거룩하게 쉼으로 할 것이니 다른 날에 할 수 있는 여러 가지 세상 일과 오락까지 그치고,[142] 그 시간을 공적 또는 사적 예배로 사용할 것이며,[143] 그 외에는 부득이한 일과 자선에 관한 일에 사용할 수 있는 것입니다.[144]

제61문: 제 사 계명에서 금하는 것이 무엇입니까?

---

145. 만군의 여호와가 이르노라 너희가 또 말하기를 이 일이 얼마나 번폐스러운고 하며 코웃음하고 토색한 물건과 저는 것 병든 것을 가져왔느니라 너희가 이같이 헌물을 가져오니 내가 그것을 너희 손에서 받겠느냐 여호와의 말이니라(말 1:13).
146. 이 외에도 그들이 내게 행한 것이 있나니 당일에 내 성소를 더럽히며 내 안식일을 범하였도다(겔 23:38).
147. 만일 안식일에 네 발을 금하여 내 성일에 오락을 행치 아니하고 안식일을 일컬어 즐거운 날이라, 여호와의 성일을 존귀한 날이라 하여 이를 존귀히 여기고 네 길로 행치 아니하며 네 오락을 구치 아니하며 사사로운 말을 하지 아니하면(사 58:13).
148. 제57문의 답 참조(출 31:15,16).
149. 엿새 동안은 일할 것이요 일곱째 날은 쉴 안식일이니 성회라 너희는 무슨 일이든지 하지 말라 이는 너희 거하는 각처에서 지킬 여호와의 안식일이니라(레 23:3).
150. 이는 나와 이스라엘 자손 사이에 영원한 표징이며 나 여호와가 엿새 동안에 천지를 창조하고 제 칠일에 쉬어 평안하였음이니라 하라(출 31:17).
151. 하나님이 일곱째 날을 복 주사 거룩하게 하셨으니 이는 하나님이 그 창조하시며 만드시던 모든 일을 마치시고 이 날에 안식하셨음이더라(창 2:3).

답: 제 사 계명에서 금하는 것은 그 명한 바의 의무를 이행하지 아니하거나[145] 혹은 조심없이 이행한다든가,[146] 태만함으로 또는 죄되는 일을 행하거나, 세상의 여러 가지 일과 오락에 대하여 불필요한 생각과 말과 행동으로 그 날을 더럽히는 일들입니다.[147]

제62문: 제 사 계명을 지키라 한 이유가 무엇입니까?
답: 제 사 계명을 지키라 한 이유는 하나님이 우리 자신들의 생업을 위해 매 엿새 동안을 허락하시고,[148] 제 칠 일은 자기가 특별히 주장하는 이가 되신 것과,[149] 자기가 친히 모범을 보이신 것과,[150] 안식일을 축복하신 것입니다.[151]

1. 제4 계명의 원리(출 20:8~11) - 참 예배의 시간
   (출 20:8) 안식일을 기억하여 거룩히 지키라
   (출 20:9) 엿새 동안은 힘써 네 모든 일을 행할 것이나
   (출 20:10) 제 칠 일은 너의 하나님 여호와의 안식일인즉 너나 네 아들이나 네 딸이나 네 남종이나 네 여종이나 네 육축이나 네 문 안에 유하는 객이라도 아무 일도 하지 말라
   (출 20:11) 이는 엿새 동안에 나 여호와가 하늘과 땅과 바다와 그 가운데 모든 것을 만들고 제 칠 일에 쉬었음이라 그러므로 나 여호와가 안식일을 복되게 하여 그 날을 거룩하게 하였느니라

2. 제4 계명의 요구
   1) 안식일을 기억하라.
      (1) "안식"의 개념 - '솨바트'(שָׁבַת) = "쉬다" "일을 그치다"
      (2) 도덕법으로서 안식일은 중요하다.
         ① 창 2:2,3 - 안식일은 창조의 법이다.
            (창 2:2) 하나님의 지으시던 일이 일곱째 날이 이를 때에 마

치니 그 지으시던 일이 다하므로 일곱째 날에 안식
하시니라
(창 2:3) 하나님이 일곱째 날을 복 주사 거룩하게 하셨으니 이
는 하나님이 그 창조하시며 만드시던 모든 일을 마치
시고 이 날에 안식하셨음이더라
② 출 3:18 - 하나님께서 친히 두 돌판에 기록하셨다.
(출 31:18) 여호와께서 시내산 위에서 모세에게 이르시기를 마
치신 때에 증거판 둘을 모세에게 주시니 이는 돌판
이요 하나님이 친히 쓰신 것이더라
③ 마 5:17;롬 3:31 - 신약성경은 도덕법을 폐기하지 않는다.
(마 5:17) 내가 율법이나 선지자나 폐하러 온 줄로 생각지 말
라 폐하러 온 것이 아니요 완전케 하려 함이로다
(롬 3:31) 그런즉 우리가 믿음으로 말미암아 율법을 폐하느뇨
그럴 수 없느니라 도리어 율법을 굳게 세우느니라

2) 안식일을 거룩히 지키라.
   (1) 안식일과 주일(The Lord's Day)의 관계
      ① 안식일 = 한 주간의 마지막 날로서 여호와가 엿새 동안 창
                조의 역사를 마치고 쉬신 날을 기념한다.
      ② 주일 = 한 주간의 첫 날로서 주님의 부활을 기념한다.
      ⓐ 히 10:1 - 예수님은 율법의 실상이 되신다.
        (히 10:1) 율법은 장차 오는 좋은 일의 그림자요 참 형상이 아
                니므로 해마다 늘 드리는 바 같은 제사로는 나아오
                는 자들을 언제든지 온전케 할 수 없느니라
      ⓑ 마 12:8 - 인자 되신 주님이 안식일의 주인이시다.
        (마 12:8) 인자는 안식일의 주인이니라 하시니라
      ⓒ 인자 되신 주님께서 사망 권세를 이기시고 부활하신 날이 신
        약시대 성도들의 안식일이 되었다.

ⓓ 그래서 주일은 예수님의 구속의 역사를 통해서 우리에게 줄 영원한 안식의 표증이 되는 새로운 안식 곧 영원한 안식을 미리 맛보게 한 날이다
ⓔ 이 날에 모여서
  ㉠ 행 20:7 - 주의 말씀을 배움
  (행 20:7) 안식 후 첫날에 우리가 떡을 떼려 하여 모였더니 바울이 이튿날 떠나고자 하여 저희에게 강론할새 말을 밤중까지 계속하매
  ㉡ 고전 16:2 - 가난한 자를 위하여 헌금함
  (고전 16:2) 매주일 첫날에 너희 각 사람이 이를 얻은대로 저축하여 두어서 내가 갈 때에 연보를 하지 않게 하라
  ㉢ 계 1:10 - 주님과 깊이 교제하는 날
  (계 1:10) 주의 날에 내가 성령에 감동하여 내 뒤에서 나는 나팔소리 같은 큰 음성을 들으니
ⓕ 역사적으로 주일을 지킴
  ㉠ 디다케(Didache) - 주후 100년 "주의 날에 함께 모여 떡을 떼며 성찬식을 거행했다"
  ㉡ 이그나티우스 - 주후 110년 "우리는 안식일을 위해서 사는 것이 아니라, 주일을 위해서 사는 새로운 희망을 가지게 되었다"
  ㉢ 아타나시우스(Athanasius) - 주후 360년
  "우리는 안식일을 지키지 않는다. 우리는 제 2의 새로운 창조를 기념하는 주의 날을 지킨다"
③ 그러므로
ⓐ 구약의 안식일 - 하나님의 창조를 기념하는 날이다.
ⓑ 신약의 주일 - 새로 창조함을 받은 자들이 장차 주어질 영원한 안식을 미리 맛보는 새로운 안식의 날이다.

(2) 주일에 힘써야 할 사항들:
① 거룩하게 쉰다.
② 세상 일과 오락을 멈춘다.
③ 공적 혹은 사적 예배에 힘쓴다.
④ 자선에 힘쓴다.

(3) 안식을 거룩히 지켜야 할 이유는?
① 창 2:3 - 여호와께서 엿새 동안 창조의 역사를 하고, 제 칠일에 쉬며 안식일을 복되게 하며 거룩하게 하셨기 때문이다.
(창 2:3) 하나님이 일곱째 날을 복 주사 거룩하게 하셨으니 이는 하나님이 그 창조하시며 만드시던 모든 일을 마치시고 이 날에 안식하셨음이더라
② 히 4:10 - 인간이 일의 노예가 아님을 보여 주며, 아울러 장차 올 영원한 안식을 미리 맛보게 하시기 위함이다.
히 4:10) 이미 그의 안식에 들어간 자는 하나님이 자기 일을 쉬심과 같이 자기 일을 쉬느니라
③ 인간이 일주일 중에 하루를 쉬는 것은 사회적, 산업적, 인체 공학적 측면에서 필수적이기 때문이다.

3. 제4 계명의 경고
1) 안식교의 주장 - 신약 시대에도 제 칠일을 안식일로 지켜야 구원을 받는다.
2) 안식일 폐기주의 - 모든 날이 주의 날과 같이 거룩하게 살아야 한다고 하면서 주일을 아무렇게나 지내도 전혀 상관이 없으며, 도리어 성수주일을 주장하는 자를 율법주의자로 몰아세우는 것은 대단히 잘못된 주장이다.

4. 제4 계명의 적용

1) 민족복음화의 방편 - 날이 갈수록 주일에 문을 여는 가게들이 늘어나는 현실에서 전체 인구의 25%를 차지하는 기독교 교인들이 주일에는 필수불가결한 일을 제외하고 매매를 금하며 거룩한 생활을 위해서 노력한다면 민족복음화에 큰 힘이 될 것임에 분명하다.

제63문: 제 오 계명이 무엇입니까?
답: 제 오 계명은 "네 부모를 공경하라. 그리하면 너의 하나님 나 여호와가 네게 준 땅에서 네 생명이 길리라" 하신 것입니다.

제64문: 제 오 계명이 명하는 것이 무엇입니까?
답: 제 오 계명이 명하는 것은 각인에게 속한 자기들의 지위와 인륜관계, 즉 상[152] 하[153] 와 평등을[154] 따라 높일 자를 높이고 의무를 다하라는 것입니다.

---

152. 아내들이여 자기 남편에게 복종하기를 주께 하듯 하라(엡 5:22). 자녀들아 너희 부모를 주 안에서 순종하라 이것이 옳으니라(엡 6:1). 각 사람은 위에 있는 권세들에게 굴복하라 권세는 하나님께로 나지 않음이 없나니 모든 권세는 다 하나님의 정하신 바라(롬 13:1).
153. 상전들아 너희도 저희에게 이와 같이 하고 공갈을 그치라 이는 저희와 너희의 상전이 하늘에 계시고 그에게는 외모로 사람을 취하는 일이 없는 줄 너희가 앎이니라(엡 6:9).
154. 형제를 사랑하여 서로 우애하고 존경하기를 서로 먼저 하며(롬 12:10).
155. 모든 자에게 줄 것을 주되 공세를 받을 자에게 공세를 바치고 국세 받을 자에게 국세를 바치고 두려워할 자를 두려워하며 존경할 자를 존경하라(롬 13:7).
156. 네 아버지와 어머니를 공경하라 이것이 약속 있는 첫 계명이니(엡 6:2).

제65문: 제 오 계명에서 금하는 것이 무엇입니까?
　　답: 제 오 계명에서 금하는 것은 각인에게 속한 자기들의 지위와 인륜관계에 있어서 각자에게 속한 명예와 의무를 소홀히 하거나 반대되는 일을 하는 것입니다.[155]

제66문: 제 오 계명을 지키라 한 이유는 무엇입니까?
　　답: 제 오 계명을 지키라 한 이유는 이 계명을 지키는 모든 사람에게, 하나님께 영광이 되고 자기 자신들에게 선이 되는 한 장수하고 번영하는 복을 주시겠다고 약속을 하셨기 때문입니다.[156]

1. 제5 계명의 원리(출 20:12) - 하나님이 주신 권위에 대한 복종
　(출 20:12) 네 부모를 공경하라 그리하면 너의 하나님 나 여호와가 네게 준 땅에서 네 생명이 길리라

2. 제5 계명의 요구
　1) 가족제도에 대한 인식
　　(1) 제정자 - 하나님
　　(2) 가족제도에 있어서의 권위의 출처 - 하나님께서 주신 것이다
　　　① 부모의 권한(엡 6:1) - 자녀들을 다스리는 권한
　　　(엡 6:1) 자녀들아 너희 부모를 주 안에서 순종하라 이것이 옳으니라
　　　② 남편의 권한(창 3:16; 엡 5:22) 아내를 다스리는 권한
　　　(창 3:16) 또 여자에게 이르시되 내가 네게 잉태하는 고통을 크게 더하리니 네가 수고하고 자식을 낳을 것이며 너는 남편을 사모하고 남편은 너를 다스릴 것이니라 하시고

(엡 5:22) 아내들이여 자기 남편에게 복종하기를 주께 하듯하라
2) 네 부모를 공경하라
   (1) 공경의 의미 - 헬라어 τιμα는 빚을 갚다는 뜻이다.
   (2) 공경의 수단
      ① 감사하는 마음이 있어야 한다.
      ② 주 안에서 순종해야 한다.
      ③ 부모님의 생계를 도와야 한다.
   (3) 공경의 결과
      ① 하나님의 축복 - 장수와 번영
      ② 장수에 대한 성경적인 의미
         ㉠ 일차적 의미 - 문자적 장수의 축복을 의미한다.
         ㉡ 이차적 의미 - 개개인 빠짐없이 오래 산다는 것을 의미한다기보다는 하나님의 언약의 백성들에 대한 보호를 약속한다.

3. 제5 계명의 경고
  1) 창 2:24의 바른 이해가 선행되어야 한다.
  (창 2:24) 이러므로 남자가 부모를 떠나 그 아내와 연합하여 둘이 한 몸을 이룰지로다
  부모를 떠난다는 의미 - 단순히 부모의 곁을 떠나 분가하라는 것을 의미하지 않는다. 도리어 이 말씀은 남녀는 결혼 적령기에 신앙적.정신적.경제적.사회적인 측면에서 부모에게 독립할 수 있도록 성장이 있어야 함을 가르친다.

  2) 막 7:9~13 - 바리새적인 신앙을 물리쳐야 한다.
  (막 7:9) 또 가라사대 너희가 너희 유전을 지키려고 하나님의 계명을 잘 저버리는도다

(막 7:10) 모세는 네 부모를 공경하라 하고 또 아비나 어미를 훼방하는 자는 반드시 죽으리라 하였거늘

(막 7:11) 너희는 가로되 사람이 아비에게나 어미에게나 말하기를 내가 드려 유익하게 할 것이 고르반 곧 하나님께 드림이 되었다고 하기만 하면 그만이라 하고

(막 7:12) 제 아비나 어미에게 다시 아무 것이라도 하여 드리기를 허하지 아니하여

(막 7:13) 너희의 전한 유전으로 하나님의 말씀을 폐하며 또 이같은 일을 많이 행하느니라 하시고

4. 제5 계명의 적용
  1) 가정에서
    (1) 기독교의 가정 윤리관 - 효
    (2) 룻의 효성
      ① 룻 1:14 - 희생적
  (룻 1:14) 그들이 소리를 높여 다시 울더니 오르바는 그 시모에게 입맞추되룻은 그를 붙좇았더라
      ② 룻 2:2,3; 3:5 - 순종
  (룻 2:2) 모압 여인 룻이 나오미에게 이르되 나로 밭에 가게 하소서 내가 뉘게 은혜를 입으면 그를 따라서 이삭을 줍겠나이다 나오미가 그에게 이르되 내 딸아 갈지어다 하매
  (룻 2:3) 룻이 가서 베는 자를 따라 밭에서 이삭을 줍는데 우연히 엘리멜렉의 친족 보아스에게 속한 밭에 이르렀더라
  (룻 3:5) 룻이 시모에게 이르되 어머니의 말씀대로 내가 다 행하리이다 하니라
      ③ 룻 1:16~18 - 주 안에서
  (룻 1:16) 룻이 가로되 나로 어머니를 떠나며 어머니를 따르지 말

고 돌아가라 강권하지 마옵소서 어머니께서 가시는 곳에
나도 가고어머니께서 유숙하시는 곳에서 나도 유숙하겠
나이다 어머니의 백성이 나의 백성이 되고 어머니의 하
나님이 나의 하나님이 되시리니
(룻 1:17) 어머니께서 죽으시는 곳에서 나도 죽어 거기 장사될 것
이라 만일 내가 죽는 일 외에 어머니와 떠나면 여호와께
서 내게 벌을 내리시고 더 내리시기를 원하나이다
(룻 1:18) 나오미가 룻의 자기와 함께 가기로 굳게 결심함을 보고
그에게 말하기를 그치니라
(3) 자녀교육의 현장에서 중요한 교육 내용
　① 여호와를 경외하라.
　② 네 부모를 공경하라.

2) 교회에서(행 20:28; 히 13:17) - 교회 지도자들에게 순종
(행 20:28) 너희는 자기를 위하여 또는 온 양떼를 위하여 삼가라
성령이 저들 가운데 너희로 감독자를 삼고 하나님이 자
기 피로 사신 교회를 치게 하셨느니라
(히 13:17) 너희를 인도하는 자들에게 순종하고 복종하라 저희는
너희 영혼을 위하여 경성하기를 자기가 회계할 자인
것 같이 하느니라 저희로 하여금 즐거움으로 이것을
하게하고 근심으로 하게말라 그렇지 않으면 너희에게
유익이 없느니라

3) 국가에서(롬 13:1~7) - 정당한 국가 지도자에게 대한 복종
(롬 13:1) 각 사람은 위에 있는 권세들에게 굴복하라 권세는 하나
님께로 나지 않음이 없나니 모든 권세는 다 하나님의 정
하신바라
(롬 13:2) 그러므로 권세를 거스리는 자는 하나님의 명을 거스림이

니 거스리는 자들은 심판을 자취하리라
4) 하나님께서 주신 권한을 남용할 때에 그리스도인들이 취해야 할 자세
(행 5:29) - 그리스도인들은 저항할 수 있고 또한 저항해야 한다.
(행 5:29) 베드로와 사도들이 대답하여 가로되 사람보다 하나님을 순종하는 것이 마땅하니라
  (1) 스코틀랜드 교회 - 왕이 교회에 종교적인 타협을 요구할 때 거부하였다.
  (2) 마틴 루터 - 로마교황의 압제에 대항하였다.
  (3) 신사참배를 직면했던 한국교회 - 순교로써 항거하였다.

5) 가정교육 - 주 안에서 부모에게 순종하는 신앙이 교회와 국가의 지도자들에게 대한 존경으로 이어지도록 해야 한다.

제67문: 제 육 계명이 무엇입니까?
   답: 제 육 계명은 "살인하지 말지니라"하신 것입니다. [157]

제68문: 제 육 계명에서 명하는 것이 무엇입니까?
   답: 제 육 계명에서 명하는 것은 모든 합리적인 노력으로 우리 자신의 생명과[158] 남의 생명을 보존하라는 것입니다. [159]

제69문: 제 육 계명에서 금하는 것이 무엇입니까?
   답: 제 육 계명이 금하는 것은 불의하게 우리 자신의 생명이나,[160] 이웃의 생명을 빼앗거나,[161] 해하는 일들입니다.

1. 제6 계명의 원리(출 20:13) - 하나님의 형상인 사람을 귀하게 여기라
(출 20:13) 살인하지 말지니라
   1) 하나님의 형상(골 3:10; 엡 4:24) - 지식, 거룩, 의

---

157. 살인하지 말지니라(출 20:13).
158. 이와 같이 남편들도 자기 아내 사랑하기를 제 몸같이 할지니 자기 아내를 사랑하는 자는 자기를 사랑하는 것이라 누구든지 언제든지 제 육체를 미워하지 않고 오직 양육하여 보호하기를 그리스도께서 교회를 보양함과 같이 하나니(엡 5:28,29).
159. 가난한 자와 고아를 위하여 판단하며 곤란한 자와 빈궁한 자에게 공의를 베풀지며 가난한 자와 궁핍한 자를 구원하여 악인들의 손에서 건질지니라 하시는도다(시 82:3,4).
160. 바울이 크게 소리질러 가로되 네 몸을 상하지 말라 우리가 다 여기 있노라 하니(행 16:28).
161. 무릇 사람의 피를 흘리면 사람이 그 피를 흘릴 것이니 이는 하나님이 자기 형상대로 사람을 지었음이니라(창 9:6).

2. 제6 계명의 요구
   1) 살인하지 말라.
      (1) 소극적인 명령 - 타인의 생명을 죽이지 말라
      (2) 적극적인 명령
         ① 마 5:21, 22 - 예수님의 재해석
         (마 5:21) 옛 사람에게 말한바 살인치 말라 누구든지 살인하면 심판을 받게 되리라 하였다는 것을 너희가 들었으나
         (마 5:22) 나는 너희에게 이르노니 형제에게 노하는 자마다 심판을 받게 되고 형제를 대하여 라가라 하는 자는 공회에 잡히게 되고 미련한 놈이라 하는 자는 지옥 불에 들어가게 되리라
         (요일 3:15) 그 형제를 미워하는 자마다 살인하는 자니 살인하는 자마다 영생이 그 속에 거하지 아니하는 것을 너희가 아는 바라
         ② 엡 5:28, 29 - 자신의 생명을 보존하기를 힘써라
         (엡 5:28) 이와 같이 남편들도 자기 아내 사랑하기를 제몸같이 할지니 자기 아내를 사랑하는 자는 자기를 사랑하는 것이라
         (엡 5:29) 누구든지 언제든지 제 육체를 미워하지 않고 오직 양육하여 보호하기를 그리스도께서 교회를 보양함과 같이 하나니
         ③ 시 82:3, 4 - 타인의 생명을 보존하기를 힘써라
         (시 82:3) 가난한 자와 고아를 위하여 판단하며 곤란한 자와 빈궁한 자에게 공의를 베풀지며
         (시 82:4) 가난한 자와 궁핍한 자를 구원하여 악인들의 손에서 건질찌니라 하시는도다

2) 살인에 해당하지 않는 것들
   (1) 살상(창 1:29,30; 9:3) - 짐승
   (창 1:29) 하나님이 가라사대 내가 온 지면의 씨 맺는 모든 채소와 씨 가진열매 맺는 모든 나무를 너희에게 주노니 너희 식물이 되리라
   (창 1:30) 또 땅의 모든 짐승과 공중의 모든 새와 생명이 있어 땅에 기는 모든 것에게는 내가 모든 푸른 풀을 식물로 주노라 하시니 그대로 되니라
   (창 9:3) 무릇 산 동물은 너희의 식물이 될지라 채소같이 내가 이것을 다 너희에게 주노라
   (2) 도적(출 22:2) - 정당한 방어
   (출 22:2) 도적이 뚫고 들어옴을 보고 그를 쳐 죽이면 피 흘린 죄가 없으나
   (3) 국방의 의무(롬 13:1~7) - 정부의 정식 대행자
   (롬 13:4) 그는 하나님의 사자가 되어 네게 선을 이루는 자니라 그러나 네가 악을 행하거든 두려워하라 그가 공연히 칼을 가지지아니하였으니 곧 하나님의 사자가 되어 악을 행하는 자에게 진노하심을 위하여 보응하는 자니라
   (4) 사형제도(창 9:6) - 처형
   (창 9:6) 무릇 사람의 피를 흘리면 사람이 그 피를 흘릴 것이니 이는 하나님이 자기 형상대로 사람을 지었음이니라

3. 제6 계명의 경고
   1) 자신의 생명의 보존을 위하여 십계명에 다른 규칙을 세우는 삶
   (롬 14:14) - 커피 마심을 금함
   (롬 14:14) 내가 주 예수 안에서 알고 확신하는 것은 무엇이든지 스스로 속된 것이 없으되 다만 속되게 여기는 그 사람

에게는 속되니라
2) 이웃에게 악을 행치 않는 것으로 충분하다는 생각 - 오히려 선을 도모하라

4. 제6 계명의 적용
   1) 자살 - 자신의 생명을 스스로 끊는 것은 참으로 큰 죄이다.

   2) 전도(약 5:20) - 멸망의 길에 있는 이웃에게 경고하는 것은 그의 생명을 가장 적극적으로 보존하는 행동이다.
   (약 5:20) 너희가 알 것은 죄인을 미혹한 길에서 돌아서게 하는 자가 그 영혼을 사망에서 구원하며 허다한 죄를 덮을 것이니라

   3) 성도의 가치(시 16:3) - 서로 존귀하게 여기자.
   (시 16:3) 땅에 있는 성도는 존귀한 자니 나의 모든 즐거움이 저희에게 있도다

제70문: 제 칠 계명이 무엇입니까?
    답: 제 칠 계명은 "간음하지 말지니라" 하신 것입니다.[162]

제71문: 제 칠 계명이 명하는 것은 무엇입니까?
    답: 제 칠 계명이 명하는 것은 생각과[163] 말과[164] 행동에서[165] 자기 자신과 이웃의 정조를 보전하라는 것입니다.[167]

제72문: 제 칠 계명에서 금하는 것이 무엇입니까?
    답: 제 칠 계명에서 금하는 것은 모든 부정한 생각과[168] 말과 행동입니다.[170]

1. 제7 계명의 원리(출 20:14) - 신성한 결혼과 가정
(출 20:14) 간음하지 말지니라

---

162. 간음하지 말지니라(출 20:14).
163. 나는 너희에게 이르노니 여자를 보고 음욕을 품는 자마다 마음에 이미 간음하였느니라(마 5:28).
164. 너의 말을 항상 은혜 가운데서 소금으로 고르게 함같이 하라(골 4:6).
165. 너희의 두려워하며 정결한 행위를 봄이라(벧전 3:2).
166. 또한 네가 청년의 정욕을 피하고 주를 깨끗한 마음으로 부르는 자들과 함께 믿음과 사랑과 화평을 좇으라(딤후 2:22).
167. 벧전 3:2
168. 마 5:28
169. 누추함과 어리석은 말이나 희롱의 말이 마땅치 아니하니 돌이켜 감사하는 말을 하라
170. 음행과 온갖 더러운 것과 탐욕은 너희 중에서 그 이름이라도 부르지 말라 이는 성도의 마땅한 바니라(엡 5:3).

2. 제7 계명의 요구
   1) 성욕에 대한 이해
      (1) 하나님께서 창조하신 것이다.
      (2) 창 2:18 - 죄없는 상태에도 있었다.
      (창 2:18) 여호와 하나님이 가라사대 사람의 독처하는 것이 좋지 못하니 내가 그를 위하여 돕는 배필을 지으리라 하시니라
      (3) 창 2:24 - 결혼에 대한 욕구를 일으킨다.
      (창 2:24) 이러므로 남자가 부모를 떠나 그 아내와 연합하여 둘이 한 몸을 이룰지로다
      (4) 창 2:25 - 성욕 자체가 나쁜 것이 아니다.
      (창 2:25) 아담과 그 아내 두 사람이 벌거벗었으나 부끄러워 아니하니라
   2) 소극적 명령 - 간음하시 말나
      (1) 정의 - 성욕을 불법적으로 만족시키는 행위
      (2) 종류
         ① 간음(신 22:28,29) -
         (신 22:28) 만일 남자가 어떤 약혼하지 아니한 처녀를 만나 그를 붙들고 통간하는 중 그 두 사람이 발견되거든
         (신 22:29) 그 통간한 남자는 그 처녀의 아비에게 은 오십 세겔을 주고 그 처녀로 아내를 삼을 것이라 그가 그 처녀를 욕보였은즉 평생에 그를 버리지 못하리라
         ② 간통(신 22:22) -
         (신 22:22) 남자가 유부녀와 통간함을 보거든 그 통간한 남자와 그 여자를 둘 다 죽여 이스라엘 중에 악을 제할지니라

③ 수간(獸姦)(출 22:19) -
(출 22:19) 짐승과 행음하는 자는 반드시 죽일지니라
④ 동성애(레 18:22; 롬 1:26,27) -
(레 18:22) 너는 여자와 교합함 같이 남자와 교합하지 말라 이는 가증한 일이니라
(롬 1:26) 이를 인하여 하나님께서 저희를 부끄러운 욕심에 내어 버려 두셨으니 곧 저희 여인들도 순리대로 쓸 것을 바꾸어 역리로 쓰며
(롬 1:27) 이와 같이 남자들도 순리대로 여인 쓰기를 버리고 서로 향하여 음욕이 불일듯하매 남자가 남자로 더불어 부끄러운 일을 행하여 저희의 그릇됨에 상당한 보응을 그 자신에 받았느니라

3) 적극적 명령
　(1) 예수님의 교훈(마 5:28) - 음욕을 품는 자마다
　(마 5:28) 나는 너희에게 이르노니 여자를 보고 음욕을 품는 자마다 마음에 이미 간음하였느니라
　(2) 사도 바울의 교훈(고전 6:18; 살전 4:3~8) - 인류 타락의 주된 원인이 된다.
　(고전 6:18) 음행을 피하라 사람이 범하는 죄마다 몸 밖에 있거니와 음행하는 자는 자기 몸에게 죄를 범하느니라
　(살전 4:3) 하나님의 뜻은 이것이니 너희의 거룩함이라 곧 음란을 버리고
　(살전 4:4) 각각 거룩함과 존귀함으로 자기의 아내 취할 줄을 알고
　(살전 4:5) 하나님을 모르는 이방인과 같이 색욕을 좇지 말고
　(살전 4:6) 이 일에 분수를 넘어서 형제를 해하지 말라 이는 우리가 너희에게 미리 말하고 증거한 것과 같이 이 모든 일에 주께서 신원하여 주심이니라

(살전 4:7) 하나님이 우리를 부르심은 부정케 하심이 아니요 거룩케하심이니

(살전 4:8) 그러므로 저버리는 자는 사람을 저버림이 아니요 너희에게 그의 성령을 주신 하나님을 저버림이니라

① 간음하지 않아야 할 이유는?(살전 4:6~8)
㉠ 간음죄를 주께서 보복하시기 때문이다(6절)
㉡ 성화를 요구하신다(7절)
㉢ 우리 속에 역사하시는 하나님을 저버림이다(8절)
(3) 언약적 헌신 - 영적 간음

3. 제7 계명의 경고
 1) 금욕주의- 성욕 자체를 죄악시하는 것은 비성경적이다.
  (1) 마 19:12 - 세 종류의 고사
  (마 19:12) 어미의 태로부터 된 고자도 있고 사람이 만든 고자도 있고 천국을 위하여 스스로 된 고자도 있도다 이 말을 받을만한 자는 받을지어다
 2) 독신주의 - 금욕의 능력이 온전하지 못한 대부분의 사람들에게는 비성경적이다.
  (1) 고전 7:7~9 - 독신은 하나님으로부터 주어진 은사가 있어야 한다.
  (고전 7:7) 나는 모든 사람이 나와 같기를 원하노라 그러나 각각 하나님께 받은 자기의 은사가 있으니 하나는 이러하고 하나는 저러하니라
  (고전 7:8) 내가 혼인하지 아니한 자들과 및 과부들에게 이르노니 나와 같이 그냥 지내는 것이 좋으나
  (고전 7:9) 만일 절제할 수 없거든 혼인하라 정욕이 불같이 타는 것보다 혼인하는 것이 나으니라

4. 제7 계명의 적용
   1) 창 2:24; 엡 5:22~33 - 사도 바울은 그리스도와 교회(성도들)의 관계를 부부의 하나됨을 통해서 증거한다.
      (창 2:24) 이러므로 남자가 부모를 떠나 그 아내와 연합하여 둘이 한몸을 이룰지로다
      (엡 5:23) 이는 남편이 아내의 머리 됨이 그리스도께서 교회의 머리 됨과 같음이니 그가 친히 몸의 구주시니라
      (엡 5:24) 그러나 교회가 그리스도에게 하듯 아내들도 범사에 그 남편에게 복종할지니라
      (엡 5:25) 남편들아 아내 사랑하기를 그리스도께서 교회를 사랑하시고 위하여 자신을 주심같이 하라
      (엡 5:31) 이러므로 사람이 부모를 떠나 그 아내와 합하여 그 둘이 한 육체가 될지니
      (엡 5:32) 이 비밀이 크도다 내가 그리스도와 교회에 대하여 말하노라

   2) 성경적인 결혼관을 저해하는 요소를 배격하자.
      (1) 간음
      (2) 이혼
      (3) 동성연애
      (4) 일부다처제

   3) 간음의 유혹을 적은 것에서부터 물리치기를 힘쓰자.
      (1) 서적.신문 등에서
      (2) 영화.비디오.컴퓨터 등등에서

제73문: 제 팔 계명이 무엇입니까?
   답: 제 팔 계명은 "도둑질하지 말지니라" 하신 것입니다.[171]

제74문: 제 팔 계명이 명하는 것이 무엇입니까?
   답: 제 팔 계명이 명하는 것은 합법적인 방법으로 우리 자신들과,[172] 남의 재물과 산업을 얻고,[173] 또한 이것들을 증진시키라는 것입니다.

제 75문: 제 팔 계명에서 금하는 것이 무엇입니까?
   답: 제 팔 계명에서 금하는 것은 우리 자신과[174] 이웃의 재물과 산업을 부당하게 방해하거나 또는 방해될 만한 일은 금하는 것입니다.[175]

1. 제8 계명의 원리(출 20:15) - 신성한 재물
   (출 20:15) 도적질하지 말지니라

2. 제8 계명의 요구
   1) 사유재산에 대한 이해
      (1) 만물의 소유주(시 24:1,2) - 하나님

---

171. 도적질하지 말지니라(출 20:15).
172. 아무에게도 악으로 악을 갚지 말고 모든 사람 앞에서 선한 일을 도모하라(롬 12:17).
173. 네 동족이 빈한하게 되어 빈 손으로 네 곁에 있거든 너는 그를 도와 객이나 우거하는 자처럼 너와 함께 생활하게 하되(레 25:35). 각각 자기 일을 돌아볼 뿐더러 또한 각각 다른 사람들의 일을 돌아보아 나의 기쁨을 충만케 하라(빌 2:4).
174. 누구든지 자기 친족 특히 자기 가족을 돌아보지 아니하면 믿음을 배반한 자요 불신자보다 더 악한 자니라(딤전 5:8).
175. 도적질하는 자는 다시 도적질하지 말고 돌이켜 빈궁한 자에게 구제할 것이 있기 위하여 제 손으로 수고하여 선한 일을 하라(엡 4:28).

(시 24:1) 땅과 거기 충만한 것과 세계와 그 중에 거하는 자가
다 여호와의 것이로다
(시 24:2) 여호와께서 그 터를 바다 위에 세우심이여 강들 위에
건설하셨도다
(2) 사유재산의 권리 - 하나님이 제정하셨다.
(3) 합법적인 사유재산
① 엡 4:28 - 자신의 노력
(엡 4:28) 도적질하는 자는 다시 도적질하지 말고 돌이켜 빈궁한
자에게 구제할 것이 있기 위하여 제 손으로 수고하여
선한 일을 하라
② 민 36:7~9: 고후 12:14 - 상속
(민 36:7) 그리하면 이스라엘 자손의 기업이 이 지파에서 저 지
파로 옮기지 않고 이스라엘 자손이 다 각기 조상 지파
의 기업을 지킬 것이니라 하셨나니
(민 36:8) 이스라엘 자손의 지파 중 무릇 그 기업을 이은 딸들은
자기 조상 지파 가족 되는 사람에게로 시집갈 것이라
그리하면 이스라엘 자손이 각기 조상의 기업을 보존하
게 되어서
(민 36:9) 그 기업으로 이 지파에서 저 지파로 옮기게 하지 아니
하고 이스라엘 자손 지파가 각각 자기 기업을 지키리라
(고후 12:14) 보라 이제 세 번째 너희에게 가기를 예비하였으나
너희에게 폐를 끼치지 아니하리라 나의 구하는 것
은 너희 재물이 아니요 오직 너희니라 어린 아이가
부모를 위하여 재물을 저축하는 것이 아니요 이에
부모가 어린 아이를 위하여 하느니라
(4) 부에 대한 성경적 개념
① 딤전 6:10 - 돈을 사랑함이 모든 악의 근원이다.
(딤전 6:10) 돈을 사랑함이 일만 악의 뿌리가 되나니 이것을 사

모하는 자들이 미혹을 받아 믿음에서 떠나 많은 근심으로써 자기를 찔렀도다
② 딤전 6:18 - 하나님을 섬기는 수단이 될 때는 축복이다.
(딤전 6:18) 선한 일을 행하고 선한 사업에 부하고 나눠주기를 좋아하며 동정하는 자가 되게 하라
  ㉠ 삭개오(눅 19:8) - 소유의 절반을
  (눅 19:8) 삭개오가 서서 주께 여짜오되 주여 보시옵소서 내 소유의 절반을 가난한 자들에게 주겠사오며 만일 뉘 것을 토색한 일이 있으면 사배나 갚겠나이다
  ㉡ 루디아(행 16:15) - 사도 바울의 일행의 의식주 문제를 도왔다.
  (행 16:15) 저와 그 집이 다 세례를 받고 우리에게 청하여 가로되 만일 나를 주 믿는 자로 알거든 내 집에 들어와 유하라 하고 강권하여 있게 하니라
  ㉢ 뵈뵈(롬 16:2) - 복음을 위해 많은 사람들에게 호의를 베풀었다
  (롬 16:2)너희가 주 안에서 성도들의 합당한 예절로 그를 영접하고 무엇이든지 그에게 소용되는 바를 도와 줄찌니 이는 그가 여러 사람과 나의 보호자가 되었음이니라
  ㉣ 가이오(요삼 1:5) - 복음을 위해 나그네 된 자들을 잘 섬겼다.
  (요삼 1:5) 사랑하는 자여 네가 무엇이든지 형제 곧 나그네 된 자들에게 행하는 것이 신실한 일이니

2) 소극적인 명령 - 도둑질하지 말라
  (1) 도둑질에 대한 정의 - 불법으로 재산을 얻은 것

(2) 도둑질의 종류
　① 도박
　② 게으름(살후 3:10)
　③ 낭비(잠 18:9)
　(잠 18:9) 자기의 일을 게을리 하는 자는 패가하는 자의 형제니라
　④ 사기 - 거짓 선전.광고.포장

3) 적극적인 명령
　(1) 살후 3:10 - 합법적인 방법으로 재물을 얻어라
　(2) 타인의 재물과 산업에 대해서 - 유익을 줄 수 있어야 한다

3. 제8 계명의 경고
　1) 공산주의의 주장 - 공동소유권 주장은 성경적이 아니다.
　2) 공산주의적 공동소유권과 기독교적 공동소유권의 차이점
　　(1) 공산주의적 공동소유권 - 폭력을 동원함
　　(2) 기독교적 공동소유권
　　　① 행 2:44, 45 - 자발적
　　　(행 2:44) 믿는 사람이 다 함께 있어 모든 물건을 서로 통용하고
　　　(행 2:45) 또 재산과 소유를 팔아 각 사람의 필요를 따라 나눠 주고
　　　② 행 5:4 - 사유재산에 대한 사도들의 인정
　　　(행 5:4) 땅이 그대로 있을 때에는 네 땅이 아니며 판 후에도 네 임의로 할 수가 없더냐 어찌하여 이 일을 네 마음에 두었느냐 사람에게 거짓말한 것이 아니요 하나님께로다

③ 행 5:1~11 - 어느 누구도 사유재산을 포기하도록 요구받지 않았다
3) 공산주의 결과 - 사유재산을 인정하지 않는 공산주의사회는 결국 경쟁력을 상실하면서 경제가 붕괴되고 나라까지 무너지게 되었다.

4. 제8 계명의 적용
  1) 일용할 양식에 만족하는 신앙
   (1) 마 6:11 - 주기도문
   (마 6:11) 오늘날 우리에게 일용할 양식을 주옵시고
   (2) 딤전 6:6~8 - 지족하는 마음
   (딤전 6:6) 그러나 지족하는 마음이 있으면 경건이 큰 이익이 되느니라
   (딤전 6:7) 우리가 세상에 아무 것도 가지고 온 것이 없으매 또한 아무 것도 가지고 가지 못하리니
   (딤전 6:8) 우리가 먹을 것과 입을 것이 있은즉 족한 줄로 알 것이니라
  2) 이기적인 소유심을 버리는 신앙
   (1) 마 19:16~30 - 예수님과 한 부자 청년의 대화
   (마 19:20) 그 청년이 가로되 이 모든 것을 내가 지키었사오니 아직도 무엇이 부족하니이까
   (마 19:21) 예수께서 가라사대 네가 온전하고자 할진대 가서 네 소유를 팔아 가난한 자들을 주라 그리하면 하늘에서 보화가 네게 있으리라 그리고 와서 나를 좇으라 하시니
   (마 19:22) 그 청년이 재물이 많으므로 이 말씀을 듣고 근심하며 가니라
   (2) 눅 16:19~31 - 부자와 거지 나사로

(눅 16:19) 한 부자가 있어 자색 옷과 고운 베옷을 입고 날마다 호화로이 연락하는데
(눅 16:20) 나사로라 이름한 한 거지가 헌데를 앓으며 그 부자의 대문에 누워
3) 선한 사업에 부유한 신앙인이 되기 위하여 근검절약하는 신앙
(딤전 6:18) 선한 일을 행하고 선한 사업에 부하고 나눠주기를 좋아하며 동정하는 자가 되게 하라
4) 노사문제에 성경적인 원리들을 적용
  (1) 고용인의 자세(엡 6:5~7) - 고용자를 하나님을 섬기듯 임해야 한다.
  (엡 6:5) 종들아 두려워하고 떨며 성실한 마음으로 육체의 상전에게 순종하기를 그리스도께 하듯 하여
  (엡 6:6) 눈가림만 하여 사람을 기쁘게 하는 자처럼 하지 말고 그리스도의 종들처럼 마음으로 하나님의 뜻을 행하여
  (엡 6:7) 단 마음으로 섬기기를 주께 하듯하고 사람들에게 하듯 하지 말라
  (2) 고용자의 자세(엡 6:9) - 자신의 권리와 아울러 고용인의 권리를 기억해야 하며 정당한 임금을 지불해야 한다.
(엡 6:9) 상전들아 너희도 저희에게 이와 같이 하고 공갈을 그치라 이는 저희와 너희의 상전이 하늘에 계시고 그에게는 외모로 사람을 취하는 일이 없는 줄 너희가 앎이니라

제76문: 제 구 계명이 무엇입니까?

　　답: 제 구 계명은 "네 이웃에 대하여 거짓 증거하지 말지니라"한 것입니다.[176]

제77문: 제 구 계명이 명하는 것이 무엇입니까?

　　답: 제 구 계명이 명하는 것은 특히 증거하는 일에 있어서[177] 피차간의 진실함과,[178] 또 우리 자신과[179] 이웃의 명예를 유지하고 증진시키라는 것입니다.[180]

제78문: 제 구 계명이 금하는 것이 무엇입니까?

　　답: 제 구 계명이 금하는 것은 진실에 대하여 해로운 그 무엇이든지 혹은 우리나[181] 우리 이웃의 명예 훼손을 금하는 일입니다.[182]

1. 제9 계명의 원리(출 20:16) - 성결한 언어
(출 20:16) 네 이웃에 대하여 거짓 증거하지 말지니라

---

176. 네 이웃에 대하여 거짓 증거하지 말지니라(출 20:16).
177. 신실한 증인은 거짓말을 아니하여도 거짓 증인은 거짓말을 뱉느니라(잠 14:5).
178. 너희가 행할 일은 이러하니라 너희는 각기 이웃으로 더불어 진실을 말하며 너희 성문에서 진실하고 화평한 재판을 베풀고(슥 8:16).
179. 선한 양심을 가지라 이는 그리스도 안에 있는 너희의 선행을 욕하는 자들로 그 비방하는 일에 부끄러움을 당하게 하려 함이라(벧전 3:16).
180. 데메드리오는 뭇사람에게도, 진리에게도 승거를 받았으매 우리노 승거하노니 너는 우리의 증거가 참된 줄을 아느니라(요삼 12절).
181. 나는 단정코 너희를 옳다 하지 아니하겠고 죽기 전에는 나의 순전함을 버리지 않을 것이라(욥 27:5).
182. 그 혀로 참소치 아니하고 그 벗에게 행악치 아니하며 그 이웃을 훼방치 아니하며(시 15:3).

1) 제 3,9 계명의 공통점 - 혀로 말미암아 짓는 죄이다.

2. 제9 계명의 요구
   1) 소극적인 요구 - 이웃에 대하여 거짓 증거하지 말라.
      (1) 하나님에 대한 이해
         ① 시 31:5 - 진리의 주 하나님
         (시 31:5) 내가 나의 영을 주의 손에 부탁하나이다 진리의 하나님 여호와여 나를 구속하셨나이다
         ② 딛 1:2 - 하나님은 거짓말을 하실 수 없는 분이시다.
         (딛 1:2) 영생의 소망을 인함이라 이 영생은 거짓이 없으신 하나님이 영원한 때 전부터 약속하신 것인데
      (2) 사탄에 대한 이해
         ① 요 8:44 - 사탄은 거짓의 아비이다.
         (요 8:44) 너희는 너희 아비 마귀에게서 났으니 너희 아비의 욕심을 너희도 행하고자 하느니라 저는 처음부터 살인한 자요 진리가 그 속에 없으므로 진리에 서지 못하고 거짓을 말할 때마다 제 것으로 말하나니 이는 저가 거짓말쟁이요 거짓의 아비가 되었음이니라

   2) 적극적 명령
      (1) 피차간에 진실하라.
         ① 자신에게 - 스스로 진실하다고 평가할 수 있어야 한다.
         ② 상대방에게 - 실제로 일어난 바를 말할 수 있어야 한다.
      (2) 자신과 이웃에 대하여 명예를 유지하고 증진시키라.

3. 제9 계명의 경고
   1) 선의의 거짓말

(1) 근거 - 거짓된 친절과 아첨
(2) 형태 - 자네가 나보다 훨씬 멋있어! 등
(3) 하나님의 응답
　① 시 12:3 - 아첨하는 입술을 끊으신다.
　(시 12:3) 여호와께서 모든 아첨하는 입술과 자랑하는 혀를 끊으시리니
　② 행 12:22,23 - 시돈과 두로 사람들의 헤롯을 향한 아첨과 하나님의 응징
　(행 12:22) 백성들이 크게 부르되 이것은 신의 소리요 사람의 소리는 아니라 하거늘
　(행 12:23) 헤롯이 영광을 하나님께 돌리지 아니하는 고로 주의 사자가 곧 치니 충이 먹어 죽으니라

2) 편의상 거짓말
(1) 근거 - 불쾌함을 피하기 위하여
(2) 형태 - 전화 등이 올 때 없다고 해라
(3) 하나님의 응답
　① 롬 3:8 - 좋은 결과를 위해 나쁜 일을 해서는 안된다.
　(롬 3:8) 또는 그러면 선을 이루기 위하여 악을 행하자 하지 않겠느냐(어떤 이들이 이렇게 비방하여 우리가 이런 말을 한다고 하니) 저희가 정죄받는 것이 옳으니라

3) 필연적인 거짓말
(1) 근거 - 거짓말을 변호하는 가장 흔한 이론
(2) 형태
　① 아브라함(창 12:13,19; 20:2,5,12) - 자기의 생명을 구하기 위하여 거짓말을 하였다.

(창 12:13) 원컨대 그대는 나의 누이라 하라 그리하면 내가 그대로 인하여 안전하고 내 목숨이 그대로 인하여 보존하겠노라 하니라
(창 20:2) 그 아내 사라를 자기 누이라 하였으므로 그랄 왕 아비멜렉이 보내어 사라를 취하였더니
② 히브리 산파(출 1:19,20) - 바로에게 거짓말
(출 1:19) 산파가 바로에게 대답하되 히브리 여인은 애굽 여인과 같지 아니하고 건장하여 산파가 그들에게 이르기 전에 해산하였더이다 하매
(출 1:20) 하나님이 그 산파들에게 은혜를 베푸시니라 백성은 생육이 번성하고 심히 강대하며
(3) 하나님의 응답
① 우리는 어떤 거짓말도 할 권리가 없다.
② 아울러 악인들은 우리의 진실 전부를 알 권리도 허락되지 않았다(삼상 16:1~5).
㈀ 하나님은 사무엘에게 두 가지를 행하도록 시켰다.
(a) 이새의 아들 중에서 한 명에게 기름을 부어라.
(b) 암송아지를 끌고 가서 제사를 드릴 때 이새를 청하라.
㈁ 하나님은 사무엘에게 해가 되지 않도록 일부만을 말하게 하셨다.

4. 제9 계명의 적용
 1) 말하기 전에 생각하는 습관을 지니자.
  (1) 약 3:5 - 큰 화를 불러오는 말
  (약 3:5) 이와 같이 혀도 작은 지체로되 큰 것을 자랑하도다 보라 어떻게 작은 불이 어떻게 많은 나무를 태우는가
  (2) 잠 10:19 - 말을 제어하는 자

(잠 10:19) 말이 많으면 허물을 면키 어려우나 그 입술을 제어하는 자는 지혜가 있느니라

2) 사람보다 하나님을 기쁘시게 하는 말을 하도록 힘을 쓰자.
(1) 갈 1:10 - 신본주의 신앙
(갈 1:10) 이제 내가 사람들에게 좋게 하랴 하나님께 좋게 하랴 사람들에게 기쁨을 구하랴 내가 지금까지 사람의 기쁨을 구하는 것이었다면 그리스도의 종이 아니니라

3) 제9 계명의 궁극적인 교훈은 정직하고 진실해야 함을 가르친다. 거짓의 근거?
   (1) 악독으로부터 하는 거짓
   (2) 두려움 때문에 하는 거짓말
   (3) 부주의해서 하는 거짓말
   (4) 자랑하려고 하는 거짓말
   (5) 이익을 얻기 위해서 하는 거짓말
   (6) 침묵의 거짓말

제79문: 제 십 계명은 무엇입니까?
 답: 제 십 계명은 "네 이웃의 집을 탐내지 말지니라 네 이웃의 아내나 그의 남종이나 그의 여종이나 그의 소나 그의 나귀나 무릇 네 이웃의 소유를 탐내지 말지니라"한 것입니다.[183]

제80문: 제 십 계명에서 명하는 것이 무엇입니까?
 답: 제 십 계명에서 명하는 것은 우리 자신의 처지에 만족하며,[184] 이웃과 그의 모든 것에 대하여 의롭고 사랑하는 마음을 품으라는 것입니다.[185]

제81문: 제 십 계명에서 금하는 것이 무엇입니까?
 답: 제 십 계명에서 금하는 것은 우리 자신의 처지에 대한 모든 불만과,[186] 이웃의 행복을 시기하거나 좋지 않게 여기는 것과,[187] 이웃에게 속한 어떤 물건에 대한 모든 부당한 행동과 감정입니다.[188]

---

183. 네 이웃의 집을 탐내지 말지니라 네 이웃의 아내나 그의 남종이나 그의 여종이나 그의 소나 그의 나귀나 무릇 네 이웃의 소유를 탐내지 말지니라(출 20:17).
184. 돈을 사랑치 말고 있는 바를 족한 줄로 알라 그가 친히 말씀하시기를 내가 과연 너희를 버리지 아니하고 과연 너희를 떠나지 아니하리라 하셨느니라(히13:5).
185. 즐거워하는 자들로 함께 즐거워하고 우는 자들로 함께 울라(롬 12:15). 누구든지 자기의 유익을 구치 말고 남의 유익을 구하라(고전 10:24).
186. 저희 중에 어떤 이들이 원망하다가 멸망시키는 자에게 멸망하였나니 너희는 저희와 같이 원망하지 말라(고전 10:10).
187. 시기와 다툼이 있는 곳에는 요란과 모든 악한 일이 있음이니라(약 3:16).
188. 그러므로 모든 악독과 모든 궤휼과 외식과 시기와 모든 비방하는 말을 버리고(벧전 2:1).

1. 제10 계명의 원리(출 20:17) - 만족의 규범
   (출 20:17) 네 이웃의 집을 탐내지 말지니라 네 이웃의 아내나 그의 남종이나 그의 여종이나 그의 소나 그의 나귀나 무릇 네 이웃의 소유를 탐내지 말지니라

2. 제10 계명의 요구
   1) 소극적 요구 - 네 이웃의 집을 탐내지 말라
      (1) 탐심은 모든 다른 죄의 근원이다.
         ① 약 1:14,15 - 탐심이 모든 악의 출발점이다.
         (약 1:14) 오직 각 사람이 시험을 받는 것은 자기 욕심에 끌려 미혹됨이니
         (약 1:15) 욕심이 잉태한즉 죄를 낳고 죄가 장성한즉 사망을 낳느니라
         ② 엡 5:5 - 탐심은 우상숭배이다.
         (엡 5:5) 너희도 이것을 정녕히 알거니와 음행하는 자나 더러운 자나 탐하는 자 곧 우상 숭배자는 다 그리스도와 하나님 나라에서 기업을 얻지 못하리니
      (2) 탐심의 원인 - 타인과 자신을 비교하여 불만족할 때

   2) 적극적 요구
      (1) 우리 자신의 처지에 만족해야 한다.
         ① 전도서 기자의 교훈(전 5:10,12,13) - 만족하라!
         (전 5:10) 은을 사랑하는 자는 은으로 만족함이 없고 풍부를 사랑하는 자는 소득으로 만족함이 없나니 이것도 헛되도다
         (전 5:12) 노동자는 먹는 것이 많든지 적든지 잠을 달게 자거니와 부자는 배부름으로 자지 못하느니라

(전 5:13) 내가 해 아래서 큰 폐단되는 것을 보았나니 곧 소유주가 재물을 자기에게 해 되도록 지키는 것이라
② 예수님의 교훈(눅 12:15) - 탐심을 물리치라!
(눅 12:15) 저희에게 이르시되 삼가 모든 탐심을 물리치라 사람의 생명이그 소유의 넉넉한 데 있지 아니하니라 하시고
③ 바울 사도의 교훈(빌 4:11.12) - 자족하는 비결을 배우라!
(빌 4:11) 내가 궁핍하므로 말하는 것이 아니라 어떠한 형편에든지 내가 자족하기를 배웠노니
(빌 4:12) 내가 비천에 처할 줄도 알고 풍부에 처할 줄도 알아 모든 일에배부르며 배고픔과 풍부와 궁핍에도 일체의 비결을 배웠노라
④ 참된 만족을 얻을 수 있는 길은?
(ㄱ) 창 15:1 - 하나님 자신이 우리들의 상급임을 확신하자.
(창 15:1) 이 후에 여호와의 말씀이 이상 중에 아브람에게 임하여 가라사대 아브람아 두려워 말라 나는 너의 방패요 너의 지극히 큰 상급이니라
(ㄴ) 유일한 방법 - 예수님을 통해서 영원한 생명을 발견함
(2) 이웃의 소유에 대해서 선한 생각을 가지도록 한다.

3. 제10 계명의 경고
   1) 제10 계명은 부의 축적을 부정하는가?
      (1) 잠 10:4 - 성경은 정당한 노동의 대가를 신성하게 본다.
      (잠 10:4) 손을 게으르게 놀리는 자는 가난하게 되고 손이 부지런한 자는 부하게 되느니라
   2) 이 땅에서 많은 재능을 가진 자가 천국에서도 큰 상급이 주어질 것인가?

(1) 마 25:14~30 - 두 달란트 받은 종과 다섯 달란트 받은 종이 똑같은 칭찬을 받았던 것을 볼 때 이 땅에서 받은 달란트와 천국 상급이 정비례하지 않는다는 것을 알 수 있다.

4. 제10 계명의 적용
 1) 바른 가치관을 소유하여 자녀들에게 가르치자.
    (1)딤전 6:17~19 - 성도의 올바른 가치관
    (딤전 6:17) 네가 이 세대에 부한 자들을 명하여 마음을 높이지 말고 정함이 없는 재물에 소망을 두지 말고 오직 우리에게 모든 것을 후히 주사 누리게하시는 하나님께 두며
    (딤전 6:18) 선한 일을 행하고 선한 사업에 부하고 나눠 주기를 좋아하며 동정하는 자가 되게 하라
    (딤전 6:19) 이것이 장래에 자기를 위하여 좋은 터를 쌓아 참된 생명을 취하는 것이니라

 2) 천국에서 누릴 참된 부요를 사모하자.
    (1) 벧후 3:12,13 - 새 하늘과 새 땅이 주어지기 전에 모든 것이 없어진다.
    (벧후 3:12) 하나님의 날이 임하기를 바라보고 간절히 사모하라 그 날에 하늘이 불에 타서 풀어지고 체질이 뜨거운 불에 녹아지려니와
    (벧후 3:13) 우리는 그의 약속대로 의의 거하는 바 새 하늘과 새 땅을 바라보도다
    (2) 골 3:1~3 - 하늘에 속한 것을 사모하자.
    (골 3:1) 그러므로 너희가 그리스도와 함께 다시 살리심을 받았으면 위엣 것을 찾으라 거기는 그리스도께서 하나님 우

편에 앉아 계시느니라
(골 3:2) 위엣 것을 생각하고 땅엣 것을 생각지 말라
(골 3:3) 이는 너희가 죽었고 너희 생명이 그리스도와 함께 하나님 안에 감취었음이니라

[십계명에 대한 결론]

대요리문답 제99문: 십계명을 바로 이해하기 위해서는 어떠한 규칙이 있으야 합니까?
  답: 십계명을 바로 이해하기 위해서는 다음의 규칙을 지켜야 합니다.

1. 율법은 완전한 것으로 누구나 다 전인적으로 그 의를 충분히 따르고, 영원토록 전적으로 순종하도록 하며, 모든 의무의 철저한 완수를 요구하며, 모든 죄의 작은 것이라도 금한다는 것입니다.

2. 율법은 신령하여 이해와 의지의 감정과 그의 영혼의 모든 능력들에게 처럼 말과 행동과 동작에 미치는 것입니다.

3. 여러 가지 점에서 꼭 같은 것이 여러 계명 중에 요구되었거나 금지 되었다는 것

4. 해야 될 의무를 명한 곳에는 그와 반대되는 죄를 금한 것이고, 어떤 죄를 금한 곳에는 그와 반대되는 의무를 명한 것과 같이, 어떤 약속이 부과된 곳에는 그와 반대되는 위험이 포함되어 있고, 어떤 위험이 부과된 곳에는 그와 반대되는 약속이 포함되어 있다는 것이다.

5. 하나님께서 금하신 것은 언제라도 해서는 안되며, 그의 명하신 것은 언제나 우리의 의무이나, 모든 특수한 의무는 언제나 행할 것이 아니라는 것

6. 한 가지 죄 또는 의무 아래 같은 종류의 것은 다 금했거나 명령되었는데 그 모든 원인, 방편, 기회와 모양과 의에 이르는 자극도 모두 포함 되었다는 것

7. 우리들 자신에게 금했거나 명령된 일이라면 다른 사람들도 그 지위와 의무를 따라서 이를 피하거나 행하도록 우리의 지위를 따라 노력할 의무가 있다는 것

8. 다른 사람들에게 명령된 일에는 우리의 지위와 사명에 따라 그들을 도와야 할 의무가 있고, 그들에게 금한 일에는 다른 사람들과 동참하지 않도록 조심할 의무가 있다는 것.

3. 죄(82~84문)

제82문: 아무 사람이나 하나님의 계명을 완전히 지킬 수 있습니까?
　　답: 타락한 이후 인간으로서는 이생에서 하나님의 계명을 완전히 지킬 수[189] 없으며, 말과[190] 생각과[191] 행위로 날마다 그 계명을 범합니다.

제83문: 법을 범한 모든 죄가 다같이 악합니까?
　　답: 어떤 죄는 그 본질로 보아 여러 가지 얽힌 문제들을 보아 하나님 앞에서는 다른 죄보다 더 악합니다.[192]

제84문: 범한 죄마다 마땅히 받을 보응이 무엇입니까?
　　답: 범한 죄마다 마땅히 받을 보응은 이생과 내생에서 받는 하나님의 진노와 저주입니다.[193]

---

189. 선을 행하고 죄를 범치 아니하는 의인은 세상에 아주 없느니라(전 7:20).
190. 우리가 다 실수가 많으니 만일 말에 실수가 없는 자면 곧 온전한 사람이라 능히 온 몸에 굴레 씌우리라(약 3:2).
191. 여호와께서 그 향기를 흠향하시고 그 중심에 이르시되 내가 다시는 사람으로 인하여 땅을 저주하지 아니하리니 이는 사람의 마음의 계획하는 바가 어려서부터 악함이라 내가 전에 행한 것 같이 모든 생물을 멸하지 아니하리니(창 8:21).
192. 예수께서 대답하시되 위에서 주지 아니하셨더면 나를 해할 권세가 없었으리니 그러므로 나를 네게 넘겨준 자의 죄는 더 크니라 하시니라(요 19:11).
193. 무릇 율법 행위에 속한 자들은 저주 아래 있나니 기록된 바 누구든지 율법책에 기록된 대로 온갖 일을 항상 행하지 아니하는 자는 저주 아래 있는 자라 하였음이라(갈 3:10). 또 원편에 있는 자들에게 이르시되 저주를 받은 자들아 나를 떠나 마귀와 그 사자들을 위하여 예비된 영영한 불에 들어가라(마 25:41).

1. 도덕법인 십계명을 준수함에 있어서 잘못된 견해들
  1) 완전주의
     (1) 정의 - 신자는 이 세상에서 죄를 짓지 않을 수도 있다.
     (2) 로마교회의 성자 개념 - 어떤 성도는 이생에서 완전한 경지에 이를 뿐만 아니라. 하나님이 요구하시는 분량을 넘었으므로. 다른 사람들에게 줄 수 있다고 한다.
     (3) 영지주의자들(Gnosticism)의 견해(요일 3:9) - 무죄함에 이를 수 있다
     (요일 3:9) 하나님께로서 난 자마다 죄를 짓지 아니하나니 이는 하나님의 씨가 그의 속에 거함이요 저도 범죄치 못하는 것은 하나님께로서 났음이라
     (4) 성경적인 답변
        ① 전 7:20 - 모든 사람은 죄를 짓는다.
        (전 7:20) 선을 행하고 죄를 범치 아니하는 의인은 세상에 아주 없느니라
        ② 요일 1:10 - 죄를 짓지 않을 수도 있다는 것은 하나님을 거짓말하는 자로 만드는 것이다.
        (요일 1:10) 만일 우리가 범죄하지 아니하였다 하면 하나님을 거짓말하는 자로 만드는 것이니 또한 그의 말씀이 우리 속에 있지 아니하니라
        ③ 요일 3:9 - 죄를 짓지 아니한다 함은 상습적으로 범죄하지 않는 것으로서 이것은 절대적으로 성결하여 하나님처럼 완전하다는 의미가 결코 아니다.

  2) 도덕률 폐기주의
     (1) 정의 - 도덕률을 반대한다.
     (2) 주장하는 이유?
        ① 율법 자체의 성격 - 인간은 하나님의 율법을 완전히 지킬 수 없다.

② 율법으로부터의 해방 - 그리스도는 우리를 대신하여 율법의 요구를 성취하였기에 우리는 더 이상 율법을 지키지 않아도 된다.
(3) 성경적 답변
① 예수님(마 5:17) - 예수님은 도덕률 폐기를 반대하셨다.
(마 5:17) 내가 율법이나 선지자나 폐하러 온 줄로 생각지 말라 폐하러 온 것이 아니요 완전케 하려 함이로다
② 바울 사도(롬 3:20,31) - 율법의 효용성을 주장했다.
(롬 3:20) 그러므로 율법의 행위로 그의 앞에 의롭다 하심을 얻을 육체가 없나니 율법으로는 죄를 깨달음이니라
(롬 3:31) 그런즉 우리가 믿음으로 말미암아 율법을 폐하느뇨 그럴 수 없느니라 도리어 율법을 굳게 세우느니라

2. 도덕법인 십계명을 준수함에 있어서 올바른 견해들
1) 신자는 중생 이후에도 계속 죄를 짓는다.
(1) 죄의 정의 - 하나님의 법을 순종함에 부족하거나 어기는 것이다.
(2) 하나님의 법 - 양심과 성경

2) 신자는 죄를 짓지 않으려고 분투한다.
(1) 사도 바울의 고백(롬 7:14~25; 갈 5:16~24)
① 속 사람 - 성령의 소욕
② 겉 사람 - 육체의 소욕

3) 신자는 죄에 대해서 끊임없이 회개한다.
(1) 성령의 조명(시 51:10,11) - 우리의 죄를 깨닫게 하신다.
(시 51:10) 하나님이여 내 속에 정한 마음을 창조하시고 내 안에

정직한 영을 새롭게 하소서
(시 51:11) 나를 주 앞에서 쫓아내지 마시며 주의 성신을 내게서
거두지 마소서
(2) 점진적 거룩(요 17:17) - 회개하면서 갈수록 하나님의 형상
을 닮아간다.
(요 17:17) 저희를 진리로 거룩하게 하옵소서 아버지의 말씀은
진리니이다
(3) 죄의 비중에 대한 인식(요 19:11)(제 83문)〔참고:대요리문
답 151문〕
(요 19:11) 예수께서 대답하시되 위에서 주지 아니하셨더면 나를
해할 권세가 없었으리니 그러므로 나를 네게 넘겨 준
자의 죄는 더 크니라 하시니
① 가해자의 입장
② 피해자의 입장에서
③ 범죄의 성질에 의해서
④ 때와 장소에 의해서
(4) 죄의 보응에 대한 인식(제 84문)
① 불신자에 대한 보응(마 25:41) - 하나님의 영원하신
진노와 저주
(마 25:41) 또 왼편에 있는 자들에게 이르시되 저주를 받은
자들아 나를 떠나 마귀와 그 사자들을 위하여 예
비된 영영한 불에 들어가라
② 신자에게 대한 적용:
(ㄱ) 히 12:4~13 - 하나님의 징계
(히 12:8) 징계는 다 받는 것이거늘 너희에게 없으면 사생
자요 참 아들이 아니니라
(ㄴ) 눅 12:41~48 - 지도자에 대한 하나님의 엄중한 책망
(눅 12:48) 알지 못하고 맞을 일을 행한 종은 적게 맞으리

라 무릇 많이 받은 자에게는 많이 찾을 것이요 많이 맡은 자에게는 많이 달라 할 것이니라

(ㄷ) 히 12:1~2 - 죄의 굴레를 벗어버리고 우리를 온전케 하시는 주님만을 바라보는 신앙을 가지자.

(히 12:1) 이러므로 우리에게 구름같이 둘러싼 허다한 증인들이 있으니 모든 무거운 것과 얽매이기 쉬운 죄를 벗어 버리고 인내로써 우리 앞에 당한 경주를 경주하며

(히 12:2) 믿음의 주요 또 온전케 하시는 이인 예수를 바라보자 저는 그 앞에 있는 즐거움을 위하여 십자가를 참으사 부끄러움을 개의치 아니하시더니 하나님 보좌 우편에 앉으셨느니라

4. 그리스도에 대한 신앙(85~87문)

제85문: 우리의 죄로 인해 받게 될 하나님의 진노와 저주를 피할 수 있도록 하기 위하여 하나님이 우리에게 요구하시는 것이 무엇입니까?

답: 우리의 죄로 인해 받게 될 하나님의 진노와 저주를 피할 수 있도록 하나님이 우리에게 요구하시는 것은 예수 그리스도를 믿을 것과,[194] 생명에 이르는 회개와, 그리스도가 우리에게 구속의 유익을 전하는 모든 표현적 방법을 힘써 사용하라는 것입니다.[195]

제86문: 예수 그리스도를 믿는다는 것이 무엇입니까?

답: 예수 그리스도를 믿는다는 것은 곧 구원의 은혜인데,[196] 이로 말미암아 복음으로, 자기를 우리에게 주신대로 구원 받기 위해 우리가 예수를 영접하고 그에게만 의지하는 것입니다.[197]

제87문: 생명에 이르는 회개가 무엇입니까?
　답: 생명에 이르는 회개는 곧 구원의 은혜인데,[198] 이로 말미암아 죄인이 자기 죄를 바로 알고, 그리스도 안에서 하나님의 자비를 깨달아,[199] 자기 죄에 대해서 슬퍼하고, 미워하고, 그 죄에서 떠나 하나님께로 돌아가서[200] 굳은 결심과 노력으로써 새롭게 순종하는 것입니다.[201]

1. 하나님의 진노와 저주
　1) 창 2:17 - 영적 죽음
　(창 2:17) 선악을 알게 하는 나무의 실과는 먹지 말라 네가 먹는 날에는 정녕 죽으리라 하시니라

---

194. 유대인과 헬라인들에게 하나님께 대한 회개와 우리 주 예수 그리스도께 대한 믿음을 증거한 것이라(행 20:21).
195. 그러므로 형제들아 더욱 힘써 너희 부르심과 택하심을 굳게 하라 너희가 이것을 행한즉 언제든지 실족치 아니하리라(벧후 1:10).
196. 너희가 그 은혜를 인하여 믿음으로 말미암아 구원을 얻었나니 이것이 너희에게서 난 것이 아니요 하나님의 선물이라(엡 2:8).
197. 영접하는 자 곧 그 이름을 믿는 자들에게는 하나님의 자녀가 되는 권세를 주셨으니(요 1:12).
198. 저희가 이 말을 듣고 잠잠하여 하나님께 영광을 돌려 가로되 그러면 하나님께서 이방인에게도 생명 얻는 회개를 주셨도다 하니라(행 11:18).
199. 저희가 이 말을 듣고 마음에 찔려 베드로와 다른 사도들에게 물어 가로되 형제들아 우리가 어찌할꼬 하거늘 베드로가 가로되 너희가 회개하여 각각 예수 그리스도의 이름으로 세례를 받고 죄 사함을 얻으라 그리하면 성령을 선물로 받으리니(행 2:37,38).
200. 그 때에 너희가 너희 악한 길과 너희 불선한 행위를 기억하고 너희 모든 죄악과 가증한 일을 인하여 스스로 밉게 보리라(겔 36:31).
201. 보라 하나님의 뜻대로 하게 한 이 근심이 너희로 얼마나 간절하게 하며 얼마나 변명하게 하며 얼마나 분하게 하며 얼마나 두렵게하며 얼마나 사모하게 하며 얼마나 열심 있게 하며 얼마나 벌하게 하였는가 너희가 저 일에 대하여 일절 너희 자신의 깨끗함을 나타내었느니라(고후 7:11).

2) 롬 6:23 - 죄의 삯은 사망이다.
(롬 6:23) 죄의 삯은 사망이요 하나님의 은사는 그리스도 예수 우리 주 안에 있는 영생이니라

2. 하나님의 진노와 저주를 피할 수 있는 길은?(제85문)
  1) 예수 그리스도를 믿음으로
  2) 생명에 이르는 회개로
  3) 그리스도가 우리에게 구속의 유익을 전하는 모든 표현적 방법을 힘써 사용함으로

3. 예수 그리스도를 믿는 믿음은?(제86문)
  행 4:12 - 구원에 있어서 예수의 유일성을 강조함
  (행 4:12) 다른 이로서는 구원을 얻을 수 없나니 천하 인간에 구원을 얻을 만한 다른 이름을 우리에게 주신 일이 없음이니라 하였더라
  1) 엡 2:8 - 예수를 믿는 믿음은 하나님의 은혜로 주어지는 것으로 구원을 이룬다.
  (엡 2:8) 너희가 그 은혜를 인하여 믿음으로 말미암아 구원을 얻었나니 이것이 너희에게서 난 것이 아니요 하나님의 선물이라
  2) 요 1:12 - 예수를 영접하고 그에게만 의지해야 한다.
  (요 1:12) 영접하는 자 곧 그 이름을 믿는 자들에게는 하나님의 자녀가 되는 권세를 주셨으니

4. 생명에 이르는 회개는?(제87문)
  1) 회개의 정의(행 2:37,38) - 유효한 부르심의 결과로 성령의 역

사이다.
　(행 2:37) 저희가 이 말을 듣고 마음에 찔려 베드로와 다른 사도들
　　　　　에게 물어 가로되 형제들아 우리가 어찌할꼬 하거늘
　(행 2:38) 베드로가 가로되 너희가 회개하여 각각 예수 그리스도의
　　　　　이름으로 세례를 받고 죄 사함을 얻으라 그리하면 성령
　　　　　을 선물로 받으리니

2) 생명에 이르는 회개는?
　(1) 자신과 예수 그리스도에 대한 올바른 지식이 있어야 한다.
　(2) 자신의 죄로 말미암은 상한 마음이 있어야 한다.
　(3) 죄의 길에서 돌아서는 결단과 의지가 있어야 한다.

3) 탕자의 회개(눅 15:11~32)
　(1) 지적 요소(17절) - 자신의 죄를 깨달음
　(눅 15:17) 이에 스스로 돌이켜 가로되 내 아버지에게는 양식이
　　　　　　풍족한 품꾼이 얼마나 많은고 나는 여기서 주려 죽는
　　　　　　구나
　(2) 감정적 요소(18,19절) - 아버지께로 향하고자 하는 마음
　(눅 15:18) 내가 일어나 아버지께 가서 이르기를 아버지여 내가
　　　　　　하늘과 아버지께 죄를 얻었사오니
　(눅 15:19) 지금부터는 아버지의 아들이라 일컬음을 감당치 못하
　　　　　　겠나이다나를 품꾼의 하나로 보소서 하리라 하고
　(3) 의지적 요소(20절) - 죄의 자리에서 단호히 일어나는 결단력
　(눅 15:20) 이에 일어나서 아버지께 돌아가니라 아직도 상거가
　　　　　　먼 데 아버지가 저를 보고 측은히 여겨 달려가 목을
　　　　　　안고 입을 맞추니

5. 은혜의 수단(88~107문)

A. 말씀(88~90문)

제88문: 그리스도가 우리에게 구원의 유익을 전하는 표현적이며 일반적인 방법이 무엇입니까?

답: 그리스도가 우리에게 구원의 유익을 전하는 표현적이며 일반적인 방법은 그의 규례인데,[202] 특히 말씀과 성례와 기도를 의미하며,[203] 이 모든 것이 구원을 위하여 택함을 받은 자들에게 효력이 있는 것입니다.[204]

제89문: 하나님의 말씀이 어떻게 효력이 되어 구원에 이르게 합니까?

답: 하나님의 영은 하나님의 말씀을 읽는 것과 특히 설교를 효력있는 방도로 삼아 죄인을 반성시켜 회개케 하시며,[205] 또 믿음으로 말미암아 거룩함과 위로를 더하사[206] 구원에 이르게 하십니다.[207]

---

202. 내가 너희에게 분부한 모든 것을 가르쳐 지키게 하라 볼찌어다 내가 세상 끝날까지 너희와 항상 함께 있으리라 하시니라(마 28:20).
203. 저희가 사도의 가르침을 받아 서로 교제하며 떡을 떼며 기도하기를 전혀 힘쓰니라(행 2:42).
204. 나는 심었고 아볼로는 물을 주었으되 오직 하나님은 자라나게 하셨나니(고전 3:6).
205. 여호와의 율법은 완전하여 영혼을 소성케 하고 여호와의 증거는 확실하여 우둔한 자로 지혜롭게 하며(시19:7).
206. 지금 내가 너희를 주와 및 그 은혜의 말씀께 부탁하노니 그 말씀이 너희를 능히 든든히 세우사 거룩케 하심을 입은 모든 자 가운데 기업이 있게 하시리라(행 20:32).
207. 내가 복음을 부끄러워하지 아니하노니 이 복음은 모든 믿는 자에게 구원을 주시는 하나님의 능력이 됨이라 첫째는 유대인에게요 또한 헬라인에게로다(롬 1:16).

제90문: 하나님의 말씀을 어떻게 읽고 들어야 구원에 이르는 효력이 됩니까?
　　답: 하나님의 말씀이 구원에 이르는 효력이 되게 하려면 우리는 부지런함과,[208] 마음의 준비와,[209] 기도로써,[210] 임하여야 하며, 믿음과[211] 사랑으로써,[212] 그 말씀을 받아 들여 우리 마음에 간직하며[213] 우리의 생활로 실천하여야 합니다.[214]

1. 그리스도가 우리에게 구원의 유익을 전하는 표현적이며 일반적 방법은?(제88문)
   1) 은혜의 방편(행 2:42) - 말씀. 성례. 기도
   (행 2:42) 저희가 사도의 가르침을 받아 서로 교제하며 떡을 떼며 기도하기를 전혀 힘쓰니라

   2) 은혜의 방편에 근거한 참된 교회의 분명한 표식
   　(1) 신실한 말씀의 전파(롬 10:17; 행 6:7)
   　　(롬 10:17) 그러므로 믿음은 들음에서 나며 들음은 그리스도의

---

208. 누구든지 내게 들으며 날마다 내 문 곁에서 기다리며 문설주 옆에서 기다리는 자는 복이 있나니(잠 8:34).
209. 갓난 아이들같이 순전하고 신령한 젖을 사모하라 이는 이로 말미암아 너희로 구원에 이르도록 자라게 하려 함이라(벧전 2:2).
210. 내 눈을 열어서 주의 법의 기이한 것을 보게 하소서(시 119:18).
211. 저희와 같이 우리도 복음 전함을 받은 자이나 그러나 그 들은 바 말씀이 저희에게 유익되지 못한 것은 듣는 자가 믿음을 화합지 아니함이라(히 4:2).
212. 불의의 모든 속임으로 멸망하는 자들에게 임하리니 이는 저희가 진리의 사랑을 받지 아니하여 구원함을 얻지 못함이니라(살후 2:10).
213. 내가 주께 범죄치 아니하려 하여 주의 말씀을 내 마음에 두었나이다(시 119:11).
214. 자유하게 하는 온전한 율법을 들여다 보고 있는 자는 듣고 잊어 버리는 자가 아니요 실행하는 자니 이 사람이 그 행하는 일에 복을 받으리라(약 1:25).

말씀으로 말미암았느니라
(행 6:7) 하나님의 말씀이 점점 왕성하여 예루살렘에 있는 제자의 수가 더 심히 많아지고 허다한 제사장의 무리도 이 도에 복종하니라
(2) 올바른 성례의 집행(마 28:18~20)
(마 28:18) 예수께서 나아와 일러 가라사대 하늘과 땅의 모든 권세를 내게 주셨으니
(마 28:19) 그러므로 너희는 가서 모든 족속으로 제자를 삼아 아버지와 아들과 성령의 이름으로 세례를 주고
(마 28:20) 내가 너희에게 분부한 모든 것을 가르쳐 지키게 하라 볼지어다 내가 세상 끝날까지 너희와 항상 함께 있으리라 하시니라
(3) 정당한 권징(행 5:1 이하, 특히 11절)
(행 5:11) 온 교회와 이 일을 듣는 사람들이 다 크게 두려워하니라

3) 성도의 자세
(1) 벧후 1:10,11 - 주님이 제정하신 외적의식과 연관하여 내적 은혜를 구하자
(벧후 1:10) 그러므로 형제들아 더욱 힘써 너희 부르심과 택하심을 굳게 하라 너희가 이것을 행한즉 언제든지 실족지 아니하리라
(벧후 1:11) 이같이 하면 우리 주 곧 구주 예수 그리스도의 영원한 나라에 들어감을 넉넉히 너희에게 주시리라
(2) 히 10:25 - 공적 예배에 참석하기를 힘쓰자
(히 10:25) 모이기를 폐하는 어떤 사람들의 습관과 같이 하지 말고 오직 권하여 그 날이 가까움을 볼수록 더욱 그리하자

2. 은혜의 방편에 있어서 하나님 말씀의 우선권
1) 고전 1:17 - 세례를 무시함이 아니라, 세례 역시 하나님의 말씀에 근거해야 한다.
(고전 1:17) 그리스도께서 나를 보내심은 세례를 주게 하려 하심이 아니요 오직 복음을 전케 하려 하심이니 말의 지혜로 하지 아니함은 그리스도의 십자가가 헛되지 않게 하려 함이라

3. 은혜의 방편인 하나님 말씀의 효능성
1) 히 4:12 - 심령의 죄를 찔러 쪼갠다.
(히 4:12) 하나님의 말씀은 살았고 운동력이 있어 좌우에 날선 어떤 검보다도 예리하여 혼과 영과 및 관절과 골수를 찔러 쪼개기까지 하며 또 마음의 생각과 뜻을 감찰하나니

2) 행 2:37,38 - 생명을 얻게하는 회개를 촉구한다.
(행 2:37) 저희가 이 말을 듣고 마음에 찔려 베드로와 다른 사도들에게 물어 가로되 형제들아 우리가 어찌할꼬 하거늘
(행 2:38) 베드로가 가로되 너희가 회개하여 각각 예수 그리스도의 이름으로 세례를 받고 죄 사함을 얻으라 그리하면 성령을 선물로 받으리니

3) 롬 10:17 - 믿음을 소유케 한다.
(롬 10:17) 그러므로 믿음은 들음에서 나며 들음은 그리스도의 말씀으로 말미암았느니라

4) 롬 1:16 - 참된 구원에 이르게 한다.
(롬 1:16) 내가 복음을 부끄러워하지 아니하노니 이 복음은 모든

믿는 자에게 구원을 주시는 하나님의 능력이 됨이라 첫째는 유대인에게요 또한 헬라인에게로다

5) 출 3:5 - 성결케 한다.
(출 3:5) 하나님이 가라사대 이리로 가까이 하지 말라 너의 선 곳은 거룩한 땅이니 네 발에서 신을 벗으라

6) 사 6:8 - 사명을 더하게 한다.
(사 6:8) 내가 또 주의 목소리를 들은즉 이르시되 내가 누구를 보내며 누가 우리를 위하여 갈꼬 그 때에 내가 가로되 내가 여기 있나이다 나를 보내소서

7) 말씀의 표징인 임마누엘의 능력을 더하게 하신다.
  (1) 창 12:3 - 아브라함
  (창 12:3) 너를 축복하는 자에게는 내가 복을 내리고 너를 저주하는 자에게는 내가 저주하리니 땅의 모든 족속이 너를 인하여 복을 얻을 것이니라 하신지라
  (2) 창 26:12, 28, 30 - 이삭
  (창 26:12) 이삭이 그 땅에서 농사하여 그 해에 백 배나 얻었고 여호와께서 복을 주시므로
  (창 26:28) 그들이 가로되 여호와께서 너와 함께 계심을 우리가 분명히 보았으므로 우리의 사이 곧 우리와 너의 사이에 맹세를 세워 너와 계약을 맺으리라 말하였노라
  (창 26:29) 너는 우리를 해하지 말라 이는 우리가 너를 범하지 아니하고 선한 일만 네게 행하며 너로 평안히 가게 하였음이니라 이제 너는 여호와께 복을 받은 자니라
  (3) 창 28:15 - 야곱
  (창 28:15) 내가 너와 함께 있어 네가 어디로 가든지 너를 지키

며 너를 이끌어 이 땅으로 돌아오게 할지라 내가 네
게 허락한 것을 다 이루기까지 너를 떠나지 아니하리
라 하신지라

(4) 출 3:12 - 모세
(출 3:12) 하나님이 가라사대 내가 정녕 너와 함께 있으리라 네
가 백성을 애굽에서 인도하여 낸 후에 너희가 이 산
에서 하나님을 섬기리니 이것이 내가 너를 보낸 증거
니라

(5) 수 1:5 - 여호수아
(수 1:5) 너의 평생에 너를 능히 당할 자 없으리니 내가 모세와
함께 있던 것같이 너와 함께 있을 것임이라 내가 너를
떠나지 아니하며 버리지 아니하리니

(6) 삼상 17:45; 시 18:1 - 다윗
(삼상 17:45) 다윗이 블레셋 사람에게 이르되 너는 칼과 창과 단
창으로 내게 오거니와 나는 만군의 여호와의 이름
곧 네가 모욕하는 이스라엘 군대의 하나님의 이름
으로 네게 가노라
(시 18:1) 나의 힘이 되신 여호와여 내가 주를 사랑하나이다

(7) 사 41:10 - 이사야
(사 41:10) 두려워 말라 내가 너와 함께 함이니라 놀라지 말라
나는 네 하나님이 됨이니라 내가 너를 굳세게 하리
라 참으로 너를 도와 주리라 참으로 나의 의로운 오
른손으로 너를 붙들리라

(8) 마 1:23; 요 14:16; 마 28:20 - 예수님
(마 1:23) 보라 처녀가 잉태하여 아들을 낳을 것이요 그 이름은
임마누엘이라 하리라 하셨으니 이를 번역한즉 하나님
이 우리와 함께 계시다 함이라
(요 14:16) 내가 아버지께 구하겠으니 그가 또 다른 보혜사를 너

　　　　　　　희에게 주사 영원토록 너희와 함께 있게 하시리니
(마 28:20) 내가 너희에게 분부한 모든 것을 가르쳐 지키게 하라
　　　　　　볼지어다 내가 세상 끝날까지 너희와 항상 함께 있으
　　　　　　리라 하시니라
(9) 행 23:11; 27:24; 딤후 4:17,22 - 사도 바울
(행 23:11) 그 날 밤에 주께서 바울 곁에 서서 이르시되 담대하
　　　　　　라 네가 예루살렘에서 나의 일을 증거한 것같이 로
　　　　　　마에서도 증거하여야 하리라 하시니라
(행 27:24) 바울아 두려워 말라 네가 가이사 앞에 서야 하겠고
　　　　　　또 하나님께서 너와 함께 행선하는 자를 다 네게 주
　　　　　　셨다 하였으니
(딤후 4:17) 주께서 내 곁에 서서 나를 강건케 하심은 나로 말미
　　　　　　암아 전도의 말씀이 온전히 전파되어 이방인으로 듣
　　　　　　게 하려 하심이니 내가 사자의 입에서 건지웠느니라
(딤후 4:22) 나는 주께서 네 심령에 함께 계시기를 바라노니 은
　　　　　　혜가 너희와 함께 있을지어다
(10) 계 22:20,21 - 사도 요한
(계 22:20) 이것들을 증거하신 이가 가라사대 내가 진실로 속히
　　　　　　오리라 하시거늘 아멘 주 예수여 오시옵소서
(계 22:21) 주 예수의 은혜가 모든 자들에게 있을지어다 아멘

4. 하나님 말씀의 효능성이 자신에게 임하기 위한 단계(계 1:3)
(계 1:3) 이 예언의 말씀을 읽는 자와 듣는 자들과 그 가운데 기록한
　　　　　것을 지키는 자들이 복이 있나니 때가 가까움이라
　1) 하나님의 말씀을 읽어야 한다.
　2) 하나님의 말씀을 들어야 한다.
　3) 하나님의 말씀을 지켜야 한다.

5. 하나님의 말씀을 어떻게 읽고 들어야 할까?
   1) 시 42:1 이하; 벧전 2:2 - 사모하는 마음이 있어야 한다.
   (시 42:1) 하나님이여 사슴이 시냇물을 찾기에 갈급함같이 내 영혼이 주를 찾기에 갈급하니이다
   (벧전 2:2) 갓난 아이들같이 순전하고 신령한 젖을 사모하라 이는 이로 말미암아 너희로 구원에 이르도록 자라게 하려 함이라

   2) 시 119:18 - 마음의 준비가 있어야 한다.
   (시 119:18) 내 눈을 열어서 주의 법의 기이한 것을 보게 하소서

   3) 잠 8:34 - 부지런함이 있어야 한다.
   (잠 8:34) 누구든지 내게 들으며 날마다 내 문 곁에서 기다리며 문설주 옆에서 기다리는 자는 복이 있나니

   4) 시 1:2 - 묵상이 있어야 한다.
   (시 1:2) 오직 여호와의 율법을 즐거워하여 그 율법을 주야로 묵상하는 자로다

6. 적용:
   1) 신 6:4~9 - 이스라엘의 가정 종교교육〔참고: 제1 계명〕
      (1) 4절 - 하나님의 말씀을 들어야 한다.
      (2) 6절 - 하나님의 말씀을 새겨야 한다.
      (3) 7절 - 하나님의 말씀을 부지런히 가르쳐야 한다.

   2) 느 8:1~18 - 수문 앞 광장의 부흥회

B. 성례(91~97문)

제91문: 어떻게 하여 성례가 효력있는 구원의 방도가 됩니까?
　답: 성례가 구원의 방도가 되는 것은 그 성례 자체이나 성례는 행한 자에게 어떤 덕이 있어서가 아니라,[215] 다만 그리스도의 축복하심과 또 믿음으로 성례를 받는 자들 속에 성령이 역사하심으로 되는 것입니다.[216]

제92문: 성례가 무엇입니까?
　답: 성례는 그리스도께서 세우신 거룩한 예식인데, 그 속에 그리스도와 새 언약의 유익이 감각적인 표로써 표시되며,[217] 인쳐져서 신자들에게 적용되는 것입니다.[218]

---

215. 그런즉 심는 이나 물 주는 이는 아무 것도 아니로되 오직 자라 나게 하시는 하나님뿐이니라(고전 3:7).
216. 물은 예수 그리스도의 부활하심으로 말미암아 이제 너희를 구원하는 표니 곧 세례라 육체의 더러운 것을 제하여 버림이 아니요 오직 선한 양심이 하나님을 향하여 찾아가는 것이라(벧전 3:21).
217. 너희가 이 떡을 먹으며 이 잔을 마실 때마다 주의 죽으심을 오실 때까지 전하는 것이니라(고전 11:26).
218. 저가 할례의 표를 받은 것은 무할례시에 믿음으로 된 의를 인친 것이니 이는 무할례자로서 믿는 모든 자의 조상이 되어 저희로 의로 여기심을 얻게 하려 하심이라(롬 4:11).
219. 그러므로 너희는 가서 모든 족속으로 제자를 삼아 아버지와 아들과 성령의 이름으로 세례를 주고(마 28:19).
220. 내가 너희에게 전한 것은 주께 받은 것이니 곧 주 예수께서 잡히시던 밤에 떡을 가지사(고전 11:23).
221. 그러므로 너희는 가서 모든 족속으로 제자를 삼아 아버지와 아들과 성령의 이름으로 세례를 주고(마 28:19).

제93문: 신약의 성례가 무엇입니까?
　　답: 신약의 성례는 세례와[219] 성찬입니다.[220]

제94문: 세례가 무엇입니까?
　　답: 세례는 물을 가지고 성부와 성자와 성령의 이름으로[221] 씻는 성례인데, 이것은 우리가 그리스도에게 접붙임 되는 것과, 은혜 계약의 여러 가지 유익에 참여하는 것과, 주님의 사람이 되기로 약속하는 것을 의미하며, 인치는 것입니다.[222]

제95문: 세례는 어떤 사람에게 베푸는 것입니까?
　　답: 세례는 교회 밖에 있는 자들에게는 베풀지 않으며, 그들이 그리스도를 믿고 그에게 복종하겠다는 고백을 할 때,[223] 비로소 베풀게 되며 입교한 자의 자녀들에게도 베풀게 되어 있습니다.[224]

---

222. 누구든지 그리스도와 합하여 세례를 받은 자는 그리스도로 옷입었느니라(갈 3:27). 그러므로 우리가 그의 죽으심과 합하여 세례를 받음으로 그와 함께 장사되었나니 이는 아버지의 영광으로 말미암아 그리스도를 죽은 자 가운데서 살리심과 같이 우리로 또한 새 생명 가운데서 행하게 하려 함이니라(롬 6:4).
223. 길 가다가 물 있는 곳에 이르러 내시가 말하되 보라 물이 있으니 내가 세례를 받음에 무슨 거리낌이 있느뇨(행 8:36) 〔어떤 사본에 37절이 있음 "빌립이 가로되 네가 마음을 온전히 하여 믿으면 가하니라 대답하여 가로되 내가 예수 그리스도께서 하나님 아들인줄 믿노라"〕
224. 이 약속은 너희와 너희 자녀와 모든 먼 데 사람 곧 주 우리 하나님이 얼마든지 부르시는 자들에게 하신 것이라 하고(행 2:39). (창 17:10; 골 2:11,12; 고전 7:14).
225. 또 떡을 가져 사례하시고 떼어 저희에게 주시며 가라사대 이것은 너희를 위하여 주는 내 몸이라 너희가 이를 행하여 나를 기념하라 하시고 저녁 먹은 후에 잔도 이와 같이 하여 가라사대 이 잔은 내 피로 세우는 새 언약이니 곧 너희를 위하여 붓는 것이라(눅 22:19,20).

제96문: 주의 성찬이 무엇입니까?

    답: 주의 성찬은 성례로서, 그리스도가 정하신대로 떡과 포도주를 주고 받음으로 그의 죽음을 나타내 보이는 것인데,[225] 이 성례를 합당하게 받는 자들은 육체와 정욕을 따라서 참여하지 않고 믿음으로써 그의 몸과 피에 참여하여 그의 모든 유익을 받아 신령한 양식을 먹고 은혜 속에서 장성하는 것입니다.[226]

제97문: 주의 성찬에 합당하게 참여하려면 어떻게 하여야 됩니까?

    답: 주의 성찬에 합당하게 참여하려면 반드시 주님의 몸을 분별할 줄 아는 지각과,[227] 주님을 양식으로 삼는 믿음과,[228] 회개와[229] 사랑과[230] 복종할[231] 새로운 각오가 자기에게 있는지 없는지 스스로 살펴야 합니다. 혹 부당하게 참가하여 자기들에게 돌아올 정죄를 먹고 마실까 하는 우려가 있기 때문입니다.[232]

---

226. 우리가 축복하는 바 축복의 잔은 그리스도의 피에 참예함이 아니며 우리가 떼는 떡은 그리스도의 몸에 참예함이 아니냐(고전 10:16).
227. 사람이 자기를 살피고 그 후에야 이 떡을 먹고 이 잔을 마실지니(고전 11:28).
228. 너희가 믿음에 있는가 너희 자신을 시험하고 너희 자신을 확증하라 예수 그리스도께서 너희 안에 계신 줄을 너희가 스스로 알지 못하느냐 그렇지 않으면 너희가 버리운 자니라(고후 13:5).
229. 우리가 우리를 살폈으면 판단을 받지 아니하려니와(고전 11:31).
230. 사랑을 따라 구하라 신령한 것을 사모하되 특별히 예언을 하려고 하라(고전 14:1).
231. 이러므로 우리가 명절을 지키되 묵은 누룩도 말고 괴악하고 악독한 누룩도 말고 오직 순전함과 진실함의 누룩 없는 떡으로 하자(고전 5:8).
232. 그러므로 누구든지 주의 떡이나 잔을 합당치 않게 먹고 마시는 자는 주의 몸과 피를 범하는 죄가 있느니라(고전 11:27).

1. 성례가 은혜의 방편이 되는 근거(제91문)
   1) 잘못된 견해
      (1) 성례 자체에 은혜가 근거한다.
      (2) 집례자에게 덕이 있어야 은혜를 줄 수 있다.
   2) 올바른 견해
      (1) 그리스도의 축복하심으로 은혜는 임한다.
      (2) 믿음으로 성례를 받는 자들 속에 성령이 역사하심으로 은혜가 임한다.

2. 성례의 정의(제92문) - 그리스도께서 세우신 예식이다.
   1) 표(sign) - 도로 표지판
      (1) 도로 표지판은 보지 못하는 상황을 보게 한다.
      (2) 성례는 하나님의 은혜의 역사를 나타내는 표이다.
   2) 인침(seal) - 졸업장
      (1) 졸업에 대해서 의심하는 자에게 졸업장을 보여주면 되듯이, 성례 역시 믿는 자에게 유익의 진실성을 증명한다.

3. 신약의 성례(제93문)
   1) 개혁주의 교회의 입장
      (1) 세례(마 28:19)
         (마 28:19) 그러므로 너희는 가서 모든 족속으로 제자를 삼아 아버지와 아들과 성령의 이름으로 세례를 주고
      (2) 성찬(고전 11:23)
         (고전 11:23) 내가 너희에게 전한 것은 주께 받은 것이니 곧 주 예수께서 잡히시던 밤에 떡을 가지사
   2) 로마교회의 입장 - 일곱 가지의 성례

(1) 영세(baptism)　　　(2) 견신례(confirmation)
(3) 고해성사(penance)　(4) 결혼(matrimony)
(5) 미사(the mass)　　(6) 성직서임식(ordination)
(7) 종부성사(extreme unction)
3) 개혁주의 교회의 입장이 성경적인 근거
    (1) 그리스도가 친히 제정하신 것이어야 한다.
    (2) 내적·외적 그리고 가견적.불가견적인 면에서 하나님의 은혜의 활동을 나타내는 표라야 한다.
    (3) 주님의 재림 때까지 교회가 지켜야 할 제도이어야 한다.
    (4) 성례를 받은 자들의 신앙이 더욱 견고해지도록 인(印)친 의식이어야 한다.
4) 성례의 효력에 대한 로마교회의 과오
    (1) 성례는 로마교회가 말한 방법대로 집행되어야 한다.
    (2) 성례는 로마교회의 의도대로 집행되어야 한다.

4. 세례(제94문)
   1) 수단 - 물
   2) 세례를 베푸는 이 - 성부 성자 성령의 이름으로
   3) 의의
      (1) 행 2:38 - 죄 씻음
      (행 2:38) 베드로가 가로되 너희가 회개하여 각각 예수 그리스도의 이름으로 세례를 받고 죄 사함을 얻으라 그리하면 성령을 선물로 받으리니
      (2) 롬 6:4 - 죽음과 부활로 인한 그리스도와의 연합
      (롬 6:4) 그러므로 우리가 그의 죽으심과 합하여 세례를 받음으로 그와 함께 장사되었나니 이는 아버지의 영광으로 말미암아 그리스도를 죽은 자 가운데서 살리심과 같이 우

리로 또한 새 생명 가운데서 행하게 하려 함이니라
　(3) 갈 3:27 - 은혜 언약의 유익으로 하나님의 자녀로 인침을 받는다.
　(갈 3:27) 누구든지 그리스도와 합하여 세례를 받은 자는 그리스도로 옷 입었느니라
4) 세례를 받는 이
　(1) 성년세례 - 예수를 구주로 믿고 주인으로 모셔들인 성도들
　(2) 유아세례 - 성도의 가정의 자녀들
　　① 유아세례의 성경적 근거 - 창 17장
　　　㉠ 할례(창 17:7)는 세례(행 2:39)의 예표이다.
　　　(창 17:7) 내가 내 언약을 나와 너와 네 대대 후손의 사이에 세워서 영원한 언약을 삼고 너와 네 후손의 하나님이 되리라
　　　(행 2:39) 이 약속은 너희와 너희 자녀와 모든 먼 데 사람 곧 주 우리 하나님이 얼마든지 부르시는 자들에게 하신 것이라
　　　㉡ 유월절(출 12:43)은 성찬(고전 5:7)의 예표이다.
　　　(출 12:43) 여호와께서 모세와 아론에게 이르시되 유월절 규례가 이러하니라 이방 사람은 먹지 못할 것이나
　　　(고전 5:7) 너희는 누룩 없는 자인데 새 덩어리가 되기 위하여 묵은 누룩을 내어 버리라 우리의 유월절 양 곧 그리스도께서 희생이 되셨느니라

5) 침례에 대해서
　(1) 침례도 정당한 세례의 한 방법이다.
　(2) 침례가 아니면 정당한 세례가 아니다는 주장은 성경적이 아니다.
　(3) 이에 대한 성경적인 근거

① 고전 10:2 - 물 속에 침수한 것은 이스라엘 백성이 아니고 바로의 군대였음을 기억해야 할 것이다.
(고전 10:2) 모세에게 속하여 다 구름과 바다에서 세례를 받고
② 행 2:41 - 삼천 명이 한꺼번에 침례를 받는 것이 예루살렘에서 과연 가능할 수 있었을까?
(행 2:41) 그 말을 받는 사람들은 세례를 받으매 이 날에 제자의 수가 삼천이나 더하더라
③ 행 2:17 - 성령세례에 대해서 쏟아 부어주실 것을 말씀하신다.
(행 2:17) 하나님이 가라사대 말세에 내가 내 영으로 모든 육체에게 부어 주리니 너희의 자녀들은 예언할 것이요 너희의 젊은이들은환상을 보고 너희의 늙은이들은 꿈을 꾸리라

5. 성찬(제96문)
 1) 마 26:26~29; 막 14:22-25; 눅 22:17~20; 고전 11:23~26 - 성찬은 주님께서 친히 제정하신 것이다.
 2) 성찬에 대한 견해
  (1) 화체설(化體說) - 로마교회의 견해로 빵과 포도주가 실제로 그리스도의 몸과 피로 변한다는 것을 주장한다.
  (2) 동체설(同體說) - 루터교회의 견해로 빵과 포도주는 그대로 남아 있지만, 어떤 순간에 실제로 그리스도의 몸과 피가 실재한다는 것을 주장한다.
  (3) 영적임재설(靈的臨在說) - 개혁주의 교회의 견해로 영적으로 그리스도의 희생의 혜택을 받게 되는 것을 주장한다.

6. 성찬의 의미(고전 11:23~26; 10:16,17)
   1) 고전 11:24,25 - 주님의 죽으심을 기념하는 것이다.
   2) 고전 11:26 - 주님의 죽으심을 전하고자 하는 사명을 더하는 것이다.
   3) 고전 10:16,17 - 주님과의 연합 그리고 성도끼리의 하나됨을 맺어준다.

7. 성찬에 합당하게 참여하기 위한 성도의 자세(제97문)
고전 11:27~29 - 자신을 살피면서 죄를 회개해야 한다.
(고전 11:27) 그러므로 누구든지 주의 떡이나 잔을 합당치 않게 먹고 마시는 자는 주의 몸과 피를 범하는 죄가 있느니라
(고전 11:28) 사람이 자기를 살피고 그 후에야 이 떡을 먹고 이 잔을 마실지니
(고전 11:29) 주의 몸을 분변치 못하고 먹고 마시는 자는 자기의 죄를 먹고 마시는 것이니라

C. 기도(98~99문)

제98문: 기도가 무엇입니까?
 답: 기도는 그리스도의 이름으로[233] 우리의 소원을 하나님께 고해 바치는 것을 말함인데,[234] 곧 그의 뜻에 합당한 것들을 간구하고,[235] 죄를 자복하며,[236] 그의 자비를 감사하게 인식하는 것입니다.[237]

제99문: 하나님께서 우리의 기도를 지도하시기 위해 무슨 법칙을 주셨습니까?
 답: 하나님의 모든 말씀이 우리가 기도를 어떻게 할 것인가를 가르쳐 주는데 유용하지만,[238] 기도의 특별한 지침은 그리스도께서 제자들에게 가르쳐 주신, 바로 그와 같은 기도인데 보통으로 "주기도문"이라고 말합니다.[239]

---

233. 그 날에는 너희가 아무 것도 내게 묻지 아니하리라 내가 진실로 진실로 너희에게 이르노니 너희가 무엇이든지 아버지께 구하는 것을 내 이름으로 주시리라(요 16:23).
234. 백성들아 시시로 저를 의지하고 그 앞에 마음을 토하라 하나님은 우리의 피난처시로다(셀라)(시 62:8).
235. 마음을 감찰하시는 이가 성령의 생각을 아시나니 이는 성령이 하나님의 뜻대로 성도를 위하여 간구하심이니라(롬 8:27).
236. 내 하나님 여호와께 기도하며 자복하여 이르기를 크시고 두려워할 주 하나님, 주를 사랑하고 주의 계명을 지키는 자를 위하여 언약을 지키시고 그에게 인자를 베푸시는 자시여(단 9:4).
237. 아무 것도 염려하지 말고 오직 모든 일에 기도와 간구로 너희 구할 것을 감사함으로 하나님께 아뢰라(빌 4:6).
238. 그를 향하여 우리의 가진 바 담대한 것이 이것이니 그의 뜻대로 무엇을 구하면 들으심이라(요일 5:14).
239. 그러므로 너희는 이렇게 기도하라 하늘에 계신 우리 아버지여 이름이 거룩히 여김을 받으시오며(마 6:9).

1. 기도란?(제98문)
   1) 요 16:23 - 그리스도의 이름으로 구해야 한다.
   (요 16:23) 그 날에는 너희가 아무것도 내게 묻지 아니하리라 내가 진실로 진실로 너희에게 이르노니 너희가 무엇이든지 아버지께 구하는 것을 내 이름으로 주시리라
   2) 시 62:8 - 우리의 소원을 하나님께 고해 바치는 것이다.
   (시 62:8) 백성들아 시시로 저를 의지하고 그 앞에 마음을 토하라 하나님은 우리의 피난처시로다(셀라)
   3) 롬 8:27 - 하나님의 뜻에 합당하게 구해야 한다.
   (롬 8:27) 마음을 감찰하시는 이가 성령의 생각을 아시나니 이는 성령이 하나님의 뜻대로 성도를 위하여 간구하심이니라
   4) 단 9:4; 시 51:1; 눅 18:13 - 죄를 자복해야 한다.
   (단 9:4) 내 하나님 여호와께 기도하며 자복하여 이르기를 크시고 두려워할 주 하나님, 주를 사랑하고 주의 계명을 지키는 자를 위하여 언약을 지키시고 그에게 인자를 베푸시는 자시여
   (시 51:1) 하나님이여 주의 인자를 좇아 나를 긍휼히 여기시며 주의 많은 자비를 좇아 내 죄과를 도말하소서
   (눅 18:13) 세리는 멀리 서서 감히 눈을 들어 하늘을 우러러 보지도 못하고 다만 가슴을 치며 가로되 하나님이여 불쌍히 여기옵소서 나는 죄인이로소이다 하였느니라
   5) 빌 4:6 - 하나님의 자비를 감사하게 인식하는 것이다.
   (빌 4:6) 아무것도 염려하지 말고 오직 모든 일에 기도와 간구로 너희 구할 것을 감사함으로 하나님께 아뢰라

2. 주기도문(제99문) - 기도의 특별한 지침
   1) 주기도문의 동기(눅 11:1) - 제자들의 요청

(눅 11:1) 예수께서 한 곳에서 기도하시고 마치시매 제자 중 하나
　　　　가 여짜오되 주여 요한이 자기 제자들에게 기도를 가르
　　　　친 것과 같이 우리에게도 가르쳐 주옵소서
2) 주기도문의 성격
　(1) 간결한 기도이다.
　　① 시간 - 20~30초 만에 할 수 있다.
　　② 중언부언(βαττογέω) - 공허한 것을 반복하여 중얼거림.
　　　㉠ 왕상 18:26 - 바알 선지자들은 한나절 계속하여
　　　　"바알이여 우리에게 응답하소서"
　　　(왕상 18:26) 저희가 그 받은 송아지를 취하여 잡고 아침
　　　부터 낮까지 바알의 이름을 불러 가로되 바알이여 우리에
　　　게 응답하소서 하나 아무 소리도 없고 아무 응답하는 자도
　　　없으므로 저희가 그 쌓은 단 주위에서 뛰놀더라
　　③ 성경에 보면 간결한 기도이지만 힘이 있는 경우가 얼마든
　　　지 있다.
　　　㉠ 출 32:31, 32 - 모세의 기도
　　　(출 32:31) 여호와께로 다시 나아가 여짜오되 슬프도소이다
　　　이 백성이 자기들을 위하여 금신을 만들었사오니 큰 죄를
　　　범하였나이다
　　　(출 32:32) 그러나 합의하시면 이제 그들의 죄를 사하시옵
　　　소서 그렇지 않사오면 원컨대 주의 기록하신 책에서 내 이
　　　름을 지워 버려 주옵소서
　　　㉡ 왕상 3:6~9 - 솔로몬의 기도
　　　(왕상 3:9) 누가 주의 이 많은 백성을 재판할 수 있사오리이
　　　까 지혜로운 마음을 종에게 주사 주의 백성을 재판하여 선
　　　악을 분별하게 하옵소서
　　　㉢ 사 38:3 - 히스기야
　　　(사 38:3) 가로되 여호와여 구하오니 내가 주의 앞에서 진실

과 전심으로 행하며 주의 목전에서 선하게 행한 것을 추억하옵소서 하고 심히 통곡하니

(2) 중심을 쏟는 기도이다.
　① 칼빈 - "성경이 가르치는 간결한 기도는 말보다 마음에서 쏟아지는 기도이다."
　② 골방(ταμειον)기도(마 6:6) - 잠시 세상일에서 시간을 짤라 하나님과 은밀히 대화하는 기도이다.
　(마 6:6) 너는 기도할 때에 네 골방에 들어가 문을 닫고 은밀한 중에 계신 네 아버지께 기도하라 은밀한 중에 보시는 네 아버지께서 갚으시리라
　③ 적용 - 삶의 현장에서 간절한 마음으로 자신의 중심을 하나님께 쏟자.

(3) 완전한 조직을 갖춘 총괄적인 기도이다.
　① 서론 - 기도의 대상 "하늘에 계신 우리 아버지여"
　② 본론 - 6 가지 간구
　　㉠ 하나님을 위한 것
　　　a. 이름 - "이름이 거룩히 여김을 받으시오며"
　　　b. 나라 - "나라이 임하옵시며"
　　　c. 뜻 - "뜻이 하늘에서 이룬 것같이 땅에서도 이루어지이다"
　　㉡ 사람을 위한 것
　　　d. 양식 - "오늘날 우리에게 일용할 양식을 주옵시고"
　　　e. 용서 - "우리가 우리에게 죄지은 자를 사하여 준 것 같이 우리 죄를 사하여 주옵시고"
　　　f. 보호 - "우리를 시험에 들게 하지 마옵시고 다만 악에서 구하옵소서"

③ 결론 - 송영 "나라와 권세와 영광이 아버지께 영원히
　　　　　있사옵나이다. 아멘"
예: Dr. R. C. Sproul 교수의 주기도문 논평 - 필자가 Reformed 신학교에서 공부할 때의 일이었다. 수업 전 학생기도에 대해서 항상 한마디씩 하시던 스프롤 교수께서 어느날 한 학생이 주기도문을 외우고 아멘했더니 주기도문에 대해서는 빙그레 미소를 짓는 것으로 논평을 대신하였다. 주기도문의 완벽성에 대해서 교수인들 어찌 잘못을 지적할 수 있었으리요.

D. 주기도문(100~107문)

제100문: 주기도문의 머리 말씀이 우리에게 교훈하는 것이 무엇입니까?
  답: 주기도문의 머리말은 곧 "하늘에 계신 우리 아버지"라고 하신 것인데, 이 구절은 언제라도 우리를 도와주실 능력이 있는[240] 아버지에게 나아가는 자녀들처럼,[241] 거룩한 공경심과 확신을 가지고,[242] 우리가 하나님께 나아갈 것과, 또 우리가 다른 사람들과 함께 기도하고, 다른 사람들을 위하여 기도할 것을 교훈하시는 것입니다.[243]

1. 주기도문의 서론(제100문) - "하늘에 계신 우리 아버지여"

2. 서론의 교훈
  1) 기도의 궁극적인 방향은 성부 하나님이시다.
    (1) "하늘에 계신 우리 아버지여" - 기도의 궁극적 방향을 제시함.
    (2) 잘못된 기도들 - 성자. 천사. 우상 혹은 자신의 양심에 하는 기도
    (3) 기도의 첫 뚜껑(엡 3:20) - 언제든지 성부 하나님께 귀착하는

---

240. 우리 가운데서 역사하시는 능력대로 우리의 온갖 구하는 것이나 생각하는 것에 더 넘치도록 능히 하실 이에게(엡 3:20). 너희가 악한 자라도 좋은 것으로 자식에게 줄 줄 알거든 하물며 하늘에 계신 너희 아버지께서 구하는 자에게 좋은 것으로 주시지 않겠느냐(마 7:11).
241. 너희는 다시 무서워하는 종의 영을 받지 아니하였고 양자의 영을 받았으므로 아바 아버지라 부르짖느니라(롬 8:15).
242. 우리가 그 안에서 그를 믿음으로 말미암아 담대함과 하나님께 당당히 나아감을 얻느니라(엡 3:12).
243. 모든 기도와 간구로 하되 무시로 성령 안에서 기도하고 이를 위하여 깨어 구하기를 항상 힘쓰며 여러 성도를 위하여 구하고(엡 6:18).

것이 올바르다.
   (엡 3:20) 우리 가운데서 역사하시는 능력대로 우리의 온갖 구하는 것이나 생각하는 것에 더 넘치도록 능히 하실 이에게

2) 성부 하나님은 하늘에 계신다.
  (1) "하늘에 계신" - 하나님은 우주 만물을 마음대로 다스리는 절대주권을 소유하신 분이심을 인정하는 신앙고백이다. 그가 단순히 공간적으로 하늘에 계시다는 의미가 아니다. 마치 높은 망대 위에서 사방을 샅샅이 살피듯이 하늘 위에서 세상을 온전히 살펴보시는 전지 전능하신 하나님이심을 인정하는 신앙이다.
  (2) 시 115:3 - 칼빈은 말하기를 "이 말씀을 통하여 알 수 있는 것은 세상 만사는 하나님의 통치 속에 있다"고 했다.
  (시 115:3) 오직 우리 하나님은 하늘에 계셔서 원하시는 모든 것을 행하셨나이다
  (3) 행 4:24~31 - 불의한 세력의 위협 앞에서도 굴하지 않고 역사의 주관자 되시는 하나님께 향한 통성기도는 성령충만한 은혜를 받게 하였다.
  (행 4:24) 저희가 듣고 일심으로 하나님께 소리를 높여 가로되 대주재여 천지와 바다와 그 가운데 만유를 지은 이시요

3) 기도는 자녀가 아버지에게 나아가는 것이다.
  (1) "아버지여" - 주님께서 우리에게 가르쳐주신 기도는 일차로 자녀가 아버지에게 나아가듯이 부성애를 가지고 기도하라는 것이다.
  (2) 성자 예수님의 기도에서
    ① 요 11:41 - 나사로의 무덤에서
    (요 11:41) 돌을 옮겨 놓으니 예수께서 눈을 들어 우러러 보

시고 가라사대 아버지여 내 말을 들으신 것을 감
사하나이다
② 요 17장 - 중보기도에서 "아버지"라는 기도에서 38회 사용
되고 있다.
③ 막 14:36 - "아바 아버지여"
(막 14:36) 가라사대 아바 아버지여 아버지께는 모든 것이 가
능하오니 이 잔을 내게서 옮기시옵소서 그러나 나
의 원대로 마옵시고 아버지의 원대로 하옵소서 하
시고
(3) 적용
① 롬 8:15; 갈 4:6 - "아바(Abba)"는 아람어로 "아빠
(Daddy)"라는 뜻으로 적은 어린아이가 자기 아빠를 부르
는 모습이다. 하나님은 우리에게 이런 믿음을 요구하신
다.
(롬" 8:15) 너희는 다시 무서워하는 종의 영을 받지 아니하였
고 양자의 영을 받았으므로 아바 아버지라 부르
짖느니라
(갈 4:6) 너희가 아들인 고로 하나님이 그 아들의 영을 우리
마음 가운데 보내사 아바 아버지라 부르게 하셨느
니라
② 요 1:12 - 이같은 믿음을 소유하기 위해서 그리스도를 영
접하는 자가 되어야 한다.
(요 1:12) 영접하는 자 곧 그 이름을 믿는 자들에게는 하나님
의 자녀가 되는 권세를 주셨으니

4) 하늘에 계신 아버지는 나만의 아버지가 아니라, "우리" 아버지
이시다.
(1) 독선주의 신앙을 조심하자 - 신앙이 있노라 하는 사람 가운

데 자기만이 혹은 자기 집단만이 최고인양 삼는 독선주의에 빠지는 경우가 있다.

(2) 친교의 사명이 주어져 있다 - 우리는 거룩한 공동체에 속한 가족임을 고백하는 신앙이다. 교회는 그리스도의 피로 구속함을 입은 자녀들이 하나님을 우리 아버지라고 부르는 신앙공동체이다. 그러므로 형제자매된 우리는 서로 이해하기를 힘써야 한다. 서로 사랑하고 존경해야 한다.

(3) 중보기도의 사명이 주어져 있다(엡 6:18) -
(엡 6:18) 모든 기도와 간구로 하되 무시로 성령 안에서 기도하고 이를 위하여 깨어 구하기를 항상 힘쓰며 여러 성도를 위하여 구하고

(4) 교회에 선교적 사명이 있다 - 교회는 주위에 억눌리며 병들고 고통 중에 있는 많은 사람들과 더불어 "우리 아버지여"라고 불러야 할 선교적 책임이 있다. 아직도 예수를 몰라서 세상에서 방황하는 저들과 함께 "우리 아버지여"라고 기도해야 할 책임이 우리에게 있음을 인정하는 신앙이다.

제101문: 주기도문의 첫째 기원에서 우리는 무엇을 구합니까?
　　답: 주기도문의 첫째 기원 즉 "이름을 거룩하게 하옵시며"란 구절에서, 우리는 하나님께서 자기를 나타내시는 모든 일에 우리와 다른 사람들로 하여금 능히 자기를 영화롭게 하고,[244] 모든 것을 하나님 자신의 영광이 되도록 처리해 주시기를 구하는 것입니다.[245]

1. 주기도문의 첫째 기원(제101문) - "이름이 거룩히 여김을 받으시 오며"

2. 첫째 기원의 교훈
　1) 어떤 간구 내용보다 하나님의 이름을 높이며 감사하는 것이다.
　　(1) 주기도문의 간구 구조
　　　① 하나님을 위한 것 - 이름, 나라, 뜻
　　　② 인간을 위한 것 - 양식, 용서, 보호
　　(2) 기도의 형식
　　　① 비성숙한 신자의 기도 - 시종일관 구하는 형태
　　　② 성숙한 신자의 기도 - 찬양과 감사가 갈수록 많아진다.
　　(3) 시편 90편 - 모세의 기도

　2) 우리는 하나님의 이름에 대한 바른 지식을 가져야 한다.
　　(1) 엘로힘

---

244. 하나님은 우리를 긍휼히 여기사 복을 주시고 그 얼굴 빛으로 우리에게 비취사(셀라) 주의 도를 땅 위에, 주의 구원을 만방 중에 알리소서 하나님이여 민족들로 주를 찬송케 하시며 모든 민족으로 주를 찬송케 하소서(시 67:1~3).
245. 이는 만물이 주에게서 나오고 주로 말미암고 주에게로 돌아감이라 영광이 그에게 세세에 있으리로다 아멘(롬 11:36)

① 창 1:1 - 무에서 유를 창조하신 전능하신 하나님이시다.
(창 1:1) 태초에 하나님이 천지를 창조하시니라
② 이는 우리 인생의 모든 문제를 맡으시며 해결하시기에 충분하신 분이심을 가르친다.
(2) 여호와
① 출 3:14 - 스스로 계시는 분이시다.
(출 3:14) 하나님이 모세에게 이르시되 나는 스스로 있는 자니라 또 이르시되 너는 이스라엘 자손에게 이같이 이르기를 스스로 있는 자가 나를 너희에게 보내셨다 하라
② 여호와는 영원 전부터 스스로 존재하신 분으로서 그는 이스라엘을 애굽에서 구속하신 구속주가 되신다.
3) "이름이 거룩히 여김을 받으시오며"의 구체적인 의미는?
(1) 구체적인 의미
① 잘못된 해석 - 하나님이 우리 까닭에 더욱 거룩해진다.
계 15:4 - 주님은 스스로 거룩하신 분으로서 우리를 통해서 그의 거룩하심이 증진되는 것이 아니다.
(계 15:4) 주여 누가 주의 이름을 두려워하지 아니하며 영화롭게 하지 아니하오리이까 오직 주만 거룩하시니이다 주의 의로우신 일이 나타났으매 만국이 와서 주께 경배하리이다 하더라
② 올바른 해석 - 거룩하신 하나님을 더욱 높이며 경외하라는 뜻이다. 즉 하나님의 거룩하신 이름이 우리를 통하여 이 땅에 반사되는 것을 말한다.
레 11:44 - 거룩하신 하나님을 드러내는 삶을 보여준다.
(레 11:44) 나는 여호와 너희 하나님이라 내가 거룩하니 너희도 몸을 구별하여 거룩하게 하고 땅에 기는 바 기어다니는 것으로 인하여 스스로 더럽히지 말라

(2) 스스로 거룩하지 못한 성도들이 어떻게 거룩한 길에 설 수 있겠는가?
　① 고전 1:2 - 그리스도 안에 있을 때 거룩하게 된다.
　(고전 1:2) 고린도에 있는 하나님의 교회 곧 그리스도 예수 안에서 거룩하여지고 성도라 부르심을 입은 자들과 또 각처에서 우리의 주 곧 저희와 우리의 주 되신 예수 그리스도의 이름을 부르는 모든 자들에게
　② 살후 2:13 - 성령의 역사로 거룩하게 된다.
　(살후 2:13) 주의 사랑하시는 형제들아 우리가 항상 너희를 위하여 마땅히 하나님께 감사할 것은 하나님이 처음부터 너희를 택하사 성령의 거룩하게 하심과 진리를 믿음으로 구원을 얻게 하심이니
　③ 딤전 4:5 - 하나님의 말씀과 기도로 거룩하게 된다.
　(딤전 4:5) 하나님의 말씀과 기도로 거룩하여짐이니라
(3) 적용: 칼빈 - "교회의 제일 가는 목적은 선택 받은 자들을 거룩하게 훈련시키는데 있다. 그런데 오로지 온 마음을 다해 거룩과 완전한 청결을 갈망하는 자들만이 거룩해진다."

4) 그럼 구체적으로 우리가 어떻게 살아갈 때 하나님의 이름이 거룩히 여김을 받는가?
(1) 하나님의 이름을 부를 때이다.
　① 에녹의 삶(창 5:21~24) - 하나님과 속삭임
　(창 5:24) 에녹이 하나님과 동행하더니 하나님이 그를 데려가시므로 세상에 있지 아니하였더라
　② 고(故) 김명순 교우 - 필자가 뉴욕장로교회(이영희 목사님 시무)에서 부목사로 교회를 섬길 때의 일이었다. 김명순 교우는 1989년 가을에 유방암에 걸려서 수술을 받았으나 의사의 부주의로 다음 해 1990년 가을에 재발했다. 그 때 그 가정을

심방을 갔는데 그녀는 이제 갓 예수를 영접하였고 입에서 연발 "아버지"라고 하면서 잊혀지지 않는 말을 던졌다. "나의 일생 40년 보다 지난 40일이 더욱 행복했습니다." 그같은 신앙고백을 하였던 그녀는 일년 뒤 1991년 12월 초에 하나님의 부름을 받았다.

(2) 찬송을 부를 때이다.

① 다윗의 삶(시 22:3) - 이스라엘의 찬송 중에 거하시는 하나님은 거룩하신 분이시다.

(시 22:3) 이스라엘의 찬송 중에 거하시는 주여 주는 거룩하시니이다

(3) 고난 중에도 감사할 때이다.

① 욥의 삶(욥 1:21) - 욥은 극심한 고난 중에도 하나님을 원망하지 않았다

(욥 1:21) 가로되 내가 모태에서 적신이 나왔사온즉 또한 적신이 그리로 돌아가올지라 주신 자도 여호와시요 취하신 자도 여호와시오니 여호와의 이름이 찬송을 받으실지니이다 하고

② 하박국의 삶(합 3:17~19) - 상실의 아픔 속에서도 구원의 하나님을 인하여 즐거워하는 신앙

(4) 최선의 것을 하나님께 드릴 때이다.

① 아벨의 삶(창 4:4) - 첫 새끼를 드린 아벨 자신과 예물을 흠양하셨다.

(창 4:4) 아벨은 자기도 양의 첫 새끼와 그 기름으로 드렸더니 여호와께서 아벨과 그 제물은 열납하셨으나

(5) 오직 하나님께만 영광을 돌릴 때이다.

① 사도 바울의 삶(고전 10:31) - 삶의 전 영역이 하나님의 영광과 직결되어 있는 신앙이다.

(고전 10:31) 그런즉 너희가 먹든지 마시든지 무엇을 하든지

다 하나님의 영광을 위하여 하라

5) 적용:
 (1) 롬 2:24 - 위선적인 유대인들을 강하게 경고한다.
 (롬 2:24) 기록된 바와 같이 하나님의 이름이 너희로 인하여 이방인 중에서 모독을 받는도다

 (2) 당신의 삶은 어떠한가? 하나님께 대한 거룩과 모독에서 양자택일을 해야 한다.

예화: 알렉산더 대왕이 자기와 같은 이름이 지닌 사병이 형편없는 생활을 하고 있다는 소식을 듣고 어느날 갑자기 막사에 찾아와서 말했다고 한다. "자네의 형편없는 생활로 알렉산더라는 이름이 더럽혀졌다. 그러므로 네 이름을 바꾸든지 아니면 너의 삶을 바꾸라."

 (3) 그 어찌 천사도 흠모할 성도의 아름다운 이름을 버릴 수 있겠는가? 우리의 얼룩진 삶의 모습을 바꾸기를 힘써야 하리라.

제102문: 주기도문의 둘째 기원에서 우리는 무엇을 구합니까?
 답: 주기도문의 둘째 기원, 즉 "당신의 나라가 임하옵시며"란 구절에서 우리는 사탄의 나라가 멸망하고,[246] 은혜의 나라가 흥왕하며,[247] 우

---

246. 하나님은 일어나사 원수를 흩으시며 주를 미워하는 자로 주의 앞에서 도망하게 하소서(시68:1).
247. 만왕이 그 앞에 부복하며 열방이 다 그를 섬기리로다(시72:11).
248. 종말로 형제들아 너희는 우리를 위하여 기도하기를 주의 말씀이 너희 가운데서와 같이 달음질하여 영광스럽게 되고(살후 3:1).
249. 이것들을 증거하신 이가 가라사대 내가 진실로 속히 오리라 하시거늘 아멘 주 예수여 오시옵소서(계 22:20).

리와 다른 사람으로 하여금 그리로 들어가 항상 있게 하시고,[248] 또한 영광의 나라가 속히 임하게 하여 주시기를 구하는 것입니다.[249]

1. 주기도문의 두번째 기원(제102문) - "나라이 임하옵시며"

2. 하나님의 나라가 임하게 하옵소서
   1) 나라의 개념 - 한 나라의 지도자의 통치가 미치는 영역으로서, 서울은 대한민국에 속하나, 뉴욕은 그렇지 못하다.
   2) 두 개의 나라
      (1) 하나님의 나라 - 하나님의 통치가 미치는 영역(Area)을 말한다. 물론 하나님은 온 우주를 다스리나 죄가 이 땅에 들어온 이후로 하나님의 나라와 사탄의 나라가 공존하게 되었다.
      (2) 사탄의 나라 - 사탄의 통치가 미치는 영역(Area)이다.
   3) 하나님의 나라가 임하게 하옵소서 - 하나님의 통치가 임하게 하옵소서라는 뜻이다.

3. 구체적으로 어디에 하나님의 통치가 임하기를 원하는 기도인가?
   1) 우리 자신의 마음 속에 하나님의 나라가 임하소서
      (1) 요 3:3 - 주님께서 니고데모에게 물과 성령으로 거듭나야 하나님의 나라를 볼 수 있다고 하셨다.
      (요 3:3) 예수께서 대답하여 가라사대 진실로 진실로 네게 이르노니 사람이 거듭나지 아니하면 하나님 나라를 볼 수 없느니라
      (2) 당신의 마음 속에 하나님의 나라가 임해 있는가?
      (3) 중생의 도리 - 자신이 죄인임을 깨닫고 예수 그리스도를 구세주와 주인으로 모셔들임으로써 주님의 통치를 받는 사람이다.

2) 우리 주위에 하나님의 나라가 임하소서
  (1) 눅 17:20 이하
    ① 바리새인들의 질문 - 하나님의 나라가 어느 때에 임합니까?
    ② 예수님의 답변 - 하나님의 나라는 볼 수 있게 임하는 것이 아니라 너희 안(within or among you)에 있다고 하셨다.
  (2) 하나님의 나라의 확장 - 이 기도가 의미하는 것은 복음이 널리 퍼져서 우리 주위가 복음화 되므로, 하나님의 통치 영역이 확산되어 가기를 소원하는 것이다.
  (3) 겨자씨 비유(막 4:30~32)
    ① 하나님의 나라는 작은 것에서부터 시작된다.
    ② 하나님의 나라는 자란다.
    ③ 하나님의 나라는 이웃을 유익하게 한다.

3) 우리에게 영원무궁한 나라가 임하소서
  (1) 두 개의 하나님의 나라 개념
    ① 현재적 하나님의 나라 - 내 속에 그리고 우리 주변에 임하는 하나님의 나라는 영적이며 미완성된 나라이지만, 하나님의 통치가 임해 있는 하나님의 나라이다.
    ② 미래적 하나님의 나라 - 주님의 재림으로 온전히 완성될 하나님의 나라로서 공간적이 나라이다.
      ㉠ 눅 16:19~31 - 하나님의 나라는 분명히 공간적으로 존재한다.
      ㉡ 요 14:2 - 아버지 집에는 거할 곳이 많도다.
  (2) 사탄의 나라가 멸망하고 영원한 하나님의 나라가 임하소서
    ① 시 68:1 - 시편의 저주시
    (시 68:1) 하나님은 일어나사 원수를 흩으시며 주를 미워하는 자로 주의 앞에서 도망하게 하소서
    ② 시 72:11 - 하나님의 승리

(시 72:11) 만왕이 그 앞에 부복하며 열방이 다 그를 섬기리로다

(3) 적용:

① 창 3:15 - 원시복음이 되는 이유

(창 3:15) 내가 너로 여자와 원수가 되게 하고 너의 후손도 여자의 후손과 원수가 되게 하리니 여자의 후손은 네 머리를 상하게 할 것이요 너는 그의 발꿈치를 상하게 할 것이니라 하시고

㉠ 여인의 후손으로 이 땅에 오실 그리스도의 십자가 승리를 예고하기 때문에

㉡ 사탄과의 싸움에서 성도의 궁극적인 승리를 보장하기 때문에

② 계 21:1~4 - 비록 수고와 슬픔과 염려가 많은 이 땅의 삶이지만, 언젠가 우리의 눈물이 사라지고 근심과 걱정과 질고와 아픔과 사망이 없는 영원무궁한 세계가 이루어질 것이다. 주님의 기도는 바로 이같은 나라가 임하게 하소서라는 것이다.

③ 계 22:20 - 영광의 나라가 속히 임하기를 바라는 신앙을 소유하자.

(계 22:20) 이것들을 증거하신 이가 가라사대 내가 진실로 속히 오리라 하시거늘 아멘 주 예수여 오시옵소서

제103문: 주기도문의 셋째 기원에서 우리는 무엇을 구합니까?

답: 주기도문의 셋째 기원 즉 "뜻이 하늘에서 이루어진 것같이 땅에서도 이루어지이다"란 구절에서 우리는 하나님께서 은혜를 베풀어 우리로 하여금 능히 기꺼운 마음으로 범사에 있어서 그의 뜻을 알아 순종하고[250] 복종하기를[251] 하늘에서 천사들이 그렇게 하는 것과 같이 하게 하여 주시기를 구합니다.[252]

1. 주기도문의 셋째 기원(제103문) - "뜻이 하늘에서 이루어진 것같이 땅에서도 이루어지이다."

2. 셋째 기도의 의미 - 하나님의 뜻이 하늘에서 천사들에 의하여 온전히 이루어지듯이(시 103:20), 죄악이 가득찬 이 땅에서 나를 통하여 이루어지기를 원합니다(빌 2:13)는 뜻이다.
(시 103:20) 능력이 있어 여호와의 말씀을 이루며 그 말씀의 소리를 듣는 너희 천사여 여호와를 송축하라
(빌 2:13) 너희 안에서 행하시는 이는 하나님이시니 자기의 기쁘신 뜻을 위하여 너희로 소원을 두고 행하게 하시나니

3. 하나님의 뜻을 이 땅에서도 성취하기 위하여
  1) 우리는 하나님의 뜻을 이해해야 한다.
    (1) 하나님의 작정(Divine Decree) - 하나님의 영원한 계획의 큰 테두리는 기필코 성취된다.
    (2) 예정(Predestination) - 성도의 구원에 관한 하나님의 뜻으로 변경될 수 없다.
    (3) 섭리(Providence) - 일상생활에 관한 것으로 변경이 가능하다. 이스라엘이 왕을 요구할 때 하나님은 끝내 허락하신 것처럼, 하나님의 뜻이 인간의 고집스러운 뜻에 의해서 잠시 밀려나가는 경우들이 있다. 그리하여 하나님께서 예비해 두신 최선의

---

250. 너희 안에서 행하시는 이는 하나님이시니 자기의 기쁘신 뜻을 위하여 너희로 소원을 두고 행하게 하시나니(빌 2:13).
251. 다시 두 번째 나아가 기도하여 가라사대 내 아버지여 만일 내가 마시지 않고는 이 잔이 내게서 지나갈 수 없거든 아버지의 원대로 되기를 원하나이다 하시고(마 26:42).
252. 능력이 있어 여호와의 말씀을 이루며 그 말씀의 소리를 듣는 너희 천사여 여호와를 송축하라(시 103:20).

길을 가지 못하고 차선의 길로 가는 인생이 얼마든지 있다.
(4) 섭리에 관한 하나님의 뜻을 우리의 삶속에서 올바르게 이해할 수 있는 방법은?
　① 대부분 하나님의 말씀이 가르쳐 준다.
　② 기도할 때 깨닫게 하신다.
　③ 상식으로 판단해 본다.
　④ 영적 지도자의 견해를 들어본다.
　⑤ 자신의 환경을 고려한다.

2) 우리는 이해된 하나님의 뜻이 이루어지기 위하여 기도해야 한다.
　(1) 마 26:42 - 예수님의 겟세마네의 기도
　(마 26:42) 다시 두 번째 나아가 기도하여 가라사대 내 아버지여 만일 내가 마시지 않고는 이 잔이 내게서 지나갈 수 없거든 아버지의 원대로 되기를 원하나이다 하시고
　(2) 요일 5:14 - 우리는 하나님의 뜻이라고 판단된다면 담대히 구해야 한다. 그래야 하나님의 뜻이 이 땅에서 온전히 이루어진다.
　(요일 5:14) 그를 향하여 우리의 가진 바 담대한 것이 이것이니 그의 뜻대로 무엇을 구하면 들으심이라

3) 우리는 하나님의 뜻을 이루어 드리는 삶이 있어야 한다.
　(1) 에스라의 삶(스 7:10) - 이스라엘의 영적 재건을 위하여 세 가지를 결심하였다.
　(스 7:10) 에스라가 여호와의 율법을 연구하여 준행하며 율례와 규례를 이스라엘에게 가르치기로 결심하였었더라
　　① 여호와의 율법을 연구함
　　② 연구한 여호와의 율법을 준수함
　　③ 연구하고 준수한 여호와의 율법을 가르침

(2) 허드슨 테일러의 삶 - 중국 내륙 지방의 의료선교사가 되기 위하여 그는 의학을 수년간 공부하였다.
(3) 적용 - 세상 만사에 하나님의 뜻이 담겨 있듯이, 비록 부족한 우리에게도 하나님의 거룩하신 뜻과 목적이 있음을 알고, 그 뜻을 이루기 위하여 최선을 다해야 한다. 우리는 결단코 하루하루를 그럭저럭 살아갈 수 없다. 우리를 향하신 하나님의 뜻과 계획과 목적이 이 땅에서 이루어지도록 힘써 수고해야 한다.

제104문: 주기도문의 넷째 기원에서 우리는 무엇을 구합니까?
    답: 주기도문의 넷째 기원 즉 "오늘날 우리에게 일용할 양식을 주옵시고"라고 한 구절에서 우리는 하나님의 값없이 주신 은사로서 이생의 좋은 것들 중에서도 충분한 분깃을 받고,[253] 그 모든 것과 아울러 그의 축복을 누리게 해 주실 것을 구하는 것입니다.[254]

1. 주기도문의 넷째 기원(제104문) - "일용할 양식을 주옵시고"

2. 넷째 기원의 교훈
 1) 우리에게 일용할 양식이 필요하다.
  (1) 인간은 어떤 존재인가? 성도는 하나님을 닮아가지만 하나님이 아니다. 영적 존재이면서도 천사도 아니다. 다만 오늘도 일용할 양식이 필요한 육신을 지닌 인간이다.

---

253. 곧 허탄과 거짓말을 내게서 멀리 하옵시며 나로 가난하게도 마옵시고 부하게도 마옵시고 오직 필요한 양식으로 내게 먹이시옵소서(잠 30:8).
254. 주 우리 하나님의 은총을 우리에게 임하게 하사 우리 손의 행사를 우리에게 견고케 하소서 우리 손의 행사를 견고케 하소서(시 90:17).

(2) 오병이어의 기적(요 6:1~15) - 우리 주님께서는 굶주린 사람들에게 보리떡 다섯 개와 물고기 두 마리로 기적을 베풀어 무리들을 배불리 먹이셨다. 광야에서 40년 살아야 했던 이스라엘 백성들에게도 일용할 양식이 필요했다.
(3) 일용할 양식(Daily Bread)의 정의 - 단순히 하루 세끼의 양식만이 아니라, 살아가는데 있어야 할 모든 필요한 것을 말한다.

2) 일용할 양식은 하나님께로부터 주어진다.
(1) 일용할 양식을 얻는 길(창 3:17) - 노동을 통해서 얻는다. 그래서 혹자는 자신의 힘과 능력과 노력으로 이를 얻는다고 생각하기 쉽다. 그러나 우리에게 생명을 주시고 노동할 수 있는 시간과 건강을 주신 분이 하나님이시기에 일용할 양식은 하나님께서 우리에게 주신 선물이다.
(2) 눅 24:30 - 그러므로 오늘날 우리에게 주어진 일용할 양식에 대해서 감사할 줄 알아야 한다.
(눅 24:30) 저희와 함께 음식 잡수실 때에 떡을 가지사 축사하시고 떼어 저희에게 주시매
(3) 딤전 6:6, 7 - 감사할 뿐만 아니라 주어진 일용할 양식에 대해서 만족할 줄 알아야 한다.
(딤전 6:6) 그러나 지족하는 마음이 있으면 경건이 큰 이익이 되느니라
(딤전 6:7) 우리가 세상에 아무것도 가지고 온 것이 없으매 또한 아무것도 가지고 가지 못하리니

3) 우리는 일용할 양식을 구해야 한다.
(1) 창 28:20 - 일용할 양식에 대한 기도는 하나님과 우리 사이에 마치 아버지와 자녀 관계를 더욱 견고하게 해 준다.
(창 28:20) 야곱이 서원하여 가로되 하나님이 나와 함께 계시사

내가 가는 이 길에서 나를 지키시고 먹을 양식과 입을 옷을 주사

(2) 잠 30:8 - 일용할 양식이 기도함으로 주어졌다는 신앙이 심겨지며, 지나친 물욕은 금물임을 가르쳐 준다.

(잠 30:8) 곧 허탄과 거짓말을 내게서 멀리 하옵시며 나로 가난하게도 마옵시고 부하게도 마옵시고 오직 필요한 양식으로 내게 먹이시옵소서

제105문: 주기도문의 다섯째 기원에서 우리는 무엇을 구합니까?

답: 주기도문의 다섯째 기원 즉 "우리가 우리에게 죄 지은 자를 사하여 준 것 같이 우리 죄를 사하여 주옵시고"라고 한 구절에서, 우리는 하나님께서 그리스도를 보시고 우리의 모든 죄를 값없이 용서해 주실 것을 비는 것인데,[255] 그의 은혜로써 우리가 진심으로 다른 사람들을 능히 용서하여 줄 수 있기 때문에 우리는 더욱 더 이것을 구할 담력을 가지게 되는 것입니다.[256]

1. 주기도문의 다섯째 기원(제105문) - "우리가 우리에게 죄 지은 자를 사하여 준 것같이 우리 죄를 사하여 주옵시고"

2. 다섯째 기원의 교훈
1) 용서받는 삶은 평생 과제이다.

---

255. 우리가 그리스도 안에서 그의 은혜의 풍성함을 따라 그의 피로 말미암아 구속 곧 죄 사함을 받았으니(엡 1:7).
256. 너희가 사람의 과실을 용서하면 너희 천부께서도 너희 과실을 용서하시려니와(마 6:14).

(1) 자범죄(The Actual Sin) - 성도는 의인이면서도 여전히 죄인으로서 살아가다가 죄를 짓을 수밖에 없는데, 그러한 죄에 대한 용서가 필요하다.
(2) 파스칼이 구분 지은 두 종류의 죄인
　① 희망이 없는 죄인 - 죄를 범하고도 죄를 범하지 않았다고 생각하는 사람
　② 희망이 있는 죄인 - 죄를 범하고 죄가 있다고 깨닫는 사람
(3) 죄에 대한 용서 - 단회적인 것이 아니고 평생 감당해야 한다.

2) 용서받기 위해서는 죄고백이 있어야 한다.
　(1) 요일 1:8,9 - 죄에 대한 고백은 필수적이다.
　(요일 1:8) 만일 우리가 죄 없다 하면 스스로 속이고 또 진리가 우리 속에 있지 아니할 것이요
　(요일 1:9) 만일 우리가 우리 죄를 자백하면 저는 미쁘시고 의로우사 우리 죄를 사하시며 모든 불의에서 우리를 깨끗케 하실 것이요
　(2) 롬 7:19~21 - 죄에 대한 사도 바울의 고백
　(롬 7:19) 내가 원하는 바 선은 하지 아니하고 도리어 원치 아니하는 바 악은 행하는도다
　(롬 7:20) 만일 내가 원치 아니하는 그것을 하면 이를 행하는 자가 내가 아니요 내 속에 거하는 죄니라
　(롬 7:21) 그러므로 내가 한 법을 깨달았노니 곧 선을 행하기 원하는 나에게 악이 함께 있는 것이로다
　(3) 죄고백의 결과
　① 롬 8:1 - 사죄의 은총에 대한 확신이 찾아온다.
　(롬 8:1) 그러므로 이제 그리스도 예수 안에 있는 자에게는 결코 정죄함이 없나니
　② 날마다 회개하여 예수의 보혈로 죄씻음을 받는 자마다 사죄

의 은총에 대한 감사와 기쁨이 충만해진다.

3) 용서받은 우리는 용서를 서로 나누어야 한다.
  (1) 우리가 우리에게 죄 지은 자를 사하여 준 것같이 - 하나님께로부터 엄청난 용서의 은혜를 입은 성도는 이웃의 작은 잘못에 대해서 용서하는 마음을 가져야 한다.
  (2) 마 18:21~35 연구
    ① 베드로의 질문(21절)
    ② 주님의 답변(22절)
    ③ 주님의 비유(23~34절)
    ④ 비유의 주제(35절)
  (3) 적용: 마 6:14 - 우리 주위에 용서해 주어야 할 사람은 없는가?
  (마 6:14) 너희가 사람의 과실을 용서하면 너희 천부께서도 너희 과실을 용서하시려니와

제106문: 주기도문의 여섯째 기원에서 우리는 무엇을 구합니까?
  답: 주기도문의 여섯째 기원 즉 "우리를 시험에 들지 말게 하옵시고 다만 악에서 구하옵소서"라고 한 구절에서 우리는 하나님께서 우리가 범죄에 이르는 시험을 당하지 않도록 해 주시거나,[257] 우리가 시험

---

257. 시험에 들지 않게 깨어 있어 기도하라(마 26:41). 마음에는 원이로되 육신이 약하도다 하시고 또 주의 종으로 고범죄를 짓지 말게 하사 그 죄가 나를 주장치 못하게 하소서 그리하시면 내가 정직하여 큰 죄과에서 벗어나겠나이다(시 19:13).
258. 하나님이여 내 속에 정한 마음을 창조하시고 내 안에 정직한 영을 새롭게 하소서 나를 주 앞에서 쫓아내지 마시며 주의 성신을 내게서 거두지 마소서 주의 구원의 즐거움을 내게 회복시키시고 자원하는 심령을 주사 나를 붙드소서(시 51:10~12).

에 당하였을 때 우리를 도와 주시고 구원해 주시기를 구하는 것입니다.[258]

1. 주기도문의 여섯째 기원(제106문) - "시험에 들게하지 마옵시고 다만 악에서 구하옵소서"

2. 여섯째 기원의 교훈
  1) 시험에는 두 종류가 있다.
    (1) 하나님께로부터 오는 시험 - 시험(Test)라 부른다.
      ① 창 22장 - 아브라함의 믿음을 연단하는 시험
      ② 벧전 1:6,7 - 성도를 연단하는 시험
    (벧전 1:6) 그러므로 너희가 이제 여러 가지 시험을 인하여 잠깐 근심하게 되지 않을 수 없었으나 오히려 크게 기뻐하도다
    (벧전 1:7) 너희 믿음의 시련이 불로 연단하여도 없어질 금보다 더 귀하여 예수 그리스도의 나타나실 때에 칭찬과 영광과 존귀를 얻게 하려 함이라
    (2) 사탄으로부터 오는 시험 - 유혹(Temptation)이라 부른다.
      ① 창 3장 - 뱀의 유혹
      ② 이 시험은 파괴적이고 우리를 파멸하게 하는 시험이다.
    (3) 주기도문의 시험 - 사탄으로부터 오는 시험을 말한다.

  2) 인간은 시험에 약하다.
    (1) 요일 2:16 - 사탄의 전략
    (요일 2:16) 이는 세상에 있는 모든 것이 육신의 정욕과 안목의 정욕과 이생의 자랑이니 다 아버지께로 좇아온 것이 아니요 세상으로 좇아온 것이라

① 삿 16:4 - 육신의 정욕에 사로잡힌 삼손
(삿 16:4) 이 후에 삼손이 소렉 골짜기의 들릴라라 이름하는 여인을 사랑하매
② 삼하 11:2 - 안목의 정욕에 사로잡힌 다윗왕
(삼하 11:2) 저녁때에 다윗이 그 침상에서 일어나 왕궁 지붕 위에서 거닐다가 그 곳에서 보니 한 여인이 목욕을 하는데 심히 아름다와 보이는지라
③ 왕하 20:13 - 이생의 자랑으로 인한 히스기야의 실책
(왕하 20:13) 히스기야가 사자의 말을 듣고 자기 보물고의 금은과 향품과 보배로운 기름과 그 군기고와 내탕고의 모든 것을 다 사자에게 보였는데 무릇 왕궁과 그 나라 안에 있는 것을 저에게 보이지 아니한 것이 없으니라
(2) 에덴동산에서의 시험(창 3:1~7)
① 창 3:1 - 하나님의 말씀에 대한 시험
(창 3:1) 여호와 하나님의 지으신 들짐승 중에 뱀이 가장 간교하더라 뱀이 여자에게 물어 가로되 하나님이 참으로 너희더러 동산 모든 나무의 실과를 먹지 말라 하시더냐
② 창 3:4 - 믿음에 대한 시험
(창 3:4) 뱀이 여자에게 이르되 너희가 결코 죽지 아니하리라
③ 창 3:5 - 권세에 대한 시험
(창 3:5) 너희가 그것을 먹는 날에는 너희 눈이 밝아 하나님과 같이 되어 선악을 알 줄을 하나님이 아심이니라

3) 그러나 하나님의 은혜는 사탄의 시험을 끝내 이기게 하신다.
(1) 히 2:18 - 예수님이 시험 당하는 자를 도우시므로 우리는 끝내 승리한다.
(히 2:18) 자기가 시험을 받아 고난을 당하셨은즉 시험받는 자들

을 능히 도우시느니라
(2) 눅 22:31,32 - 베드로를 향한 주님의 기도와 권면
(눅 22:31) 시몬아, 시몬아, 보라 사단이 밀 까부르듯 하려고 너
희를 청구하였으나
(눅 22:32) 그러나 내가 너를 위하여 네 믿음이 떨어지지 않기를
기도하였노니 너는 돌이킨 후에 네 형제를 굳게 하라
(3) 하나님의 은혜로 시험을 이긴 성도들에게는 하늘상급이 약속
되어 있다.
① 약 1:12 - 생명의 면류관
(약 1:12) 시험을 참는 자는 복이 있도다 이것에 옳다 인정하
심을 받은 후에 주께서 자기를 사랑하는 자들에게
약속하신 생명의 면류관을 얻을 것임이니라
② 벧전 1:6,7 - 칭찬과 영광과 존귀
(4) 성도의 기도 - "시험에 들게 하지 마옵시고, 다만 악에서 구
하옵소서"는 시험을 없애소서가 아니고, 찾아오는 시험을 이기게
하소서라고 해야 할 것이다. 성도는 시험을 이길 수 있는 믿음과
은혜가 필요하다.
① 마 26:41 - 주님은 제자들에게 깨어 있을 것을 명하셨다.
(마 26:41) 시험에 들지 않게 깨어 있어 기도하라 마음에는
원이로되 육신이 약하도다 하시고
② 시 19:13 - 고범죄에 대한 다윗의 자세
(시19:13) 또 주의 종으로 고범죄를 짓지 말게 하사 그 죄가
나를 주장치 못하게 하소서 그리하시면 내가 정직
하여 큰 죄과에서 벗어나겠나이다
③ 시 51:10 - 다윗은 하나님 앞에 깨끗한 심령으로 서기를
원했다.
(시 51:10) 하나님이여 내 속에 정한 마음을 창조하시고 내
안에 정직한 영을 새롭게 하소서

제107문: 주기도문의 맺는 말은 우리에게 무엇을 가르칩니까?
    답: 주기도문의 마지막 구절 즉 "나라와 권세와 영광이 아버지께 영원히 있사옵나이다. 아멘"이라고 한 기도는 우리로 하여금 기도할 때 다만 하나님에게만 힘을 얻고,[259] 또 기도 중에서 나라와 권세와 영광을 그에게 돌리면서 찬송하고 가르치며,[260] 우리의 소원과 들어주실 확증의 표로서 우리가 아멘하는 것입니다.[261]

1. 주기도문의 결론(제107문) - 송영 "나라와 권세와 영광이 아버지께 영원히 있사옵나이다. 아멘"

2. 결론의 교훈
  1) 개혁주의 신앙의 핵심 - 하나님의 절대주권 아래 하나님께만 영광을 돌린다.

---

259. 나의 하나님이여 귀를 기울여 들으시며 눈을 떠서 우리의 황폐된 상황과 주의 이름으로 일컫는 성을 보옵소서 우리가 주의 앞에 간구하옵는 것은 우리의 의를 의지하여 하는 것이 아니요 주의 큰 긍휼을 의지하여 함이오니 주여 들으소서 주여 용서하소서 주여 들으시고 행하소서 지체치 마옵소서 나의 하나님이여 주 자신을 위하여 하시옵소서 이는 주의 성과 주의 백성이 주의 이름으로 일컫는 바 됨이니이다(단 9:18,19).
260. 여호와여 광대하심과 권능과 영광과 이김과 위엄이 다 주께 속하였사오니 천지에 있는 것이 다 주의 것이로소이다 여호와여 주권도 주께 속하였사오니 주는 높으사 만유의 머리심이니이다 부와 귀가 주께로 말미암고 또 주는 만유의 주재가 되사 손에 권세와 능력이 있사오니 모든 자를 크게 하심과 강하게 하심이 주의 손에 있나이다 우리 하나님이여 이제 우리가 주께 감사하오며 주의 영화로운 이름을 찬양하나이다(대상 29:11~13).
261. 이것들을 증거하신 이가 가라사대 내가 진실로 속히 오리라 하시거늘 아멘 주 예수여 오시옵소서 주 예수의 은혜가 모든 자들에게 있을지어다 아멘(계 22:20,21).

(1) 소요리문답 제1문(고전 10:31) - 사람의 제일 되는 목적
(고전 10:31) 그런즉 너희가 먹든지 마시든지 무엇을 하든지 다 하나님의 영광을 위하여 하라
(2) 소요리문답 제107문(대상 29:11,13) - 영광을 하나님께
(대상 29:11) 여호와여 광대하심과 권능과 영광과 이김과 위엄이 다 주께 속하였사오니 천지에 있는 것이 다 주의 것이로소이다 여호와여 주권도 주께 속하였사오니 주는 높으사 만유의 머리심이니이다
(대상 29:13) 우리 하나님이여 이제 우리가 주께 감사하오며 주의 영화로운 이름을 찬양하나이다

2) 하나님의 절대주권을 붙들고 기도하는 성도에게 주어지는 유익
(1) 단 9:18,19 - 하나님에게서만 힘을 얻는다.
(단 9:18) 나의 하나님이여 귀를 기울여 들으시며 눈을 떠서 우리의 황폐된 상황과 주의 이름으로 일컫는 성을 보옵소서 우리가 주의 앞에 간구하옵는 것은 우리의 의를 의지하여 하는 것이 아니요 주의 큰 긍휼을 의지하여 함이오니
(단 9:19) 주여 들으소서 주여 용서하소서 주여 들으시고 행하소서 지체치 마옵소서 나의 하나님이여 주 자신을 위하여 하시옵소서 이는 주의 성과 주의 백성이 주의 이름으로 일컫는 바 됨이니이다
(2) 빌 4:6,7 - 하나님의 평강이 우리를 지키신다.
(빌 4:6) 아무것도 염려하지 말고 오직 모든 일에 기도와 간구로 너희 구할 것을 감사함으로 하나님께 아뢰라
(빌 4:7) 그리하면 모든 지각에 뛰어난 하나님의 평강이 그리스도 예수 안에서 너희 마음과 생각을 지키시리라
(3) 아멘 신앙 - 우리의 소원을 들어줄 확증의 표로 아멘한다.

① 시 41:13 - 하나님을 영원토록 찬양하는 신앙
(시 41:13) 여호와 이스라엘의 하나님을 영원부터 영원까지 찬
송할지로다 아멘 아멘
② 고후 1:20 - 하나님의 약속에 대한 사도 바울의 신앙고백
(고후 1:20) 하나님의 약속은 얼마든지 그리스도 안에서 예가
되니 그런즉 그로 말미암아 우리가 아멘 하여 하
나님께 영광을 돌리게 되느니라
③ 계 22:20 - 재림의 약속을 믿는 사도 요한의 신앙고백
(계 22:20) 이것들을 증거하신 이가 가라사대 내가 진실로 속
히 오리라 하시거늘 아멘 주 예수여 오시옵소서

웨스트민스터 소요리문답

2015년 6월 30일 초판 6쇄 발행

지은이 | 성종현
펴낸이 | 박영호
펴낸곳 | 도서출판 솔로몬

주소 | 서울시 동작구 사당로 155 신주빌딩 B1
전화 | 599-1482
팩스 | 592-2104
직영서점 | 596-5225

등록일 | 1990년 7월 31일
등록번호 | 제 16-24호

ISBN 89-8255-393-2
ISBN 978-89-8255-393-6

ⓒ 저자와의 협약 아래 인지는 생략되었습니다.
이 출판물은 저작권법에 의해 보호를 받는 저작물이므로
무단 전재와 복제를 금합니다.